KB136754

건축
·
인테리어를
위한
표현기법
그리고
생각하다
| Studio Sketch |
최성애 저
DAEGA BOOKS

본 서는 건축, 인테리어 디자인을 입문하는 학생들에게 스케치에 의한 여러 가지 표현기법을 숙지하기 쉽도록 꾸몄으며, 여기에 사용된 대부분의 스케치들은 실무작업을 통하여 제작된 작품으로 구성하였다. 대학에서 강의를 하면서 투시도를 비롯하여 이에 관련된 전반적인 스케치에 따른 이론 및 표현기법과 표현구성의 참고 자료가 부족한 것을 늘 아쉬워하던 차에 학생들에게 폭넓은 창의적 사고력을 갖도록 도와주고 건축표현의 원리를 조금이나마 터득할 수 있도록 하는 데 중점을 두었다. 독자들이 이 책을 통하여 자기 자신의 생각을 말이나 글이 아닌 스케치로 표현할 수 있기를 바라며 스케치용 간략도법을 설명하였다. 학생들이 할 수 있다는 신념을 가지길 바라는 마음으로, 학생들의 작품을 그대로 노출시켰다.

디자이너의 자질은 드로잉의 반복적 연습에서 시작된다. 시간과 인내 그리고 고된 연습이 필요하다. 모든 드로잉은 점에서 시작, 선에서 면으로 이어지면서 메시지를 전달하게 된다. 그 메시지 형태가 곧 디자인이다. 스케치나 드로잉의 기본 작업에서 이루어지는 중요성을 인지하고 특히 건축에 대한 이미지와 아이디어 스케치, 표현기법, 작도법에 의한 드로잉으로 자유스럽게 표현할 수 있기를 바란다. 건축 디자이너들은 책임감 있는 아름다움을 표현해야 한다. 건축 공간 속에는 인간의 꿈이 있기 때문이다. 참다운 건축이란 세상을 조금이라도 아름답고 살기 좋은 곳으로 만드는 것이다. 이념을 뛰어넘고 환경을 개선하고 후배들의 비평을 참아내는 것, 이것이 진정한 건축의 짜릿한 즐거움이다.

어슴푸레 여명이 깃드는 시각, 때늦은 나팔꽃은 먼 곳의 여명을 감지한 듯 움직임의 시작이 보이는데…… 행복해지기 위해 습관처럼 책을 보며 오늘보다 내일이 나을 거라는 가능성을 믿기에 알아가는 것에 대한 기쁨, 성취감, 도전이 즐겁다.

일찍 찾아온 아름다운 설경에 묻힌 선문대 교정은 스튜디오에 있는 학생들의 열정으로 그 열기가 뜨겁다. 훗날 멋진 건축인으로 성장할 것을 기대해 본다.

책이 나오기까지의 과정에 편집을 위해 애쓴 선문대학교 백승만, 정보람 학생과 스튜디오 바인더 속에서 작품을 발췌 작업한 박봉규, 이태원, 박소은, 최완영, 권그림애 학생들과 제자 이현지에게 그 노고를 치하하며, 도서출판 대가 김호석 사장님을 비롯한 임직원 여러분께도 감사드린다.

2013년 12월
설경으로 덮인 선문대 교정에서

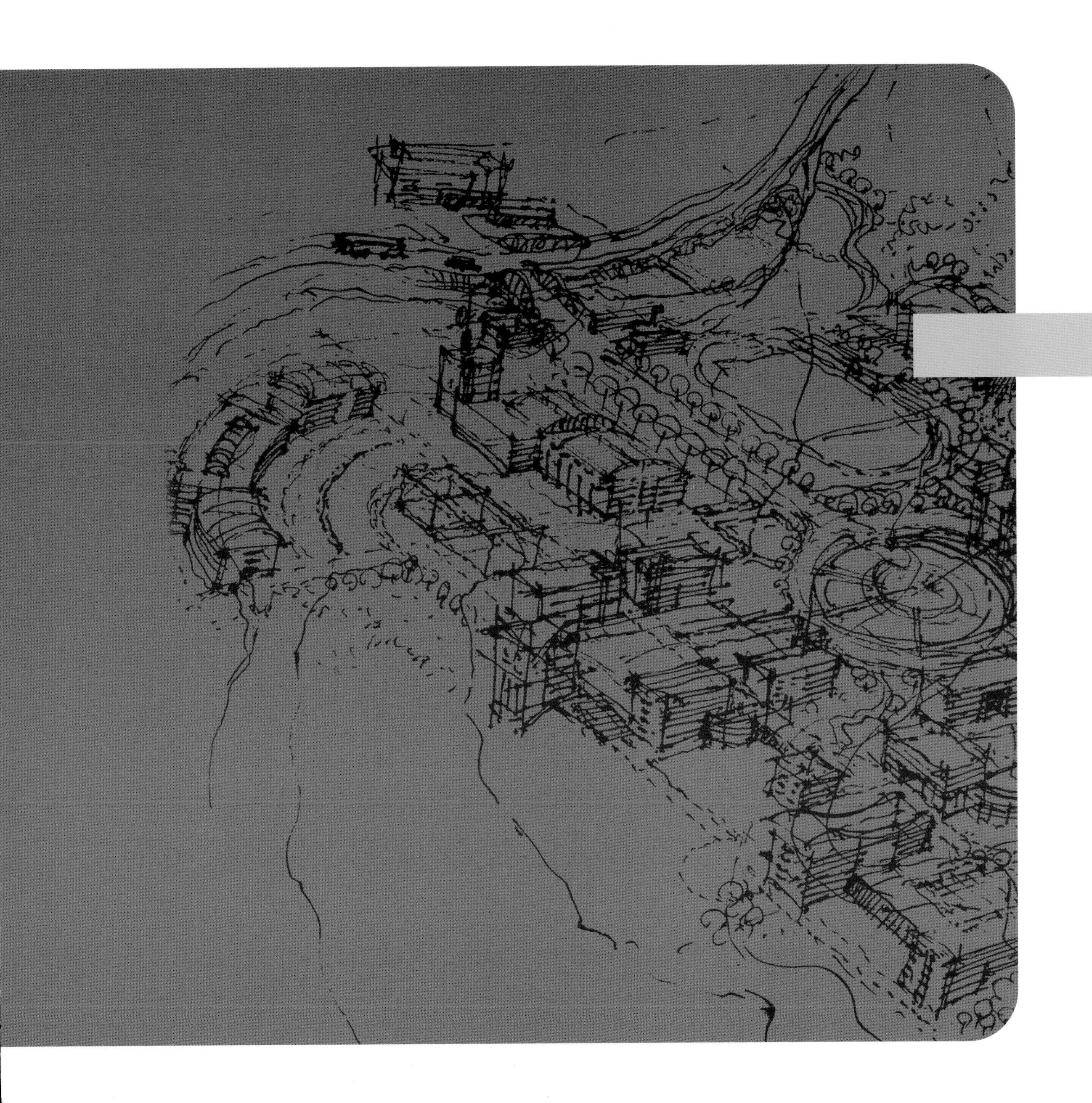

01 투시도의 개요

투시도의 원리 및 개념

투시도(족선법) 기초

투시도(족선법) 기법

기본작도 실습

투시도(Perspective)의 역사와 원리

투시도법은 시각으로 느끼는 물체의 형상을 기하학적으로 구하는 방법이다. 그 이론은 이탈리아의 건축가이며 조각가인 브루넬레스키(Filippo Brunelleschi, 1377 ~ 1446)가 고안하여 레오나르도 다빈치(Leonardo da Vinci, 1452 ~ 1519)에 의해서 완성되었다.

15세기 화가들은 이 투시도법을 연구하여 새로운 회화공간을 표현하였는데, 대표적인 것으로 레오나르도 다빈치의 '최후의 만찬'을 들 수 있다.

우리 나라에 투시도란 이름으로 도입한 것은 1916년 고 김원용 옹이 처음이었고 국적사업이 주된 업무였으나, 산업발달과 함께 구조와 기능을 겸비하여 미(美)란 요소가 가미되어 건축심의가 도입되면서 국내의 투시도 또한 활성화되었다.

투시도법은 우리들이 눈으로 보는 것과 같이 먼 곳에 있는 것은 작게, 가까이 있는 것은 크고 깊이가 있게 하나의 화면에 그려지는 도법으로, 이를 원근화법이라고도 한다.

투시도법의 기본 요소는 눈의 위치, 대상물, 거리로 성립되며, 관찰자와 멀리 떨어져 있는 대상물은 점차 작게 보이고, 최종적으로는 한 소점에 수렴된다. 따라서 투시도법은 시점과 대상물 사이에 상을 맺는 화면(Picture Plane)을 두어 그 위에 상을 맺게 만드는 것이다. 이때, 대상물의 형상과 색채, 명암의 상태를 될 수 있는 대로 정확하게 표현하려는 방법으로, 색채 · 명암의 원근 변화를 취급하는 색투시(Aerial)와 형상과 음영(그늘과 그림자)에 관한 선투시(Linear Perspective)로 구분한다.

투시도(Perspective)의 개념과 용어

회화의 기법으로서 연구 개발된 것이며, 그리는 대상인 자연의 물상(3차원)을 눈에 보이는 것과 같은 거리감에서 화면 위(2차원)에 묘사하는 원근법을 말한다. 이 방법을 기계화한 것이 카메라이고, 사진상과 투시도의 화상은 비슷한 것이다. 이 원근법에 의하여 그려진 화상을 일반적으로 투시도라 한다.

투시도 응용상의 유의사항

투시도의 응용에 있어서 주의해야 할 몇 가지 원리들이 있다.

1. 가상의 수평선은 언제나 눈높이(Eye Level)와 일치한다.
2. 소점(Vanishing Point)은 언제나 수평선상에 있다.
3. 관찰자의 위치 그리고 시선면에 대한 물체의 관계에 따라 하나, 둘 또는 세 개의 소점을 갖는다.

투시도의 용어와 기호

투시도법상의 용어는 보통 영문의 약호로 표기하고 있다.

1. **G.P(Ground Plane)** = 기면(基面) - 대상물의 기준이 되는 평면으로, 일반적으로 지반면
2. **G.L(Ground Line)** = 기선 - 기면과 화면이 만나는 선으로, 일반적으로 지반선
3. **P.P(Picture Plane)** = 화면 - 투시도가 그려진 면
4. **S.P(Station Point)** = 정점(定點) 또는 입점(立點) - 시점의 기면상 위치로, 시점의 평면적인 위치
5. **E.P(Eye Point)** = 시점(視點) - 대상물을 보는 눈의 위치
6. **C.P(Central Point)** = 심점(心點) - 시중심 (視中心)이라고도 하며, 중심 시선이 화면을 통과하는 점 또는 평행 투시도법의 소점
7. **H.L(Horizontal Line)** = 평선 - 지평선이라고도 하며, 눈높이의 선으로 화면상의 기선과 평행한 선
8. **F.L(Foot Line)** = 족선(足線) - 시선의 평면도
9. **F.P(Foot Point)** = 족점(足點) - 족선 화면과의 교점으로, 투영점의 평면도
10. **V.P(Vanishing Point)** = 소점 - 화면에 대하여 각도를 갖는 선의 무한 원점
11. **M.P(Measuring Point)** = 측점 - 화면에 대하여 각도를 갖는 직선과 등거리의 양선에 평행한 선과의 이등변 삼각형의 다른 한 변 방향의 소점으로, 측점 투시도법에 사용
12. **M.L(Measuring Line)** = 측선 - 대상물의 실치수를 재는 선으로 대상물 또는 그 연장선이 화면에 접하는 위치
13. **D.P(Distance Point)** = 45°법의 소점 또는 거리점으로, 화면에 대하여 45°방향선의 소점
14. **V.L(Visual Line)** = 시선 - 대상물의 각 점과 시선을 잇는 선
15. **C.V.R(Central Visual Ray)** = 중심 시선 - 대상물을 보는 주시선이고, 카메라의 파인더 한가운데와 같은 방향
16. **E.L(Eye Level)** = 시고(視高) - 시점의 높이 선상

1소점 투시도(One Point Perspective)

E.P - 시점(Eye Point)
V.P - 소점(Vanishing Point)
H.L - 수평선(Horizontal Line)

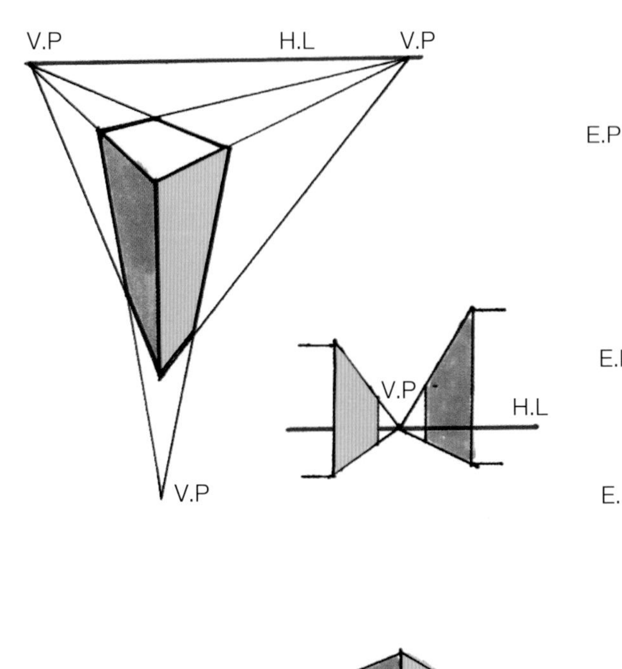

V.P
H.L
V.P

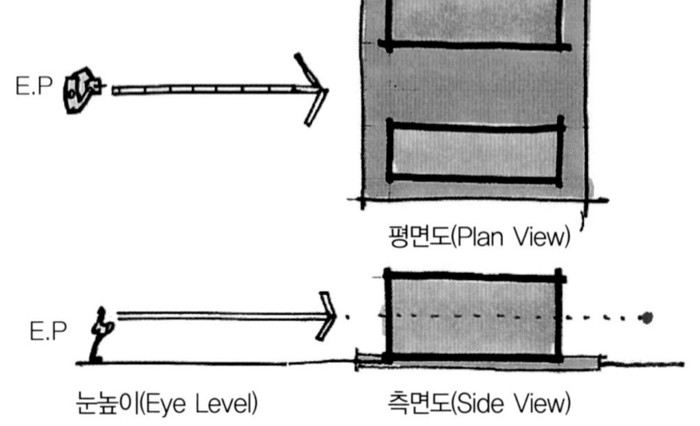

평면도(Plan View)

눈높이(Eye Level)

측면도(Side View)

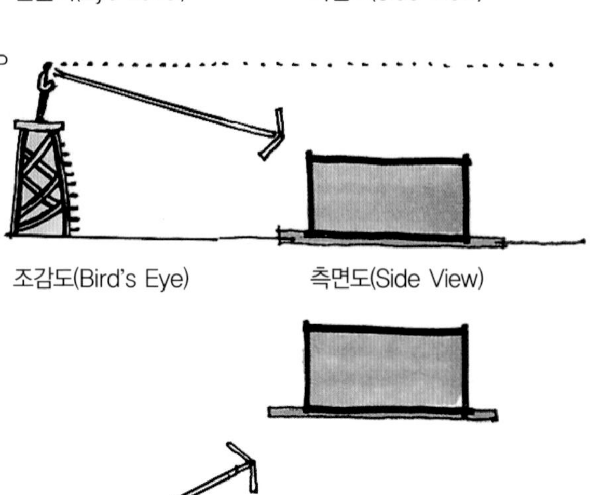

조감도(Bird's Eye)

측면도(Side View)

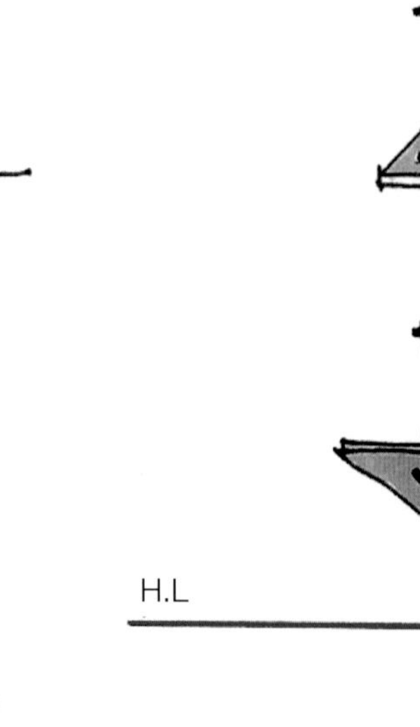

충점도 혹은 앙시도(Worm's Eye)

측면도(Side View)

H.L
V.P
H.L
V.P
H.L
V.P

투시도(Perspective Views)

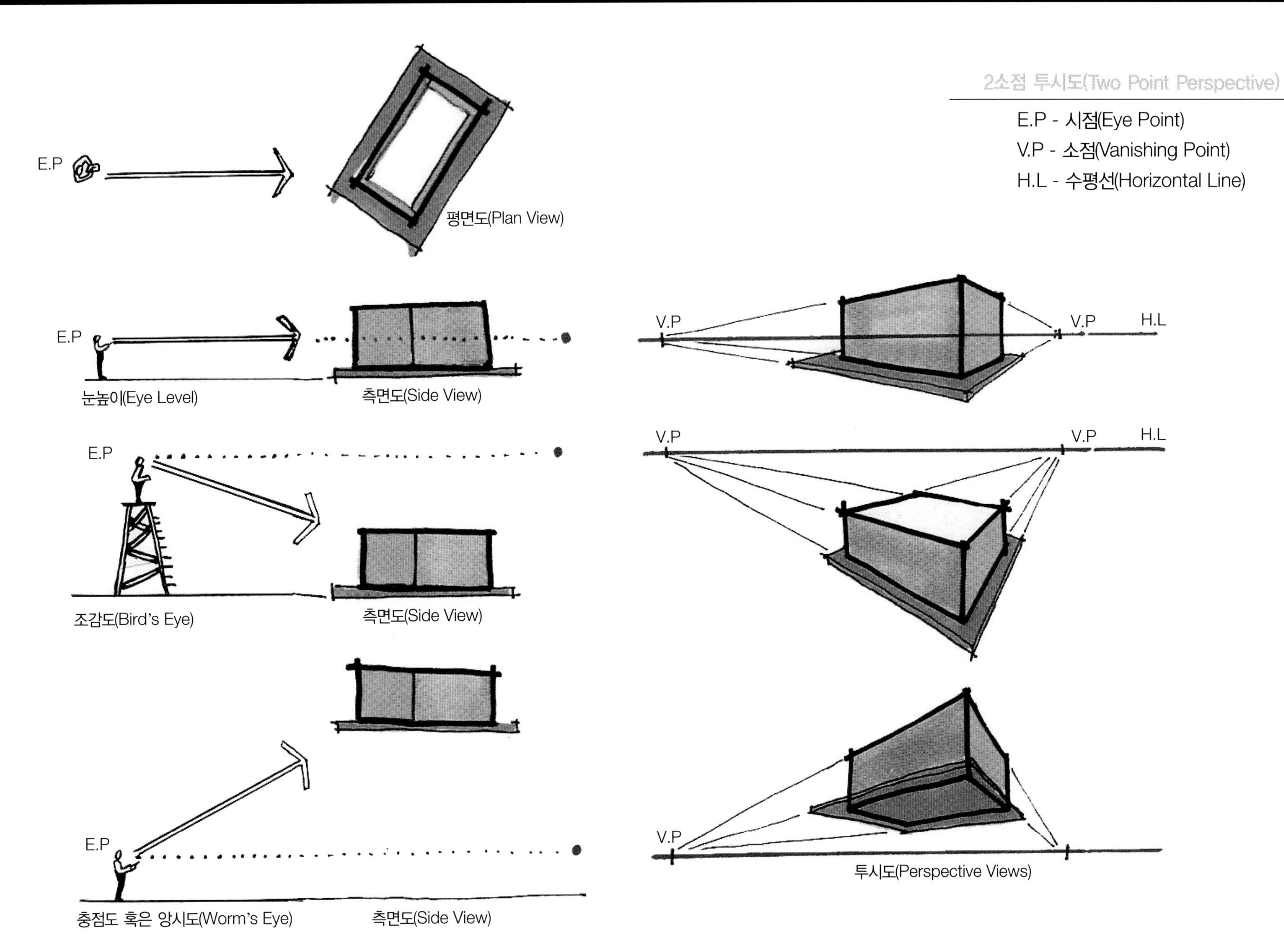
2소점 투시도(Two Point Perspective)
E.P - 시점(Eye Point)
V.P - 소점(Vanishing Point)
H.L - 수평선(Horizontal Line)
E.P
평면도(Plan View)
E.P
눈높이(Eye Level)
측면도(Side View)
V.P
V.P
H.L
E.P
조감도(Bird's Eye)
측면도(Side View)
V.P
V.P
H.L
E.P
충점도 혹은 앙시도(Worm's Eye)
측면도(Side View)
V.P
투시도(Perspective Views)

족선의 작도

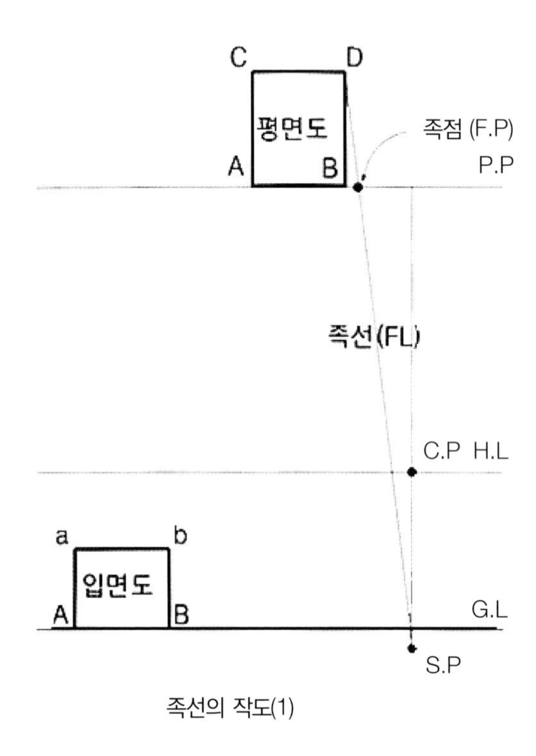

족선의 작도(1)

물체의 변은 투시도에서 더 길어지거나 짧아지게 되는데 그 길이(폭)를 결정하는 방법 중의 하나로 족선을 이용한다고 하여 족선법이라고 한다.
즉, 실내 투시도의 경우 투시도에서 물체의 안길이를 결정하는 방법 중의 하나이다.

1. S.P에서 평면도의 점 D를 향해 족선(F.L)을 긋고 이 선이 화면과 만난 점이 족점(F.P)이다.

2 또 S.P에서 점 A와 B를 향해 족선을 그어 그 연장선이 화면과 만나는 점들이 두 족점(F.P)이 된다. 물체가 화면과 접촉되는 폭은 폭 AB와 같으나 S.P에서 점 A와 B를 향해 족선을 그어 그 연장선이 화면과 만난 족점의 폭은 실제보다 크게 된다.

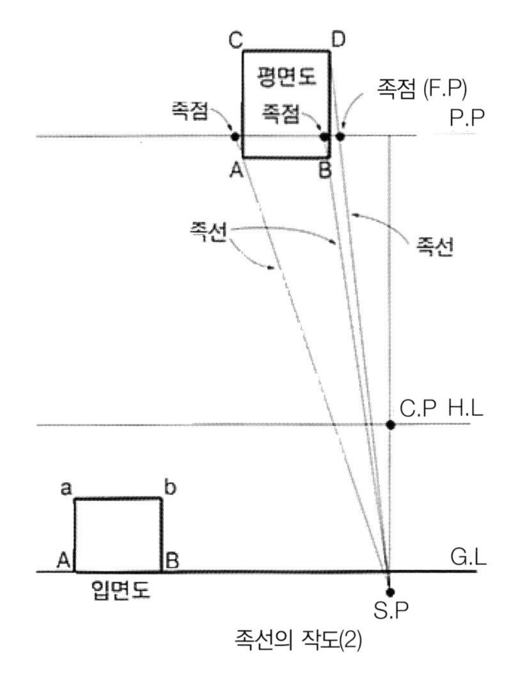

족선의 작도(2)

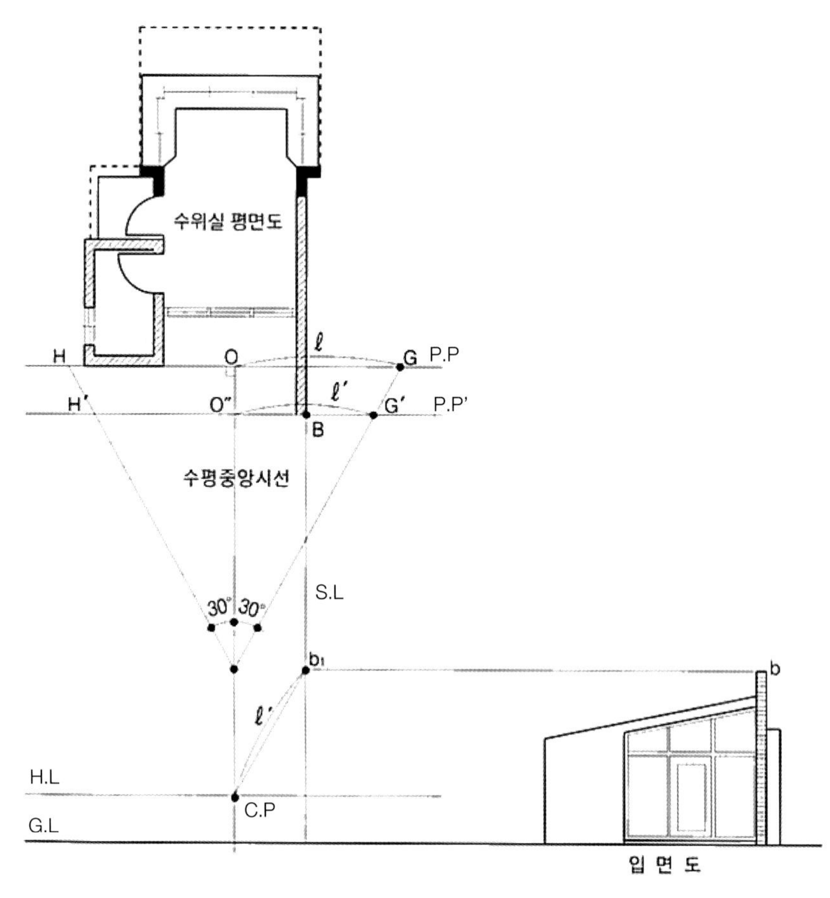

S.P의 위치, H.L의 높이, 소점의 작도(1, 2)

평행투시 족선법에 따라 주어진 평면도와 입면도에 의해 투시도를 작도하기로 한다.

| 01 | S.P의 위치와 H.L 높이 결정

평면도에서 투시도를 그린 후 60° 추형 시역투영원을 그리면 제일 불리하다고 생각되는 점이 B점이다. 따라서 점 B를 지나는 가상화면 P.P′를 긋고 점 B에서 G.L에 실측선 S.L을 그어내려 입면도에서 제일 높은 점 b를 이 선에 옮겨 만난점을 b′이라 하면 중앙점, 즉 CP에서 b_1까지의 거리 l'를 가상화면 P.P′의 점 O″에서 양쪽으로 O″H′ = l'= O″G′되게 점 H′와 G′를 잡고 수평중앙시선상에서 이 두 점을 보는 시각이 60°, 즉 양쪽 각각 30°되게 잡으면 이것으로 원래의 화면 P.P에서의 S.P의 거리가 결정되게 된다. 따라서 투시도를 그려 놓고 중앙시점 C.P에서 원래의 P.P에 환원한 반지름 l로 투영원을 그리면 불리한 점 b′가 이원 위에 있게 된다.

| 02 | 소점의 작도

소점의 작도는, 위 족선의 작도를 참조하면 본 그림의 소점 C.P를 작도할 수 있다.

| 03 | 족선의 작도

S.P에서 족선을 그을 곳은 그림과 같이 6곳이 될 것이다.

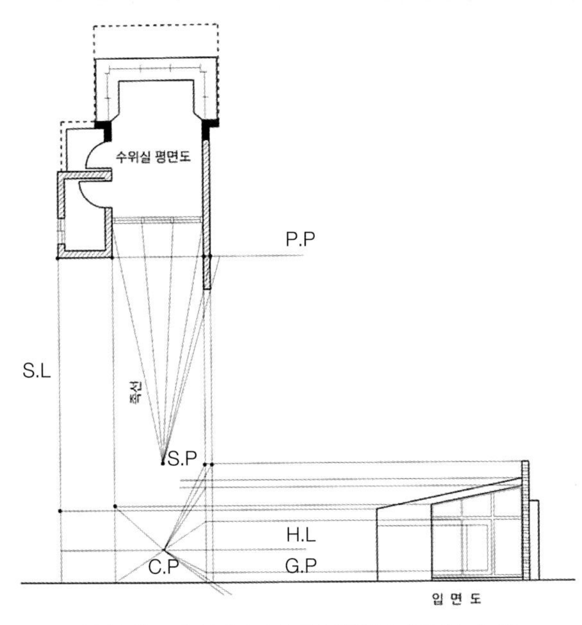

족선, S.L과 실제 높이 및 투시선의 각도(3, 4, 5)

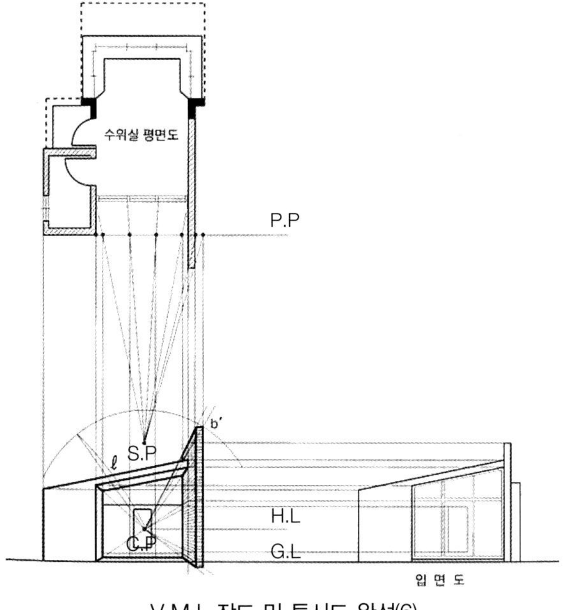

V.M.L 작도 및 투시도 완성(6)

| 04 | S.L과 실제 높이 작도

화면과 물체가 접한 부분은 투시도에서 실형으로 나타나기 때문에 실측선(S.L)을 그을 수 있는 곳은 4곳이 된다. 그리고 입면도에서 이들 높이의 선을 그어 실측선에 표시되도록 한다. 4곳에 표하였다.

| 05 | 투시선의 작도

높이가 제로인 점과 실측선에 표시된 실제의 높이인 점에서 투시선을 작도한다.
투시선을 화면과 직각으로 놓인 물체의 변들이 투시도에서는 C.P를 향하게 된다.

| 06 | V.M.L 작도 및 투시도 완성

족점에서 수직선을 그어 내린다. 이 선이 수직측선 V.M.L이다. 즉 투시도의 안길이를 결정한다. 투시선과 만나는 점들을 연결하고 굵은 선을 그어 투시도를 완성한다. 위 그림에서 60° 원추형 시역투영원의 반경 ℓ로써 C.P에서 원을 그리면 투시도의 b′점이 원 위에 있고 나머지는 원 내에 있게 된다.
단, 여기에서 창틀의 두께를 투시도 작도에서는 단선으로 처리하였다.

과목	건축/인테리어 디자인	소요시간	30분
단원	1소점 투시도 작도	제 목	S.P의 좌우 이동, V.P의 높이 변화

내용

(1) 요구 사항

S.P의 좌우 이동

1. S.P의 위치가 중앙에서 좌우로 이동한 경우이다. 그림에서 알 수 있듯이 S.P가 물체 평면이 밖으로 나가면 물체의 측면을 볼 수가 있다. 즉, 물체의 측면을 그리고자 할 경우 S.P를 좌우로 이동하면 작도가 가능하다.

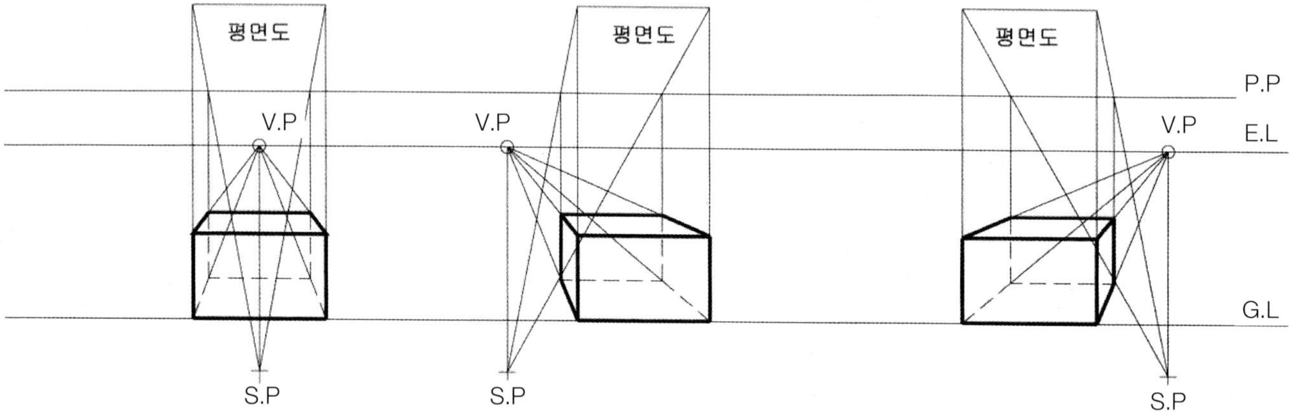

V.P의 높이 변화

2. V.P가 물체의 높이와 동일하면 윗면은 보이지 않고 윗면은 선으로만 나타난다.

V.P가 물체보다 위로 올라가면 윗면이 많이 보이게 된다.

V.P가 물체의 중간에 위치한 것으로 윗면이 전혀 보이지 않게 된다.

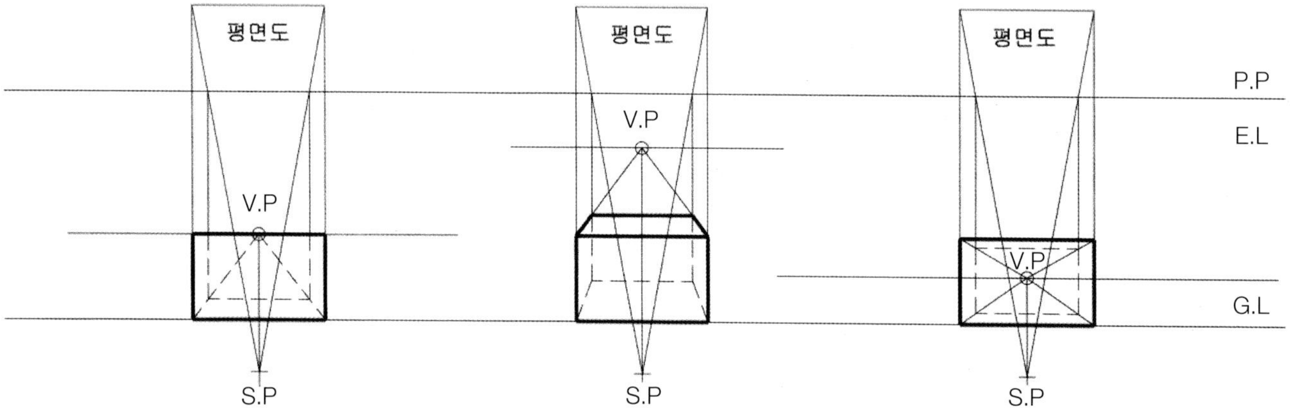

과목	건축/인테리어 디자인	소요시간	30분
단원	2소점 투시도 작도	제 목	2소점 외부투시도 작도-실습(12)
내용			
(1) 요구 사항 정확한 SCALE 적용	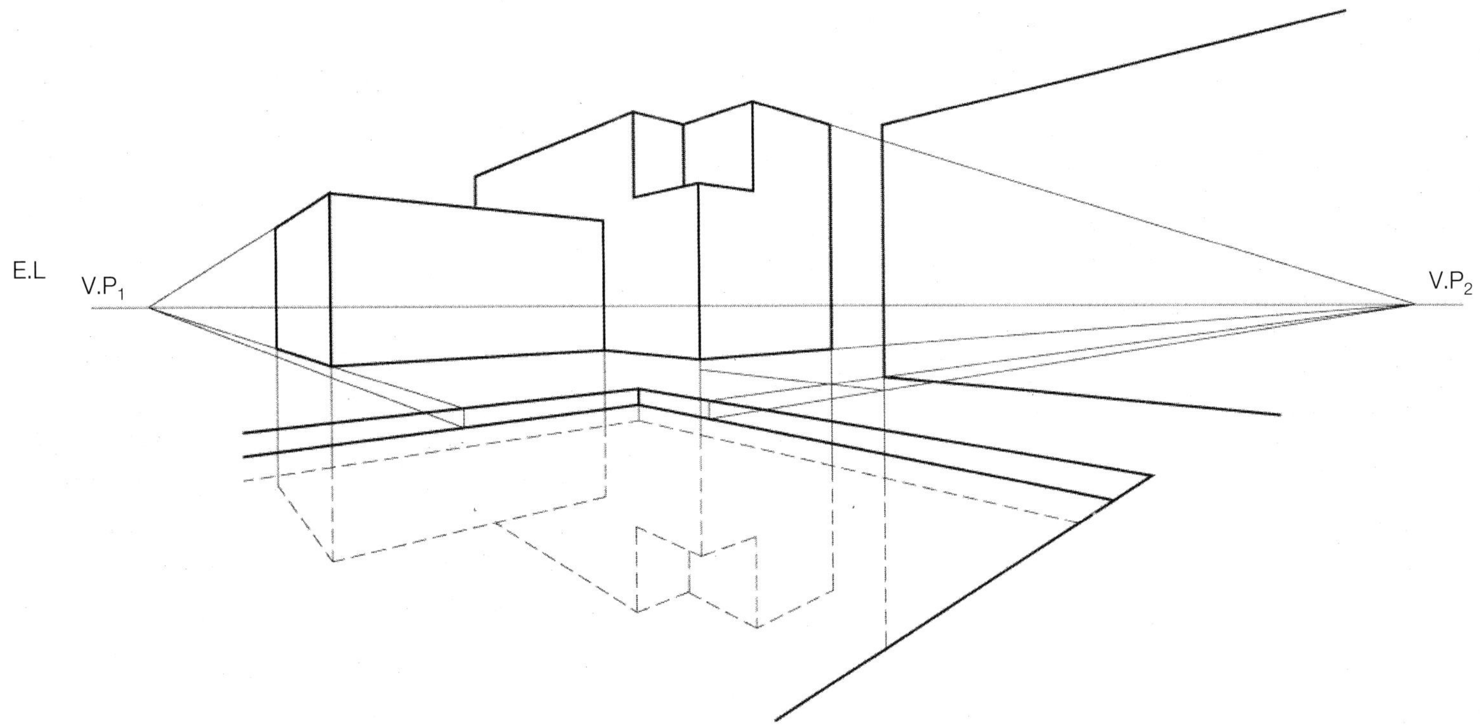 E.L V.P₁ V.P₂		

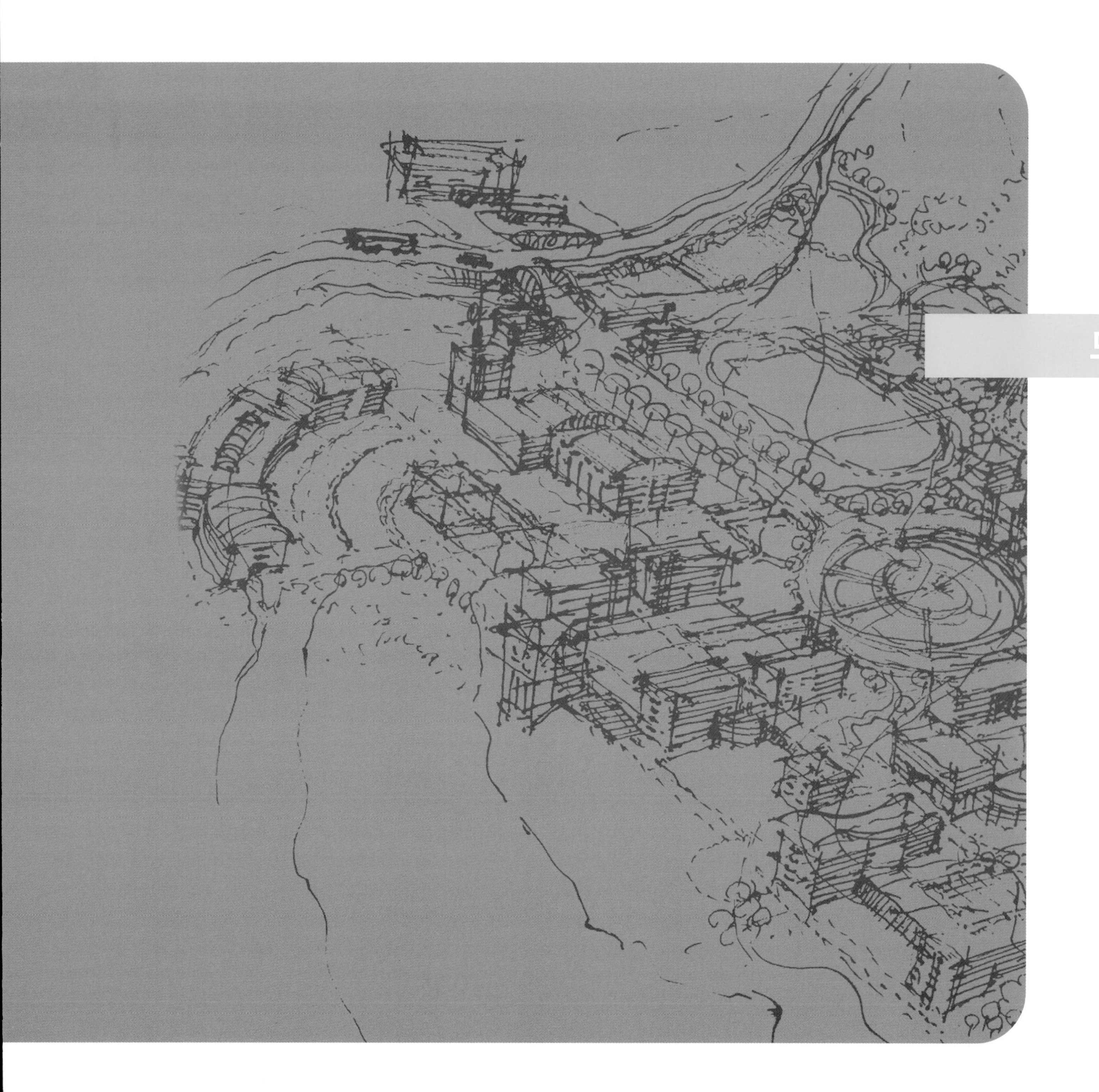

02

드로잉 기초연습

프리핸드 스케치

수목의 표현

인물의 표현

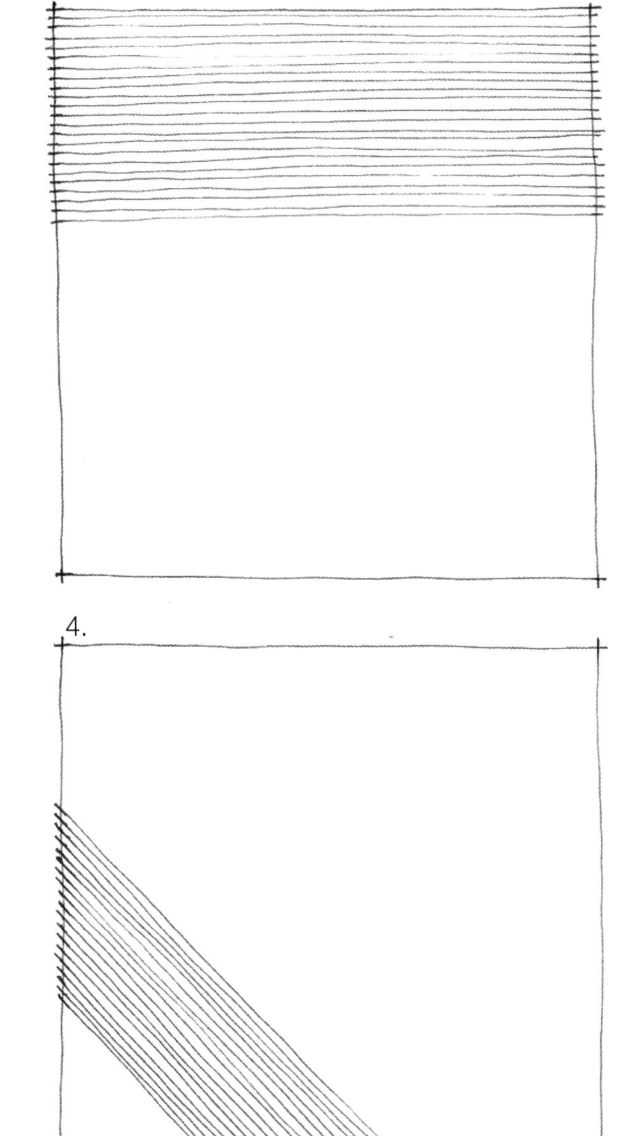

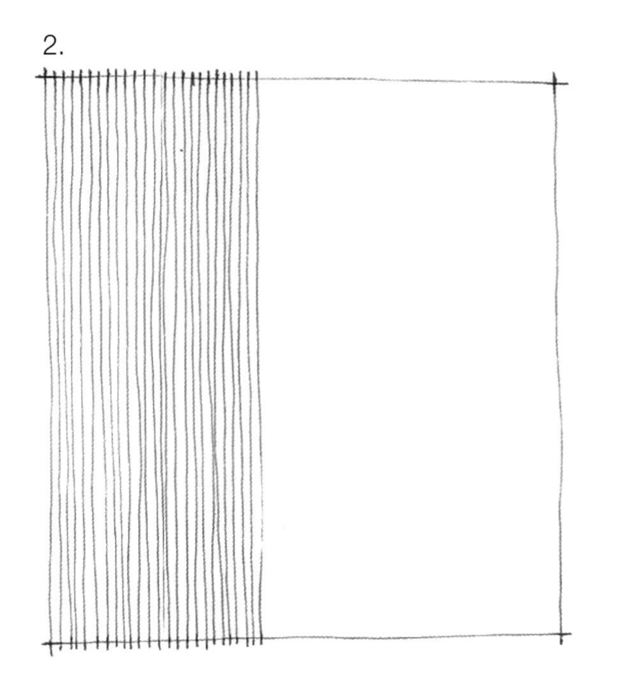

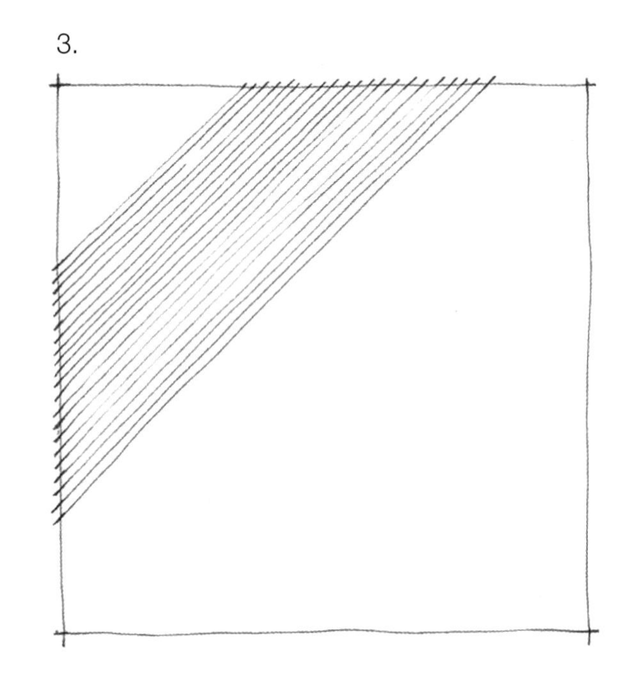

투시도는 표현에 앞서 자를 이용하여 선을 정확하게 긋는 훈련과 함께 Free Hand로 여러 가지 선을 그릴 수 있는 능력이 요구된다.
Free Hand로 선을 자유롭게 그릴 수 있으면 공간 Sketch를 쉽게 할 수 있다.
Sketch는 디자이너가 자신의 의사를 빠르게 전달할 수 있는 가장 적절한 수단이다.

- 프리핸드로 선을 그릴 때에는 속도를 조절하는 연습을 한다. 선을 그리는 속도가 빠르면 선이 단단한 느낌을 주며 속도가 느리면 부드러운 느낌을 준다.
- 프리핸드로 선을 그릴 때에는 굵기가 일정해야 한다. 선의 굵기로 원근감을 나타낼 때에는 선의 굵기를 달리하기도 한다.
- 프리핸드로 선을 그릴 때에는 선이 시작하여 끝날 때까지 멈추지 않고 그리도록 한다.
- 프리핸드로 선을 그릴 때에는 손목을 이용하지 않도록 한다. 그래야 일정하게 긴 선을 표현할 수 있다.

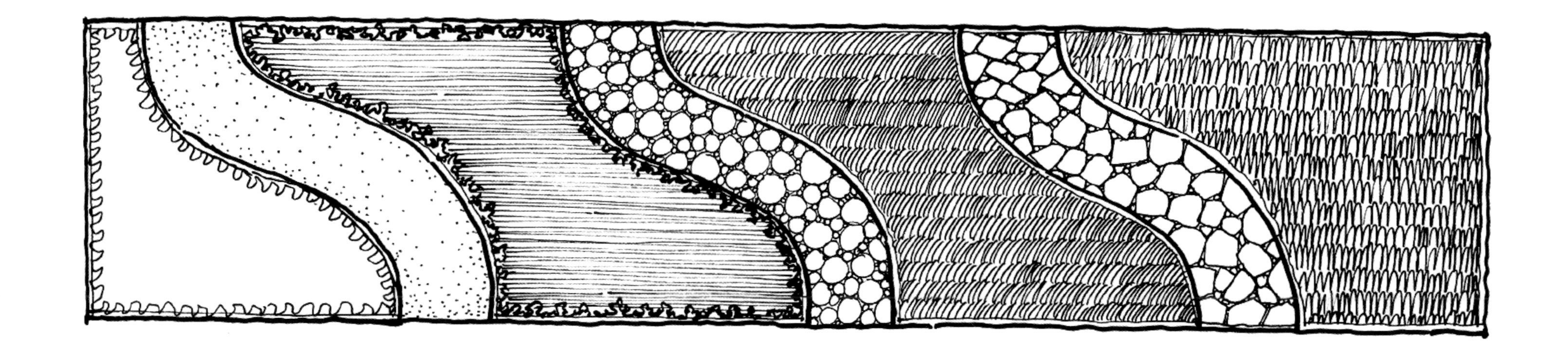

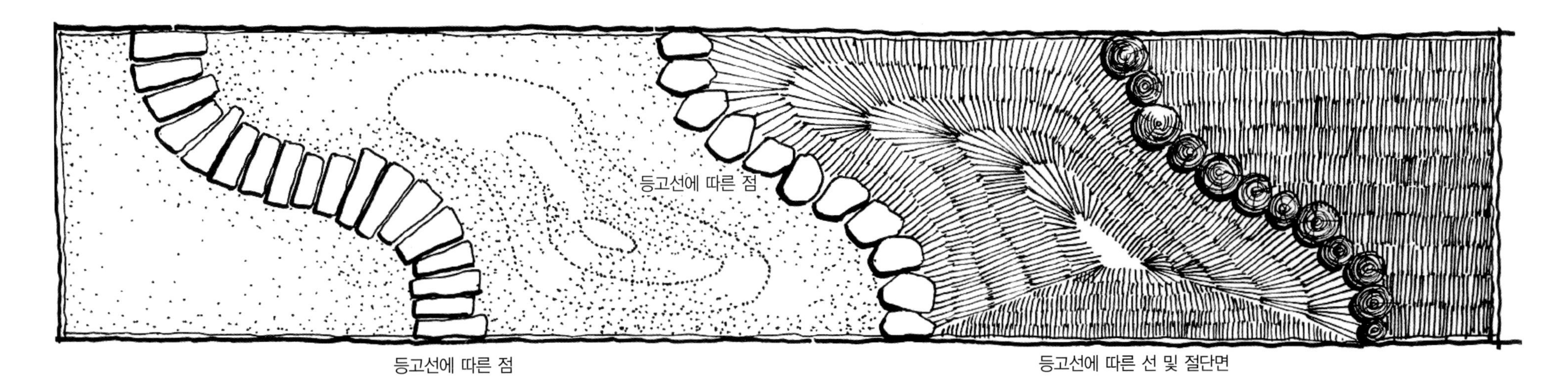

등고선에 따른 점

등고선에 따른 선 및 절단면

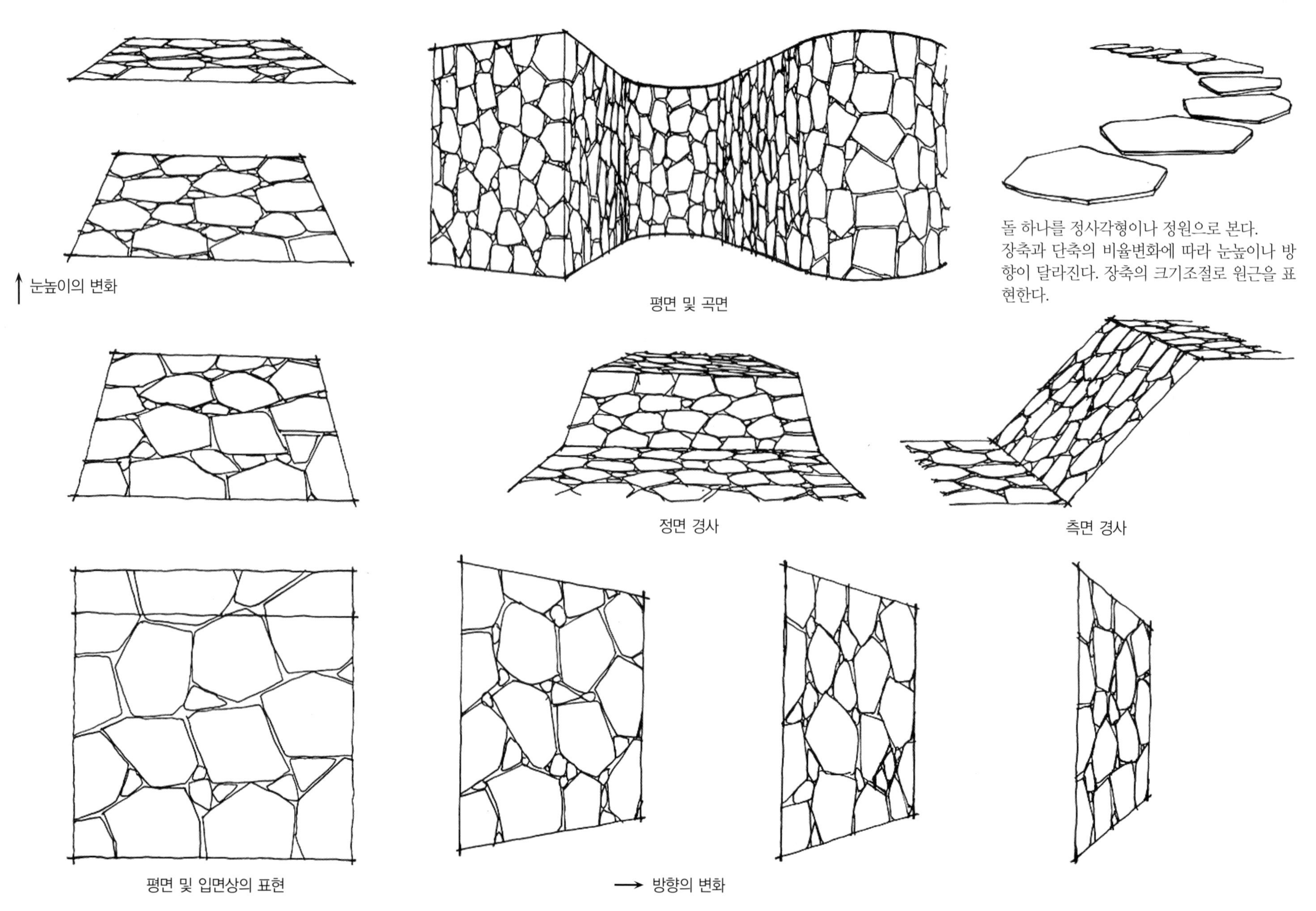
↑ 눈높이의 변화
평면 및 곡면
돌 하나를 정사각형이나 정원으로 본다.
장축과 단축의 비율변화에 따라 눈높이나 방향이 달라진다. 장축의 크기조절로 원근을 표현한다.
정면 경사
측면 경사
평면 및 입면상의 표현
→ 방향의 변화

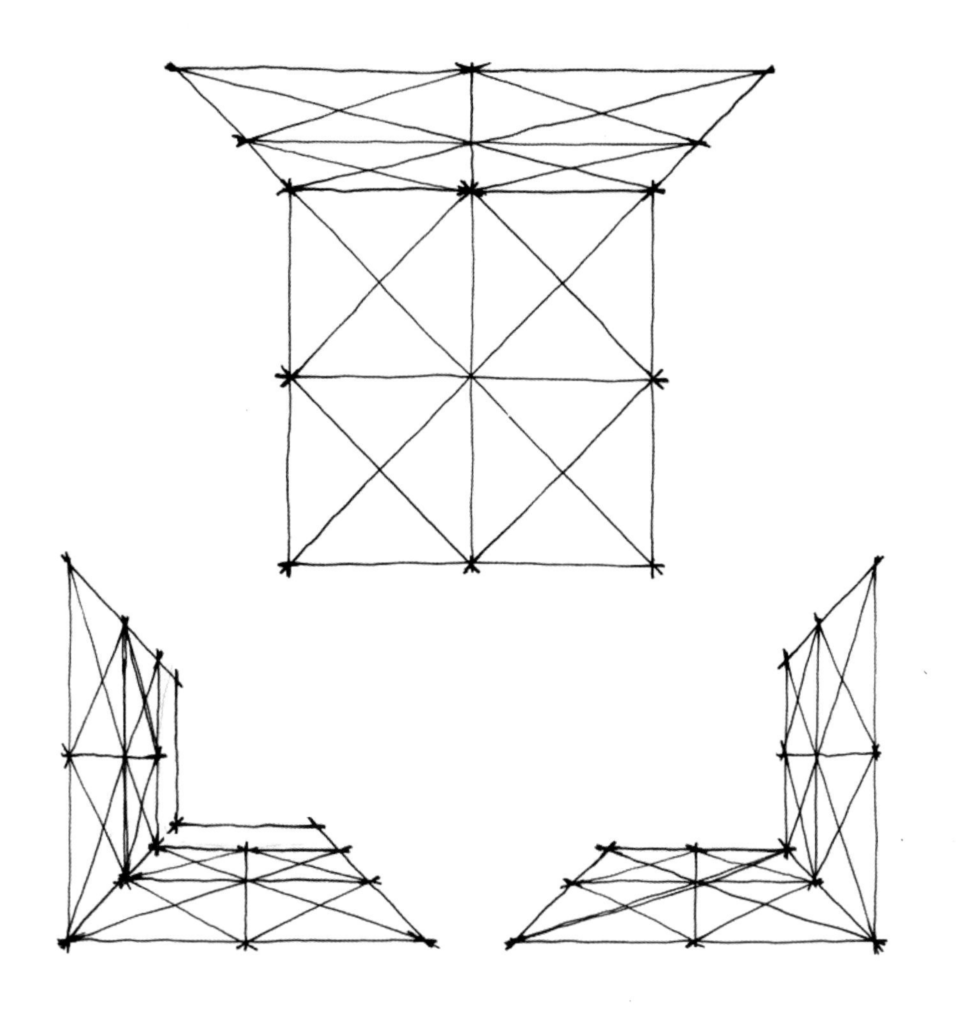

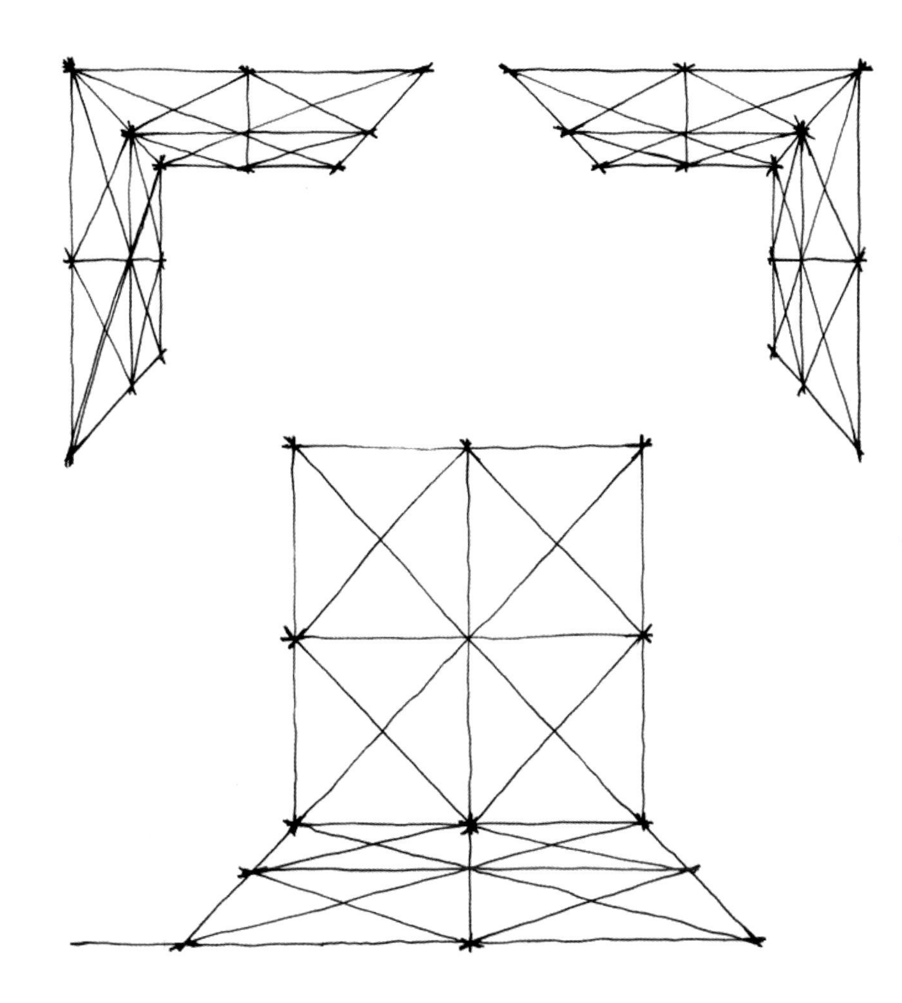

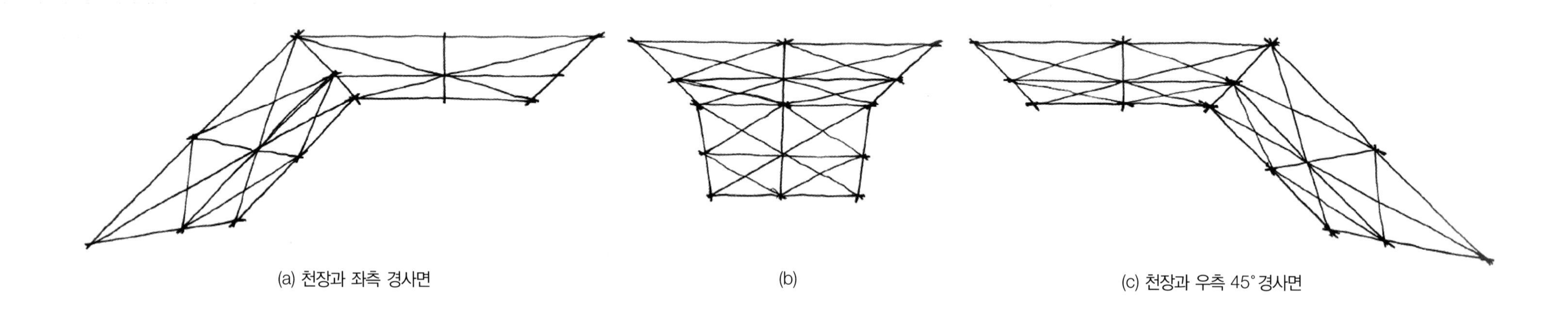

(a) 천장과 좌측 경사면

(b)

(c) 천장과 우측 45° 경사면

위의 그림은 동일하다. (a), (c), (d), (f) 그림은 그 경사각이 대략 45° 정도이나 (b)와 (e) 그림에서의 경사면은 E, P의 위치에 따라 경사각의 소점이 달라 보이기 때문에 각도 지정을 하지 않았다.

(d) 평면과 좌측 경사면

(e)

(f) 평면과 우측 경사면

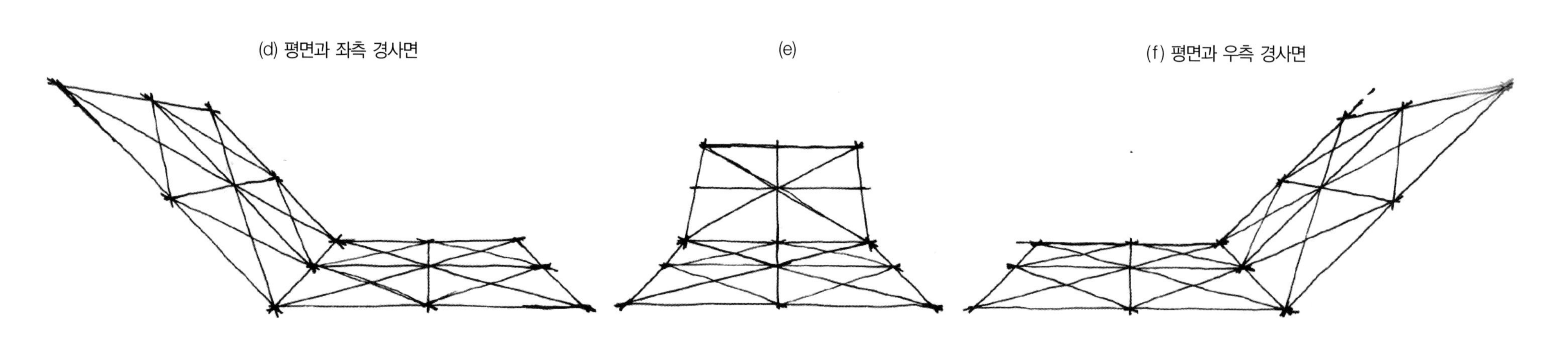

수목의 입면 표현 예

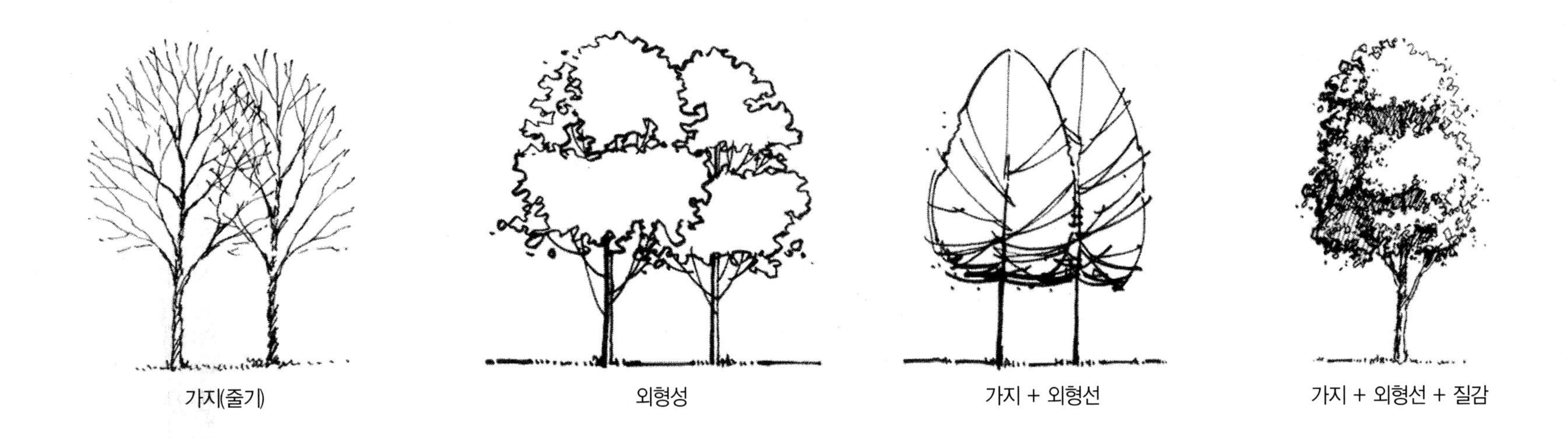

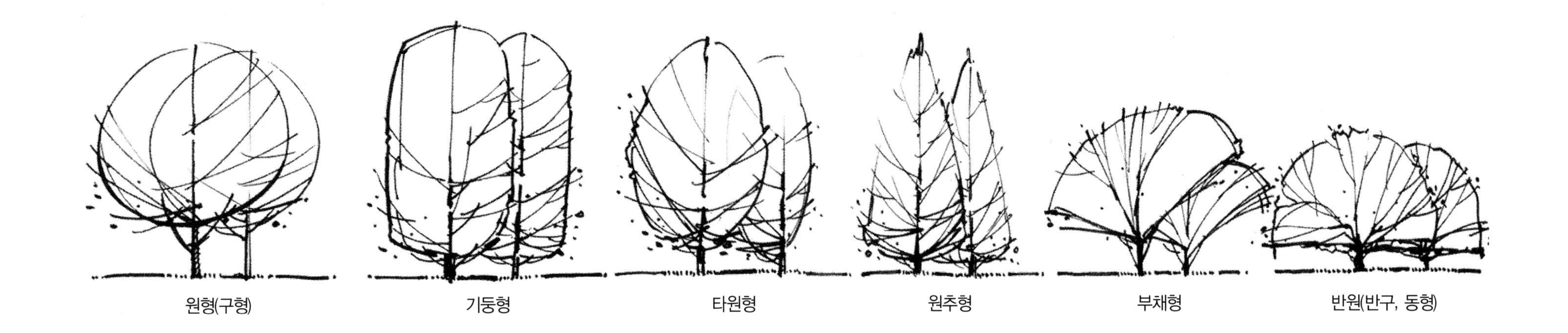

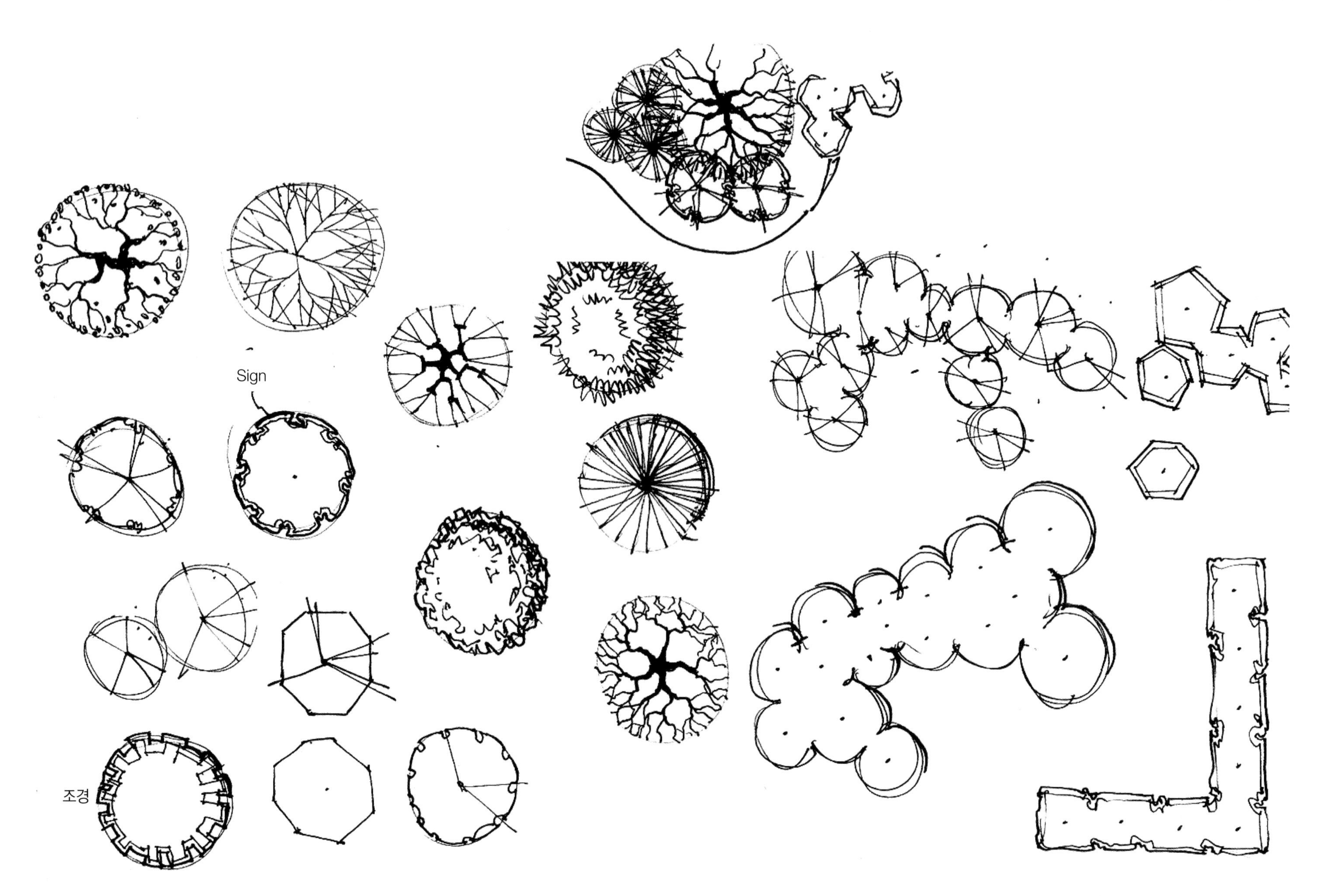
Sign
조경

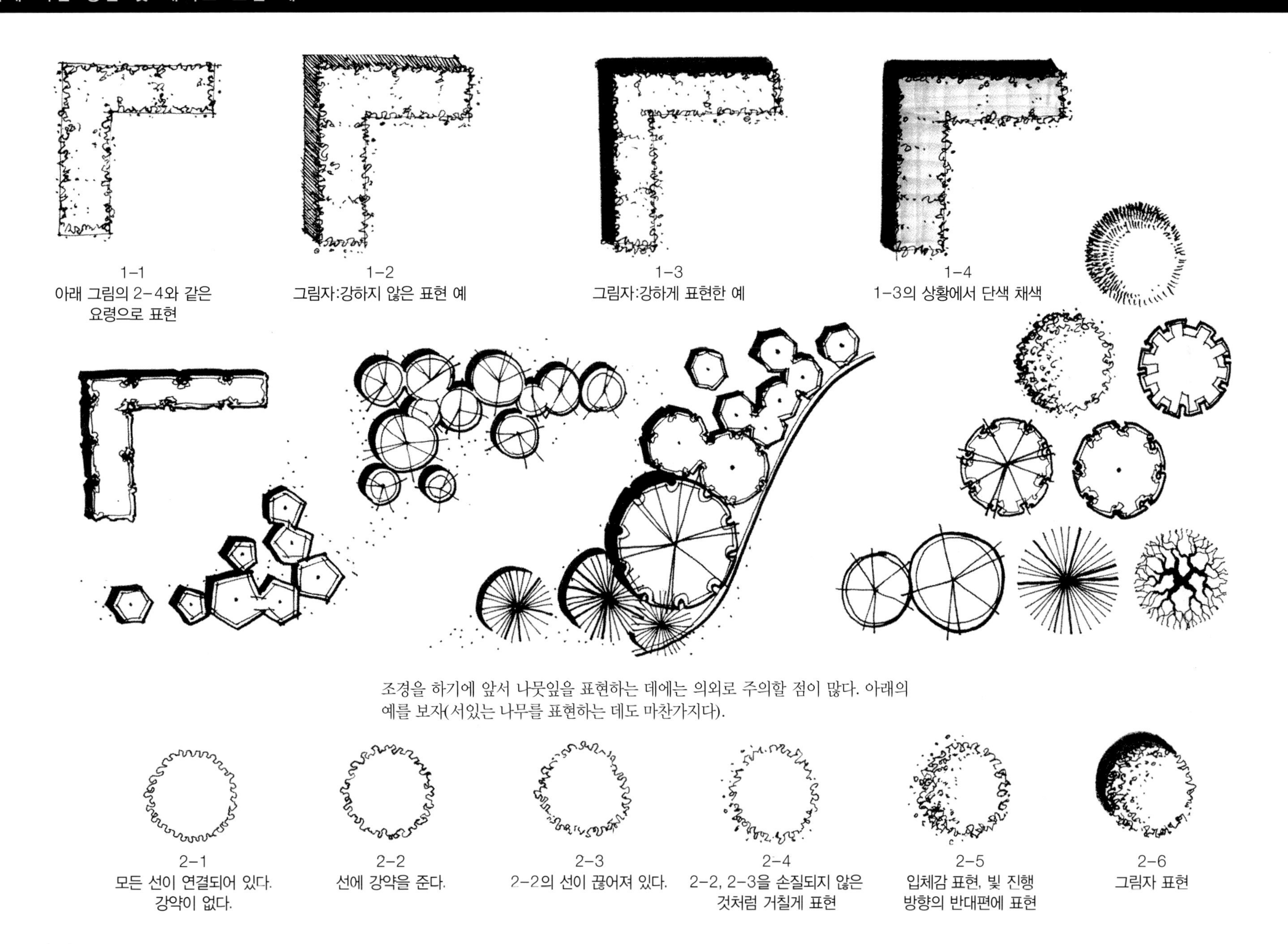

조경을 하기에 앞서 나뭇잎을 표현하는 데에는 의외로 주의할 점이 많다. 아래의 예를 보자(서있는 나무를 표현하는 데도 마찬가지다).

화단박스를 그린다.

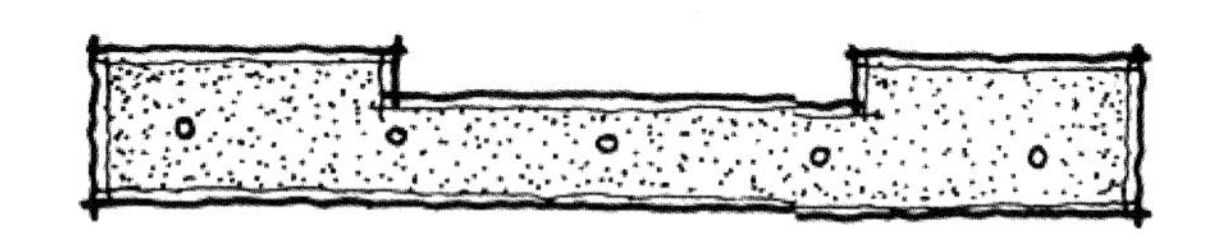

잔디를 표현하고 수목의 위치를 결정
<넓은 면에서는 4B나 색연필을 사용>

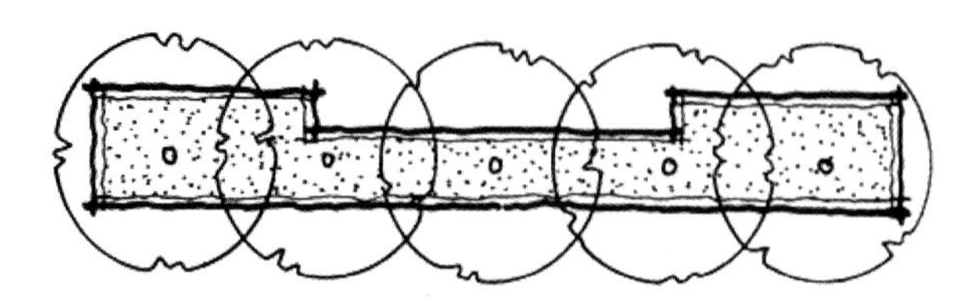

수목을 그린다.

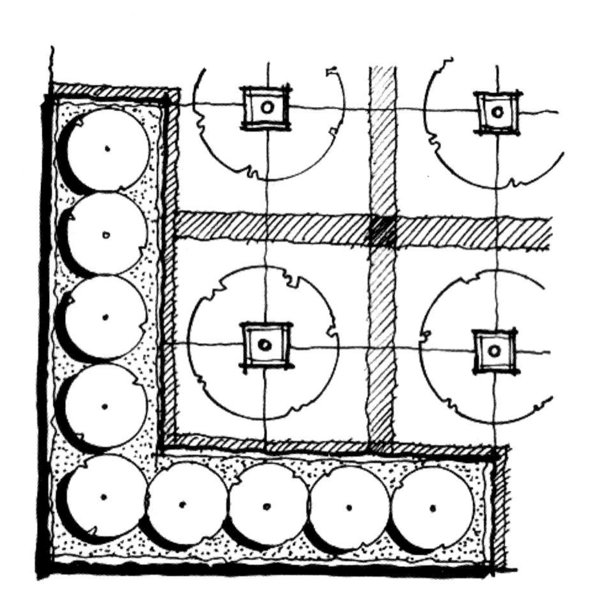

화단 및 패턴이 주제가 될 때의 예

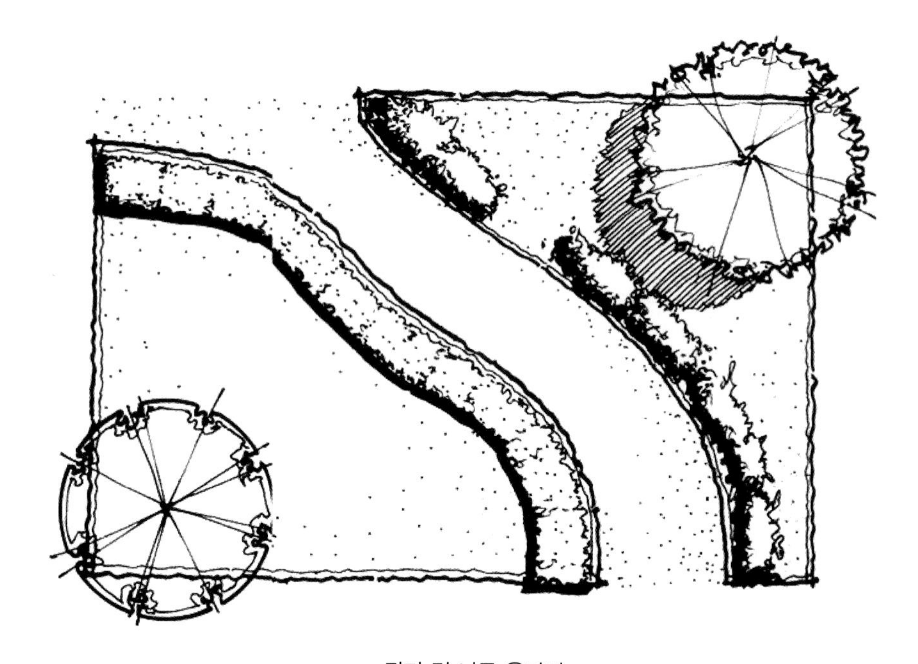

잔디 및 나무 울타리

인체의 구조

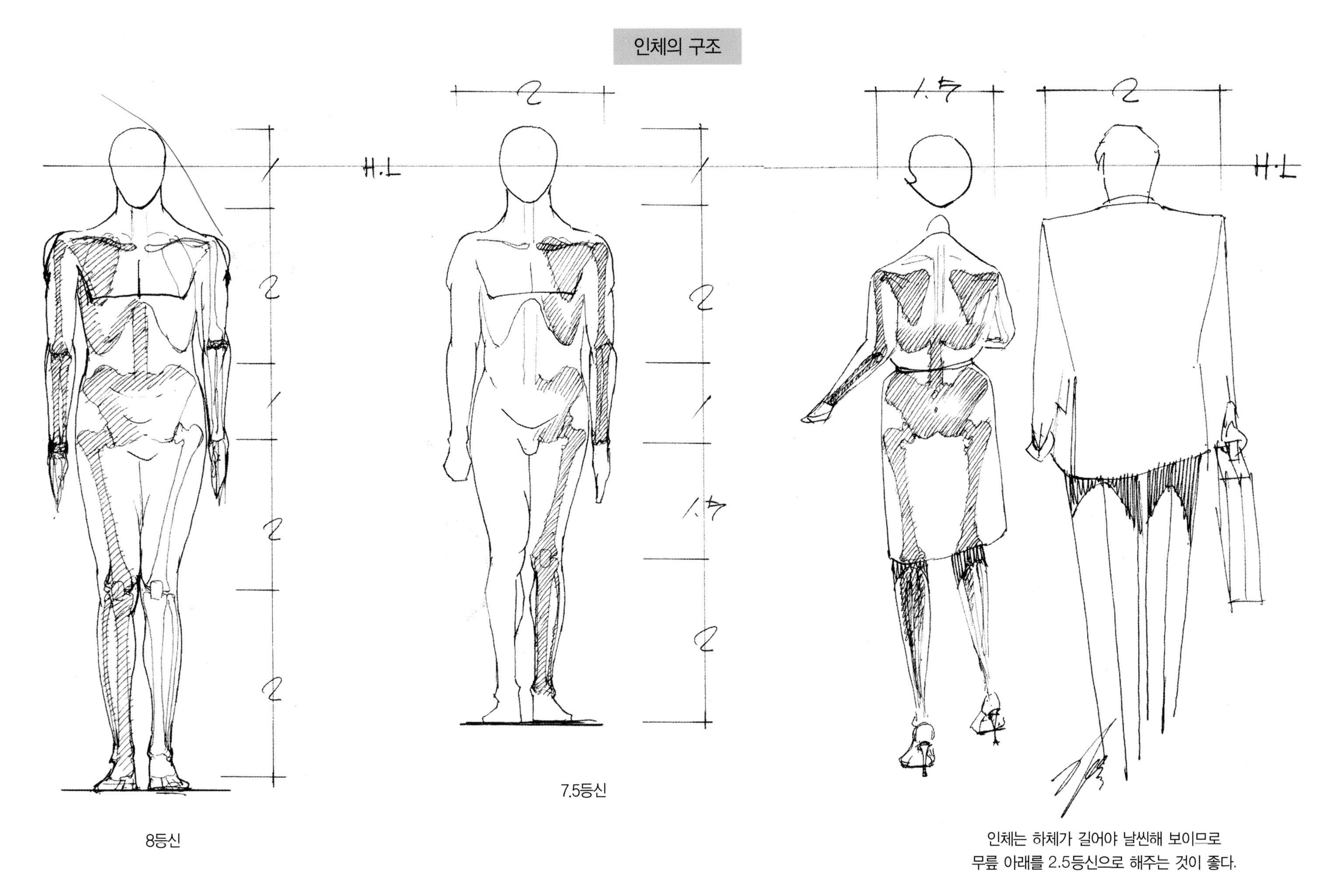

8등신

7.5등신

인체는 하체가 길어야 날씬해 보이므로
무릎 아래를 2.5등신으로 해주는 것이 좋다.

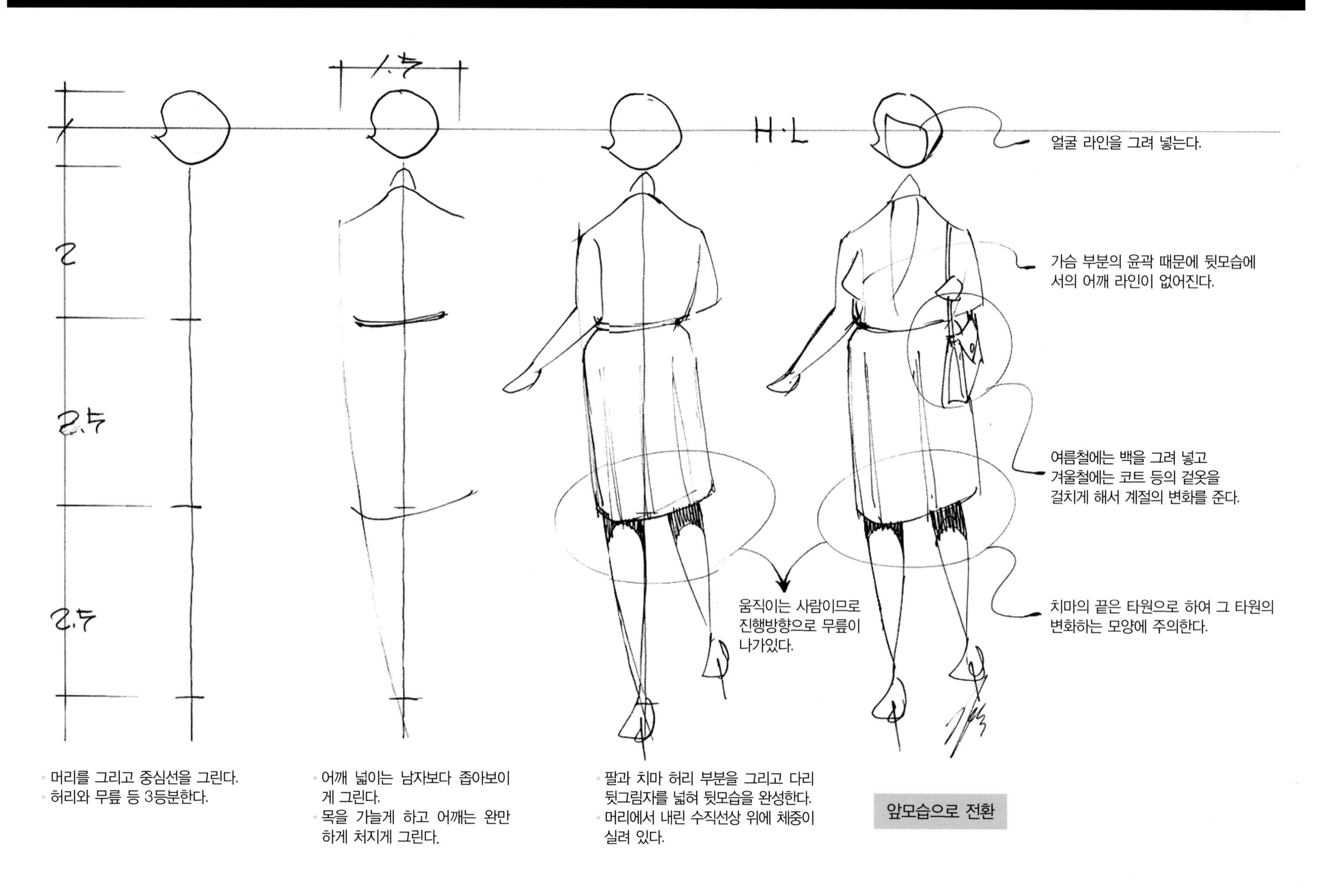

- 머리를 그리고 중심선을 그린다.
- 허리와 무릎 등 3등분한다.

- 어깨 넓이는 남자보다 좁아보이게 그린다.
- 목을 가늘게 하고 어깨는 완만하게 처지게 그린다.

- 팔과 치마 허리 부분을 그리고 다리 뒷그림자를 넓혀 뒷모습을 완성한다.
- 머리에서 내린 수직선상 위에 체중이 실려 있다.

앞모습으로 전환

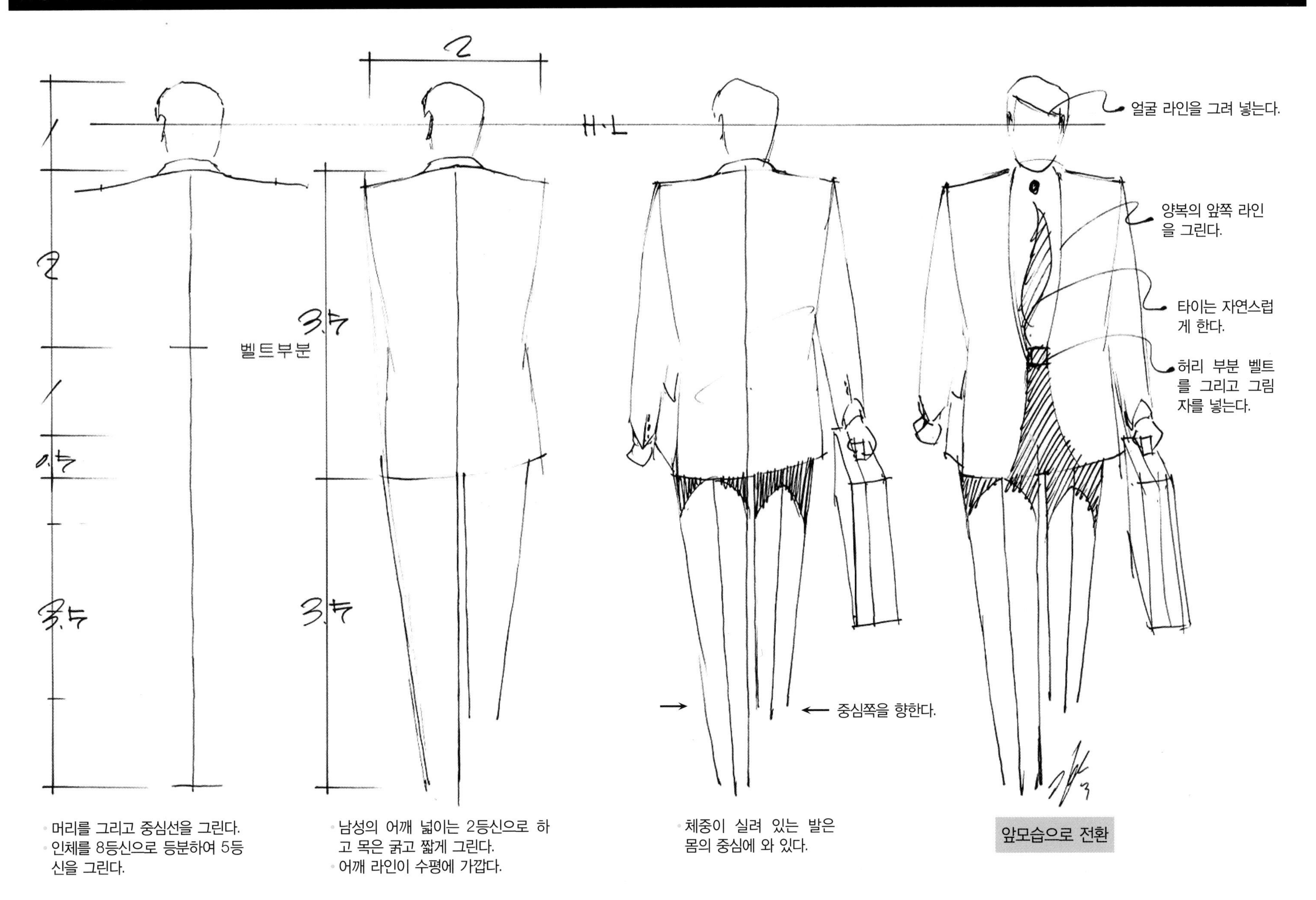

- 머리를 그리고 중심선을 그린다.
- 인체를 8등신으로 등분하여 5등신을 그린다.

- 남성의 어깨 넓이는 2등신으로 하고 목은 굵고 짧게 그린다.
- 어깨 라인이 수평에 가깝다.

- 체중이 실려 있는 발은 몸의 중심에 와 있다.

앞모습으로 전환

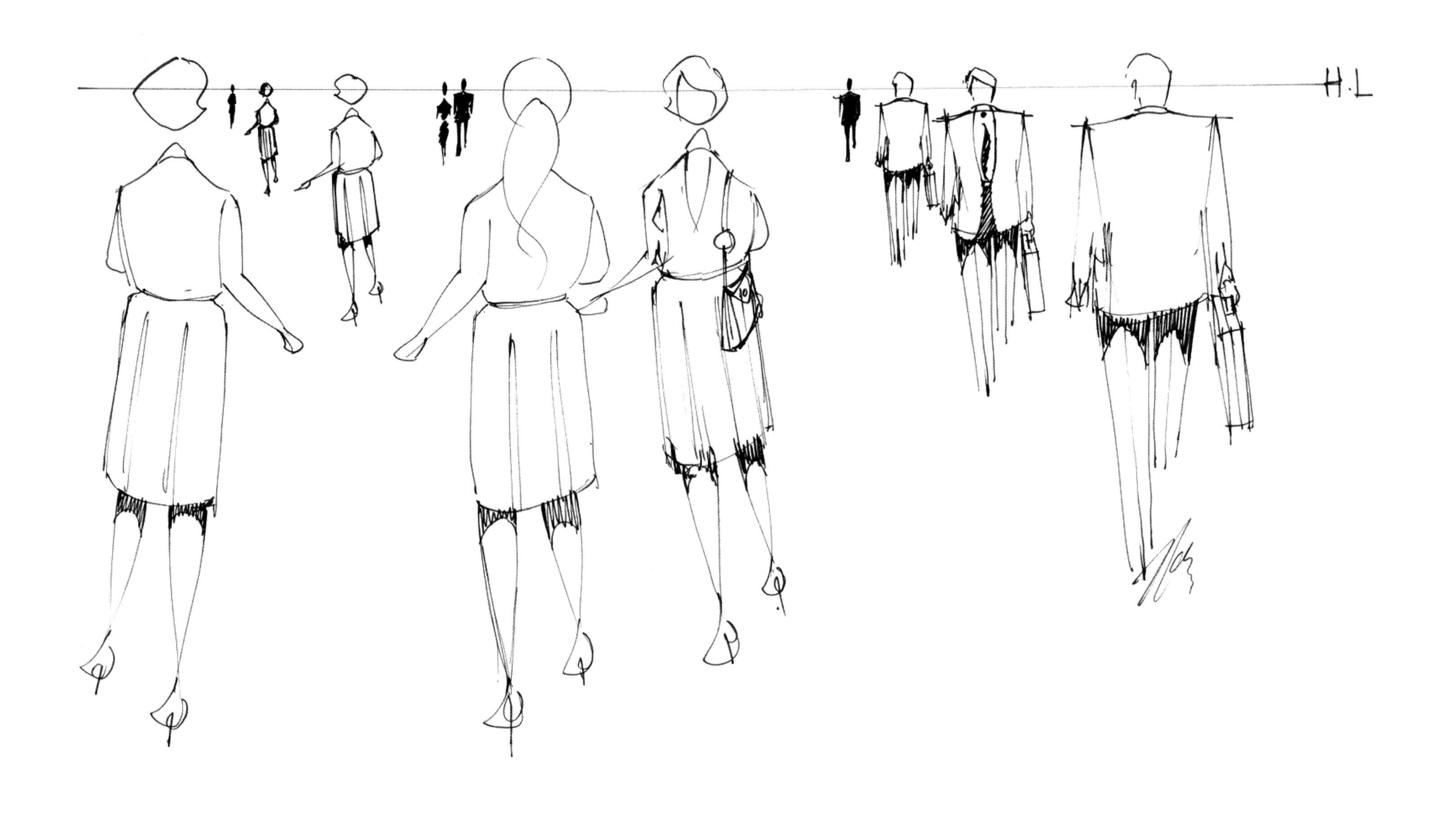
H.L

잡지나 신문의 인물사진을 모아서 여러 가지 상황을 묘사해 낼 수 있도록 자신만의 그림 기법을 개발해야 한다.

인체활동의 여러 가지 패턴을 고려해 두어 투시도의 분위기에 어울리는 사람을 그려 넣는다.

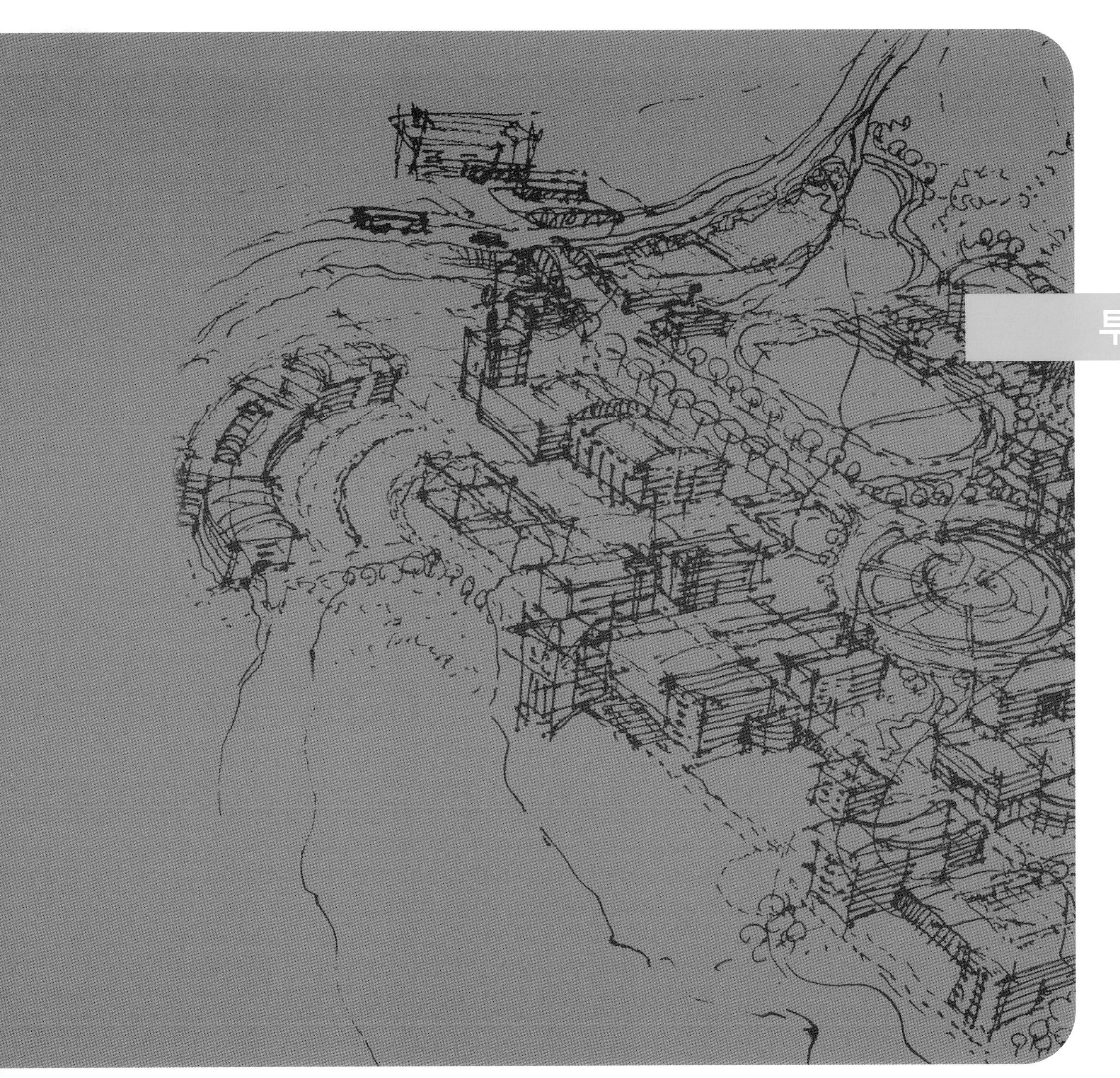

03

투시도의 작도와 사례

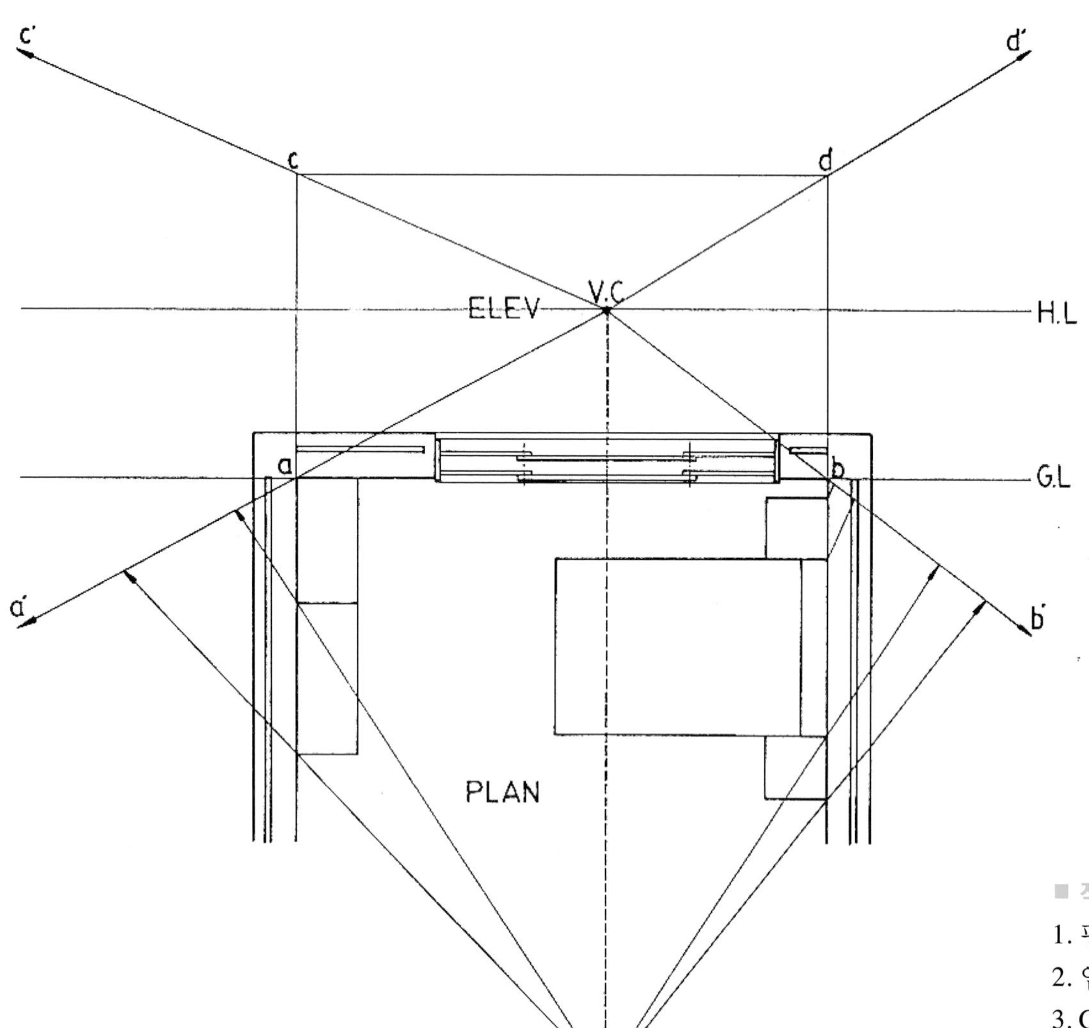

■ 작도 과정

1. 평면도를 배치하고, 평면도 끝 a-b 선상에 G.L을 설정한다.
2. 입면 abcd를 그린다(주어진 평면의 Scale은 1/60이다.).
3. G.L과 평행하게 H.L을 설정한다.
4. H.L상에서 V.C를 정하고 수직선을 내려 그려 S.P를 정한다.
5. V.C에서 입면도의 모서리점 a, b, c, d를 지나는 V.R을 긋는다.
6. S.P에서 평면에 배치된 가구의 모서리를 지나는 F.L을 긋는다.

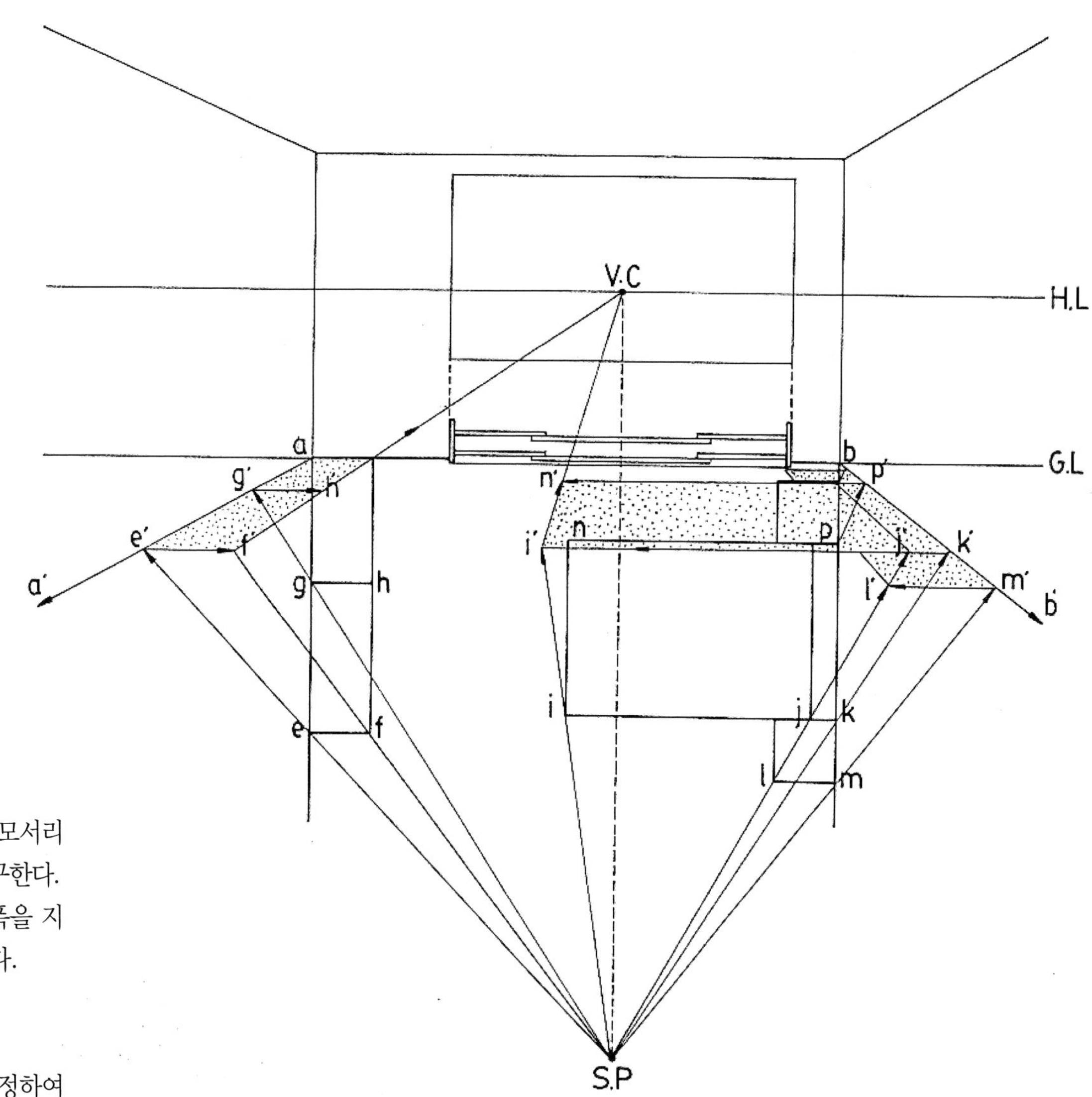

7. V.C에서 입면의 바닥점 a, b를 지나는 V.R과 S.P에서 가구의 모서리 점 e, g, k, m, p를 지나는 F.L과의 교점 e′, g′, k′, m′, p′를 구한다.
8. e′, g′, k′, m′, p′에서 수평선을 긋고, s.p에서 각 가구의 폭을 지나는 F.L을 긋고, 그 교점을 구해 V.C로 향하는 V.R을 긋는다.
9. 그 교점이 h′, f′, l′, m′, n′, i′, j′가 된다.
10. 가구의 투시평면을 완성시킨다(점선부분).
11. 창문폭 측선을 수직으로 그어 올리고 입면도에서 높이를 측정하여 윤곽선을 그린다.

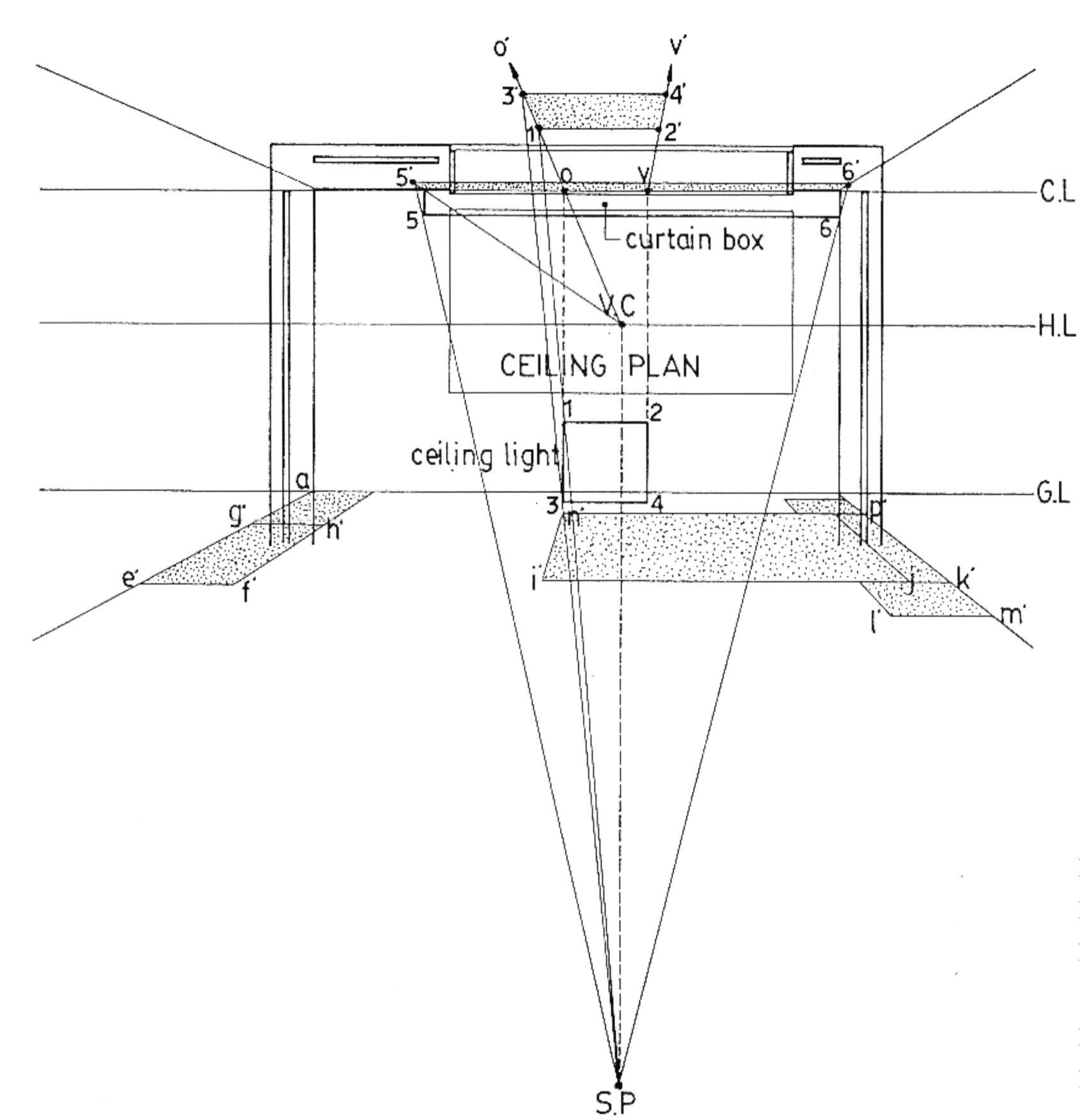

12. 입면도의 C.L에 접하도록 천장을 배치한다.
13. 사각형 1, 2, 3, 4는 Ceiling Light, 5, 6은 Curtain Box이다.
14. Ceiling Light의 폭 측선을 수직으로 그어 올려 C.L과의 교점 O.V를 구한다.
15. V.C에서 O.V를 지나는 V.R을 긋는다.
16. S.P에서 Ceiling Light의 모서리점 1, 2, 3, 4를 지나는 선을 그어 그 교점 1′, 2′, 3′, 4′를 구하여 투시 평면을 완성시킨다.
17. Curtain Box도 같은 방법으로 구한다.

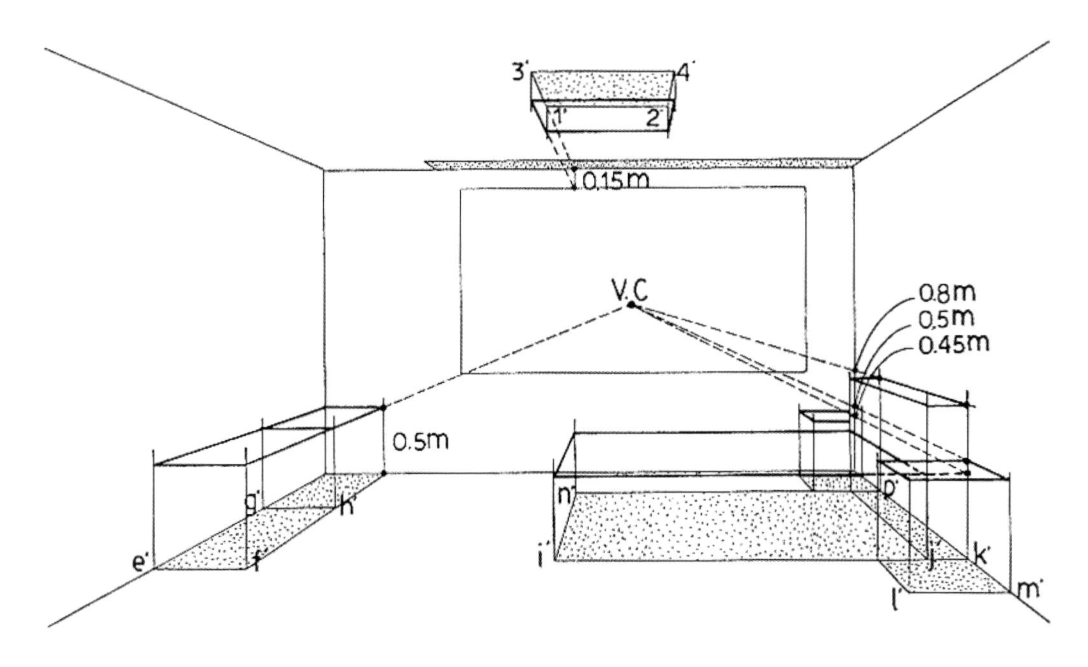

18. 완성된 투시형 평면의 각 모서리점 e′, f′, g′, h′, i′, j′, k′, l′, m′, n′, p′ 를 수직으로 그어 올린다.
19. 각 가구의 높이를 입면도에서 측정한다.
20. V.C에서 측정된 가구의 높이점을 지나는 V.R을 긋는다(점선투사선).
21. 연장된 높이선과의 교점을 구해 가구의 윤곽을 대략적으로 그린다.
22. Chest, Bad, Night Table의 모양이 나타난다.
23. 완성된 천장의 투시형 평면(Ceiling Light)의 모서리점 1′, 2′, 3′, 4′ 를 수직으로 그어 내린다.
24. 등의 높이를 입면도에서 측정한다(0.15m).
25. V.C에서 측정된 등의 높이점을 지나는 V.R을 긋는다(점선투사선).
26. 교점을 구해 Ceiling Light의 윤곽을 대략적으로 그린다.

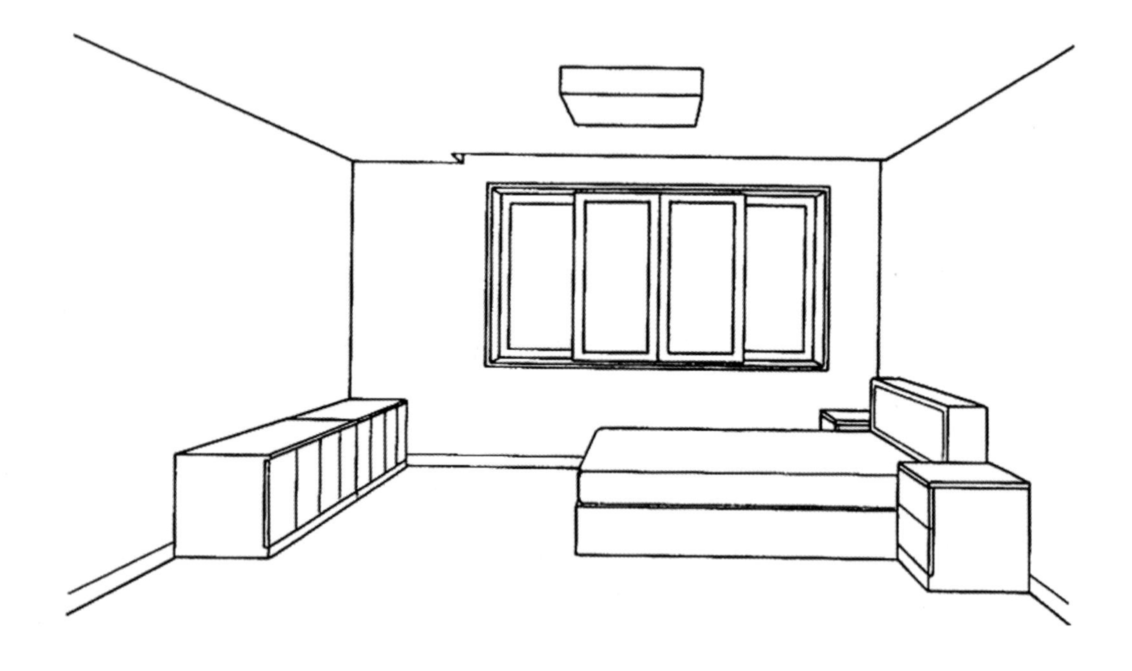

27. 창문을 완성시키고, 실제와 가깝게 가구의 모양을 그린다.

28. Accessory 등을 그려놓고, 가구를 더욱 세밀하게 그려 투시도를 완성시킨다.

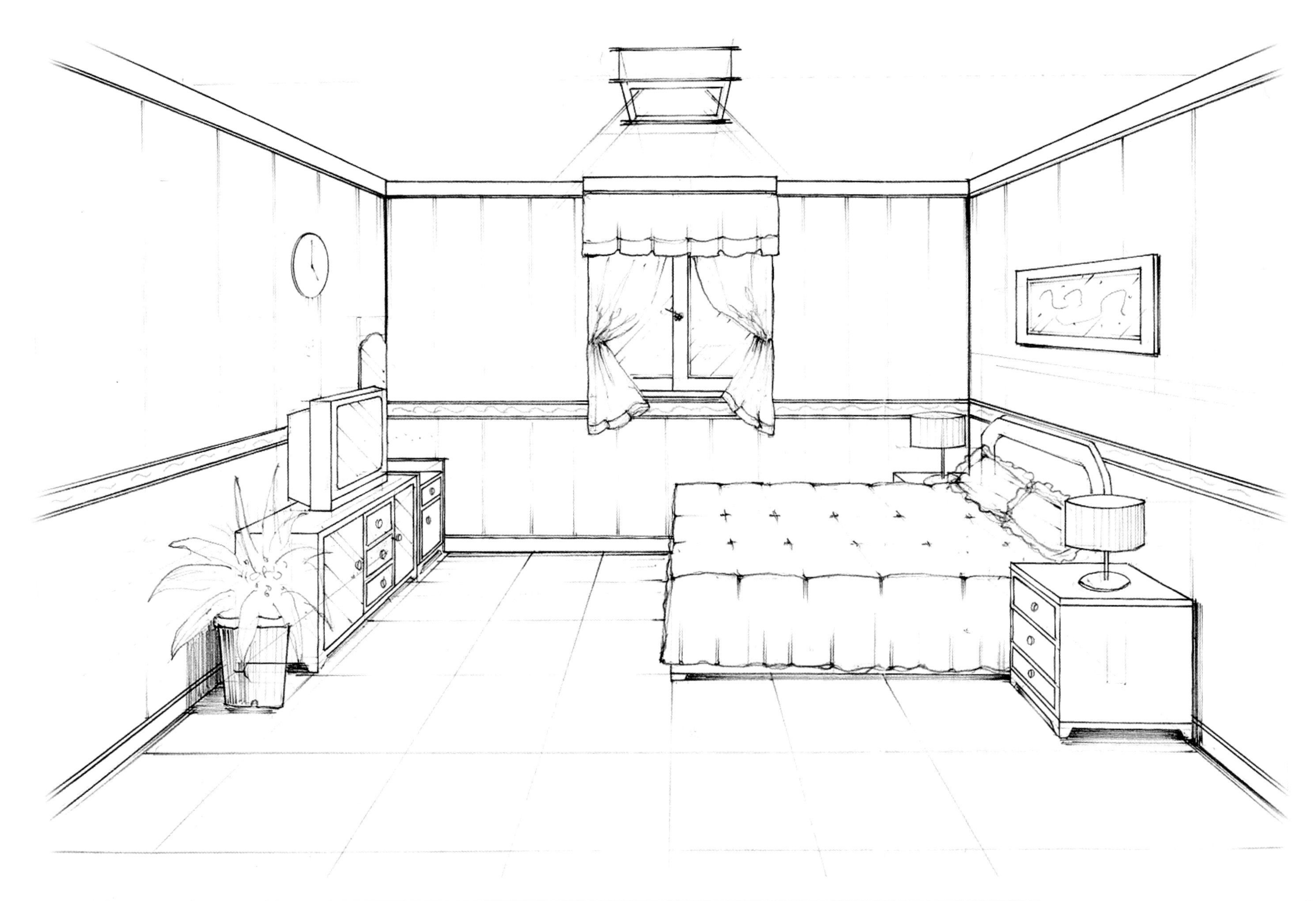

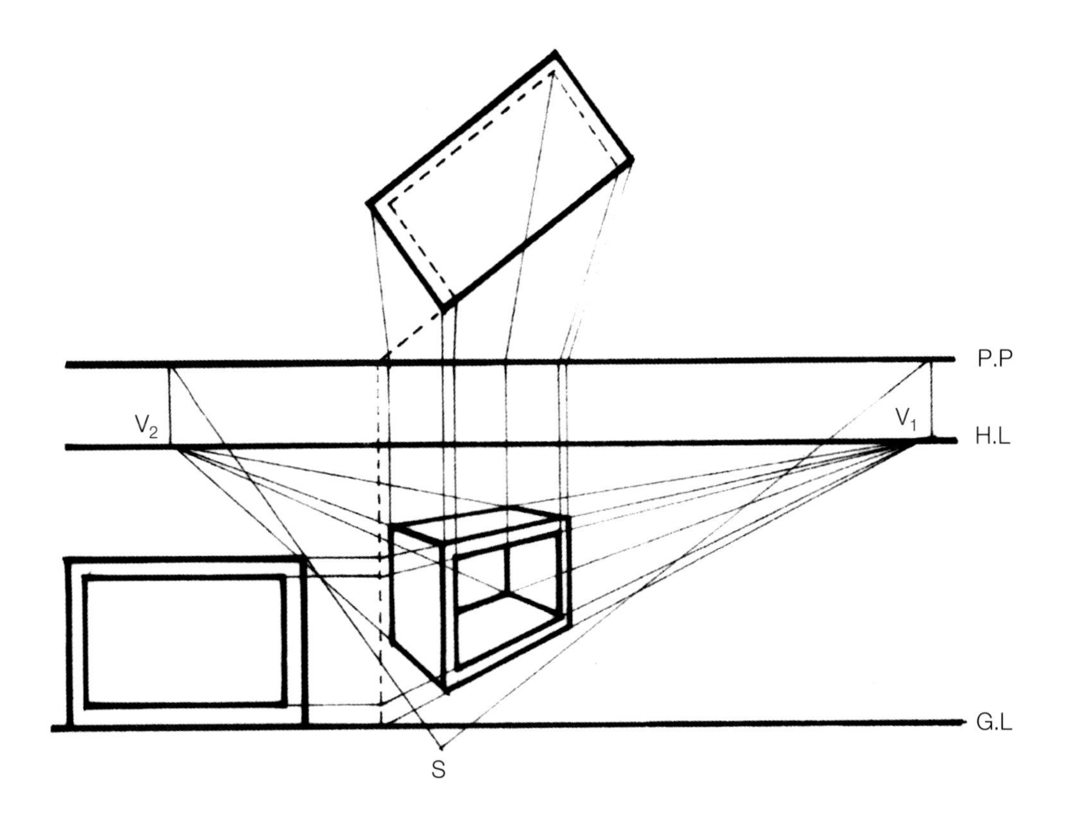

P.P(화면) 라인에 보고자 하는 그 방향의 모서리가 각각 화면에 경사지게 놓는다.
2소점법은 P.P(화면)에 대한 경사각에 따라 45° 투시도법과 30°, 60°법으로 구분한다.
H.L(Horizontal Line, 또는 Eye Line이라고도 함) 선상에 $V.P_1$, $V.P_2$ 두 개의 소점을 청한다.
H.L이 입면도보다 낮게 위치하며, 투시도, 입면도보다 높게 위치하면 조감도가 되며, $V.P_1$, $V.P_2$ 두 소점 또한 많이 보고자 하는 정면은 가깝게, 측면은 멀리 있게 함으로써 투시도의 각이 형성된다.
또한 P.P(화면)에 도면이 맞닿았을 때는 1:1 P.P(화면)에 도면이 위에 위치하며 보이는 투시도가 작게 작도되고, P.P(화면)에 도면이 아래에 위치하면 보이는 투시도가 크게 작도된다.

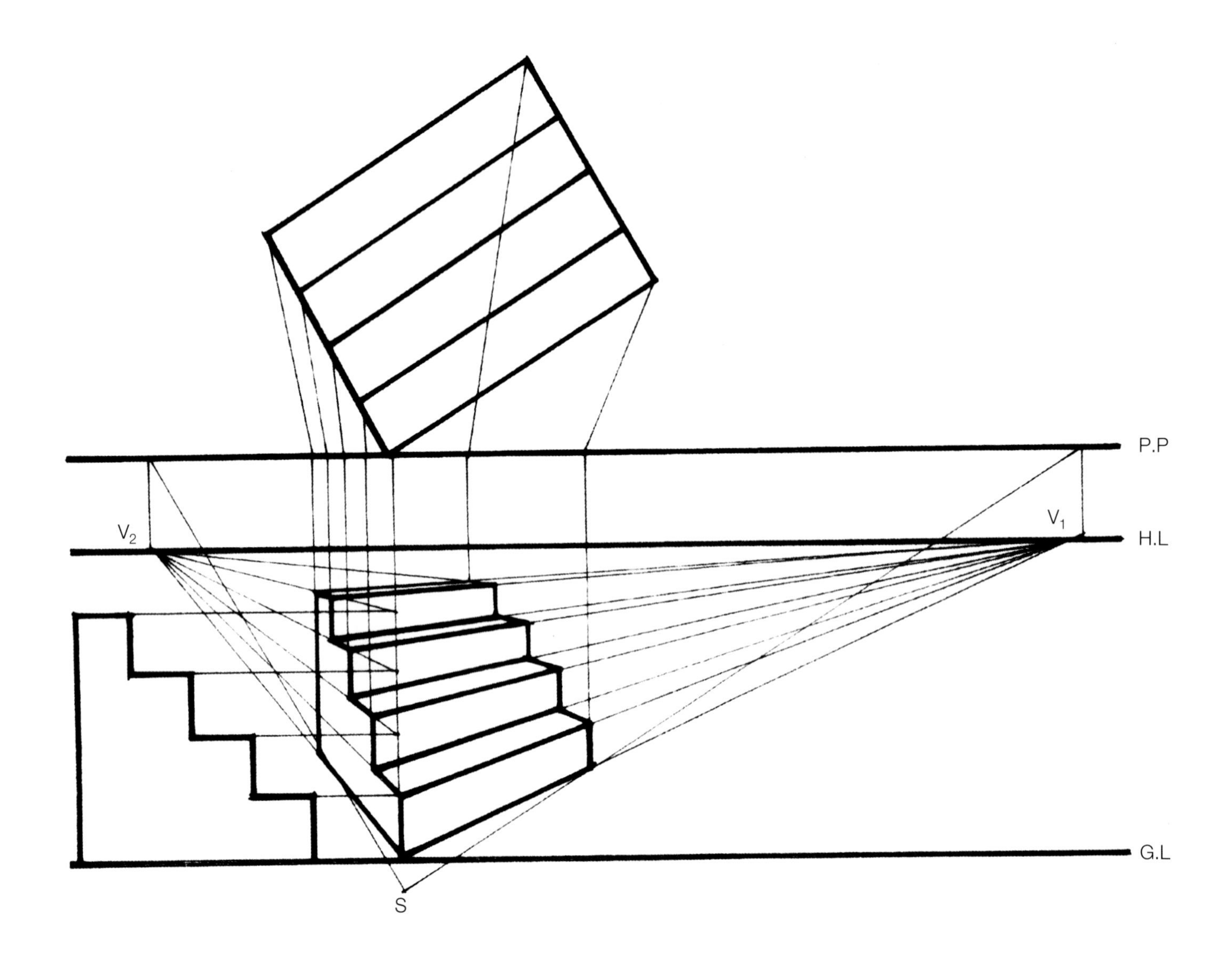
P.P
V_2
V_1
H.L
G.L
S

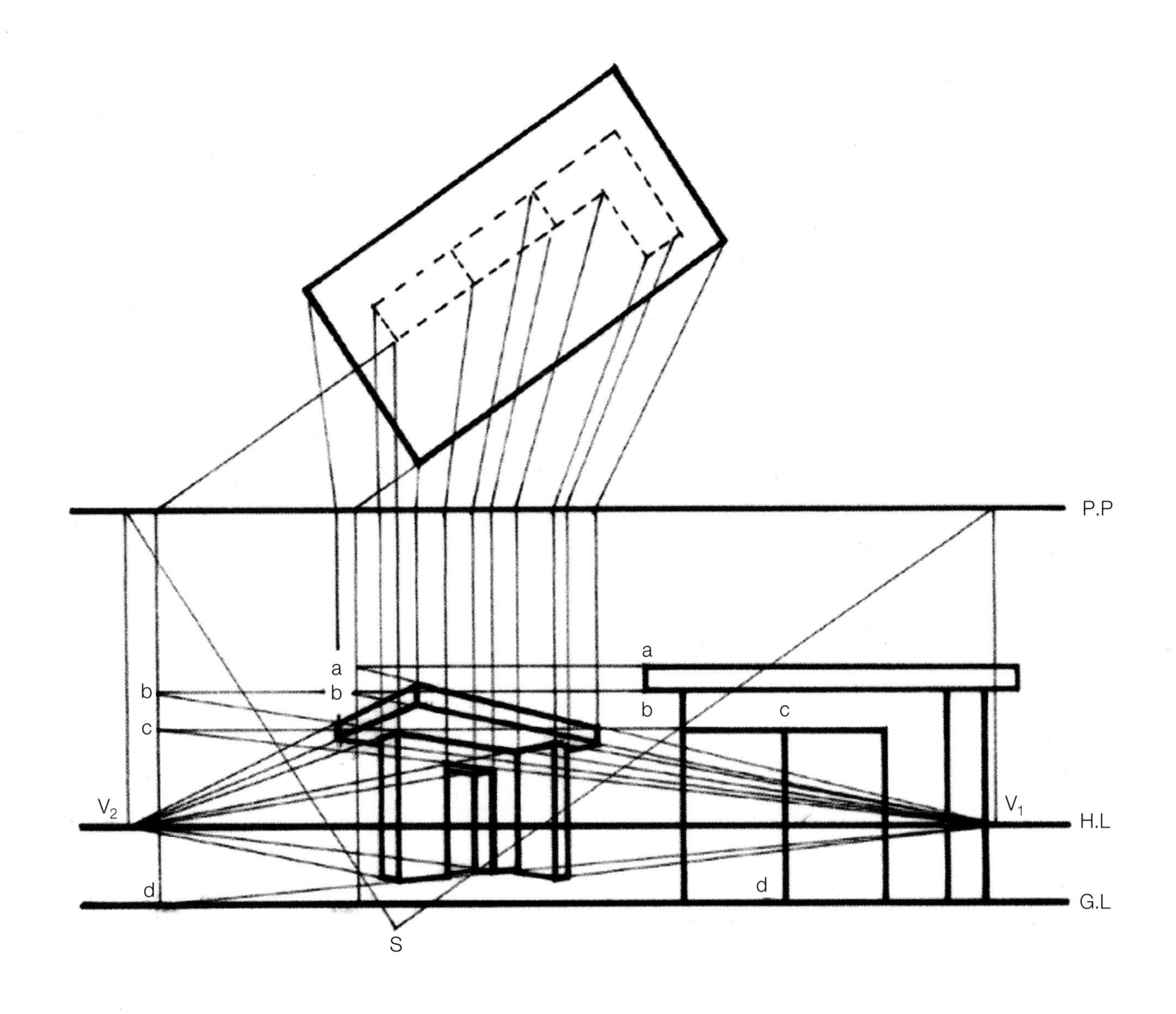
P.P
a
b
c
b
a
b
c
V2
V1
H.L
d
d
G.L
S

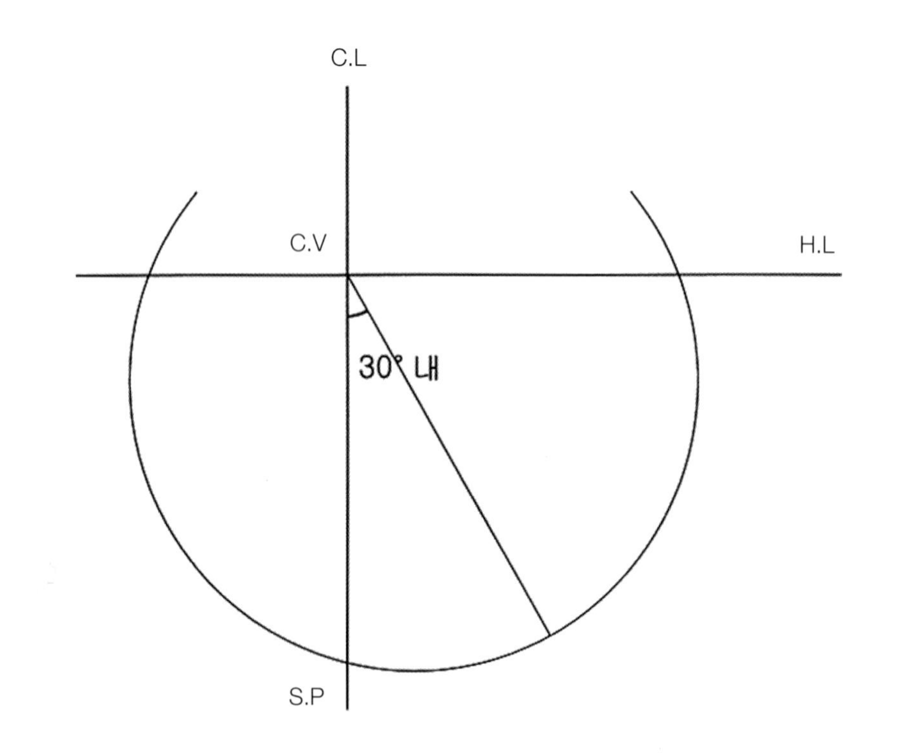

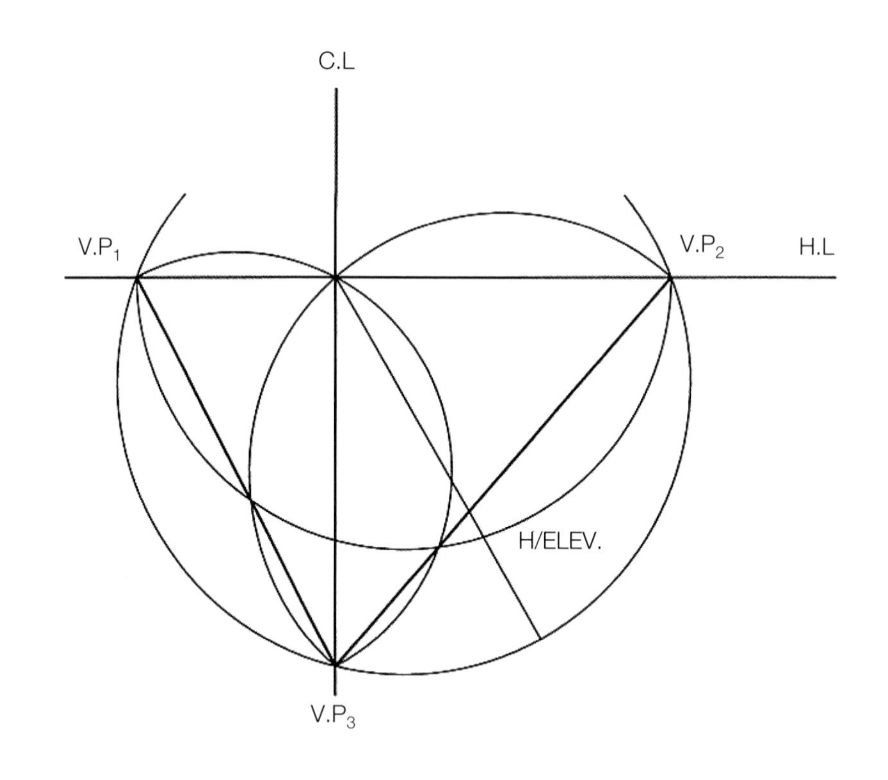

■ 작도 과정

1. C.L선상에서 H.L선의 시중심 C.V와 S.P를 설정한다.
2. C.V에서 30º 내의 사선을 만든다.
3. H.L선상에 $V.P_1$, $V.P_2$를 설정하고, C.L선상에 원과의 교점 $V.P_3$을 정한다.

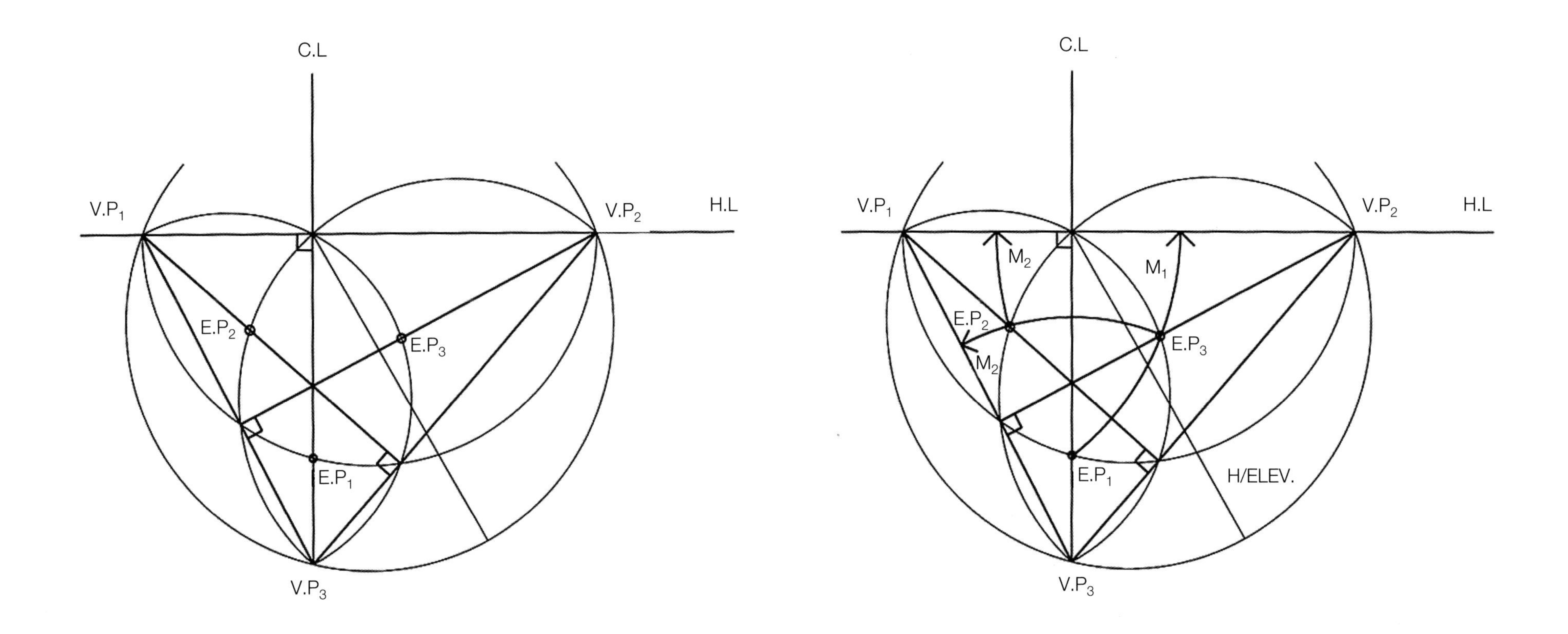

4. 점 $E.P_1$, $E.P_2$, $E.P_3$에 따른 M_1, M_2, M_3을 정하며, M_1, M_2는 H.L 선상에 M_3은 $V.P_3$선상에 만들어 진다.

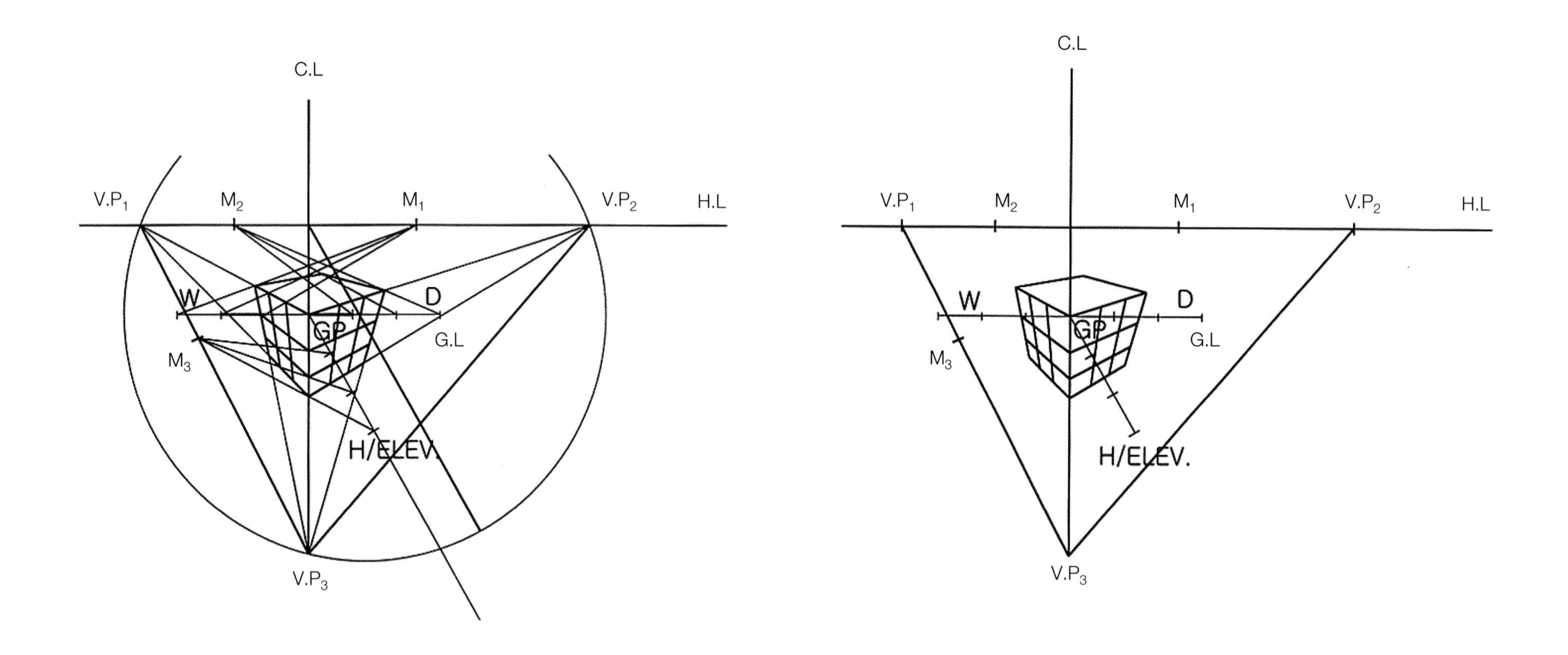

5. G.L선과 G.P점을 설정한다.
6. G.P점을 기준으로 W, D, H/ELEV.의 치수를 정하며, M_1, M_2, M_3을 활용하여, 3소점의 입체적 형태를 그린다.

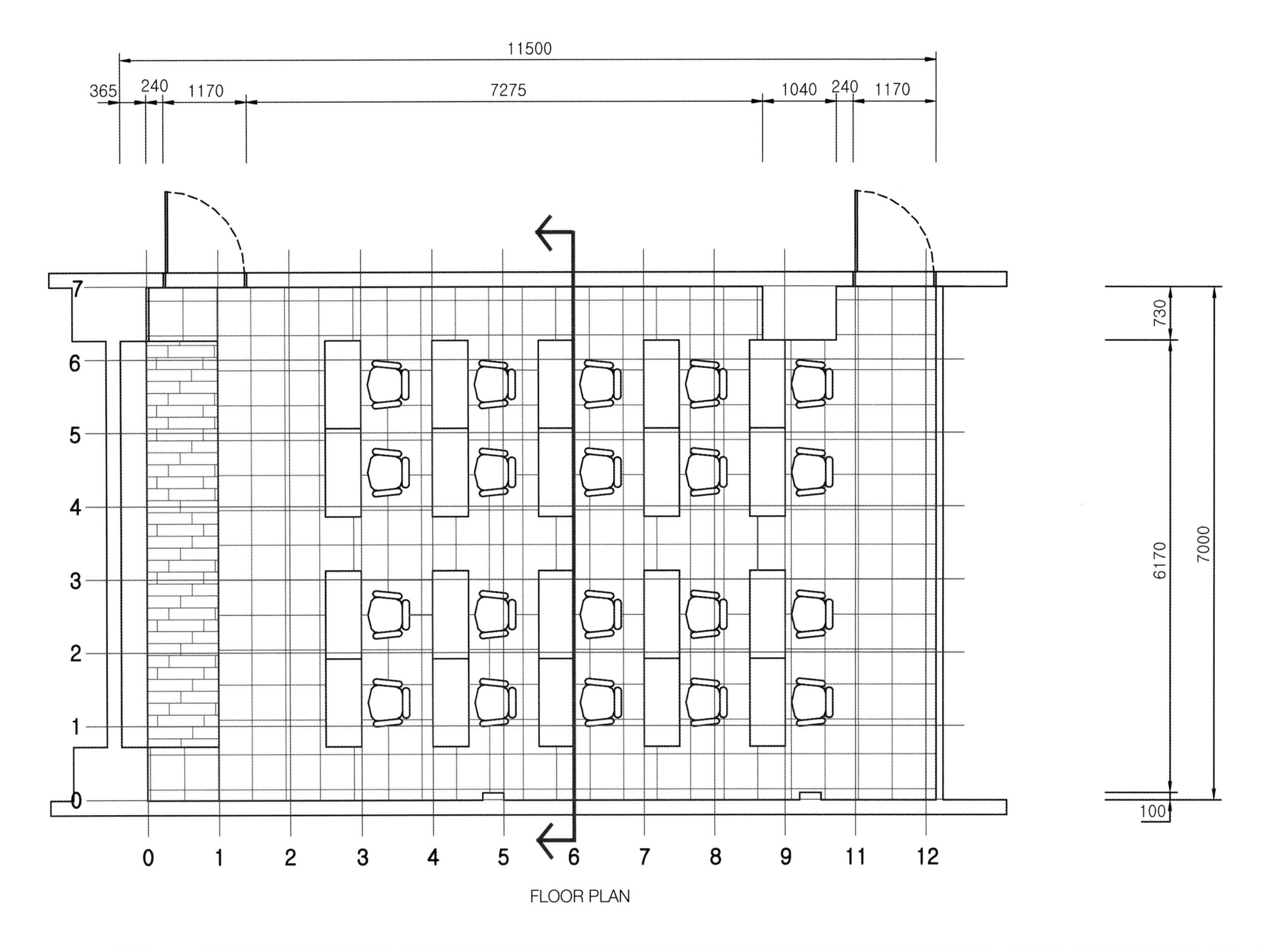
11500
365
240
1170
7275
1040
240
1170
730
6170
7000
100
7
6
5
4
3
2
1
0
0 1 2 3 4 5 6 7 8 9 11 12

FLOOR PLAN

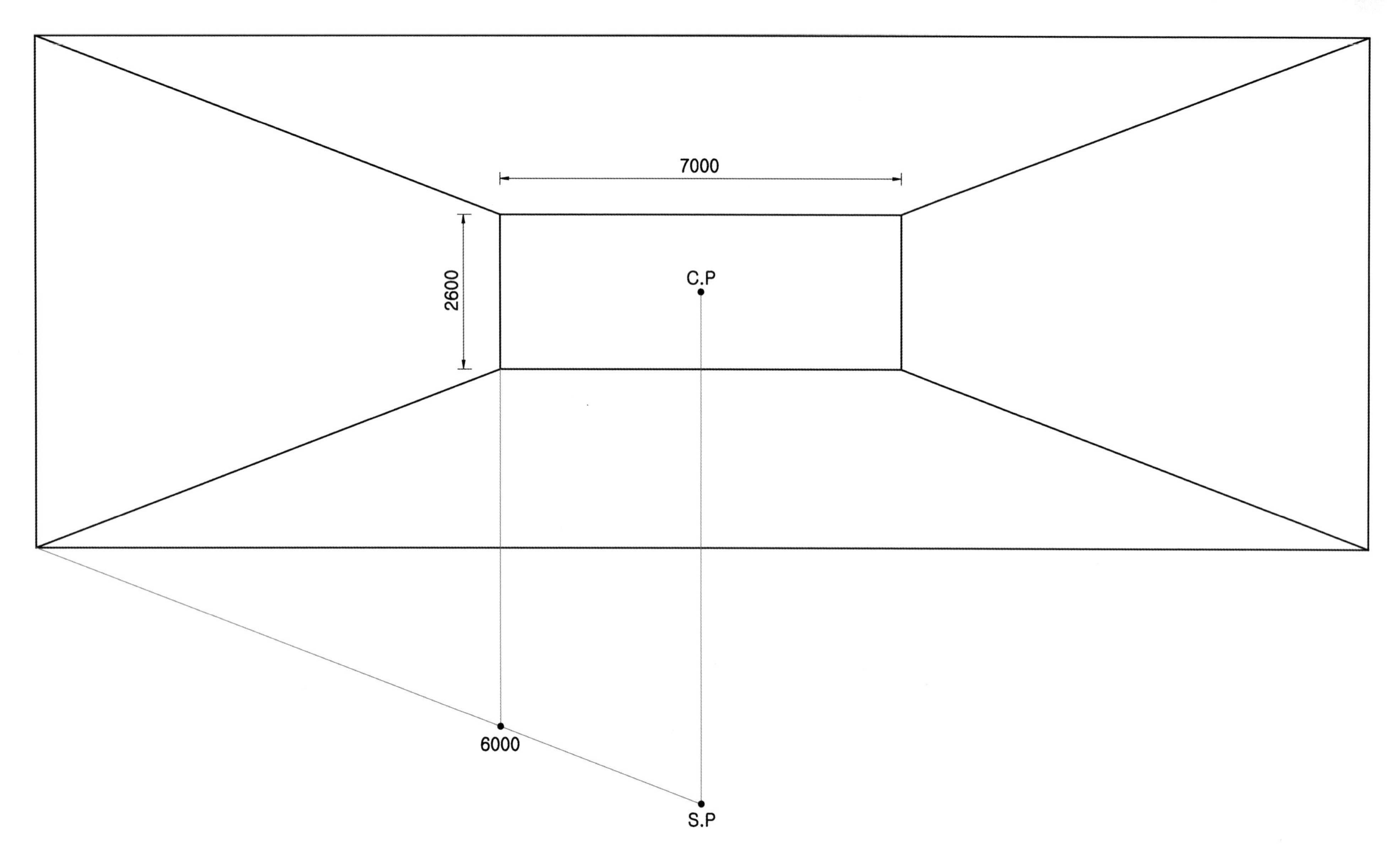

• 보고자 하는 평면의 길이와 층고의 비율이 중요하다.

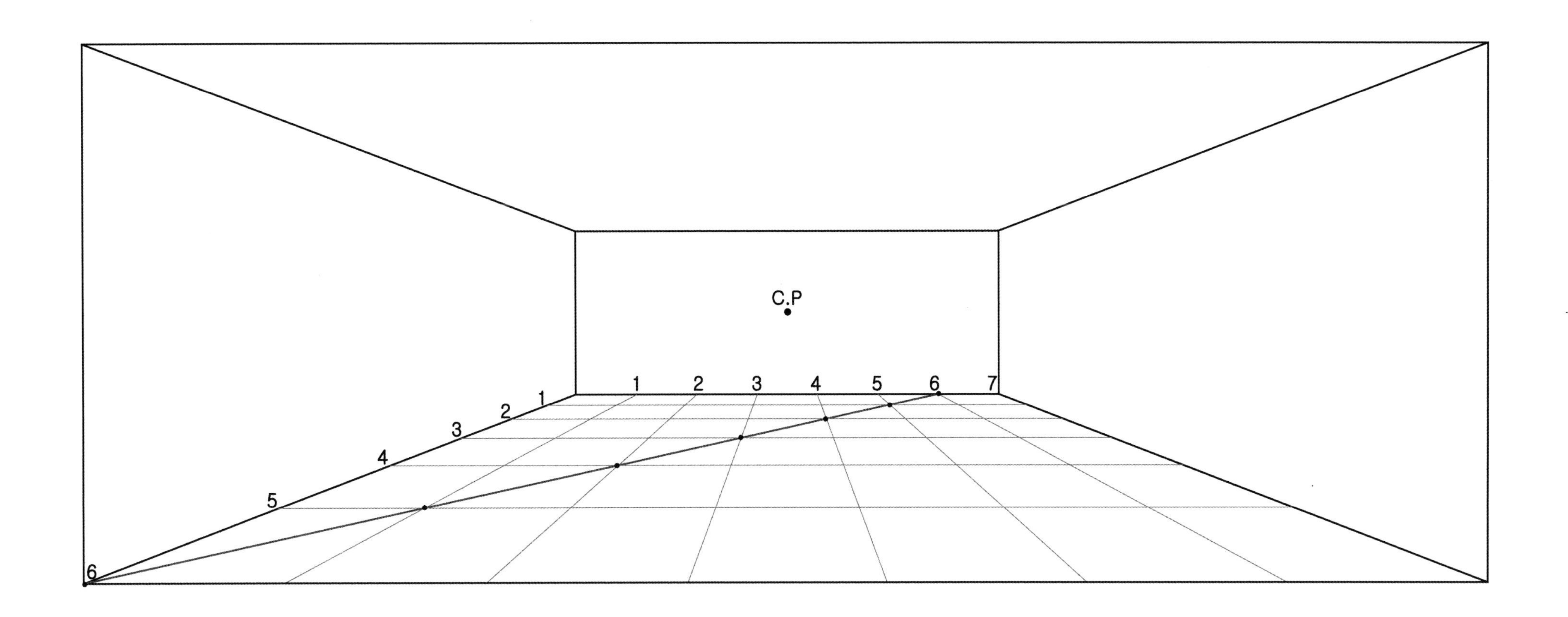

- 평면 고망선을 투시도 바닥에 옮긴다.
- 소점에 의한 화각의 변화를 찾기 위한 등분법이다.

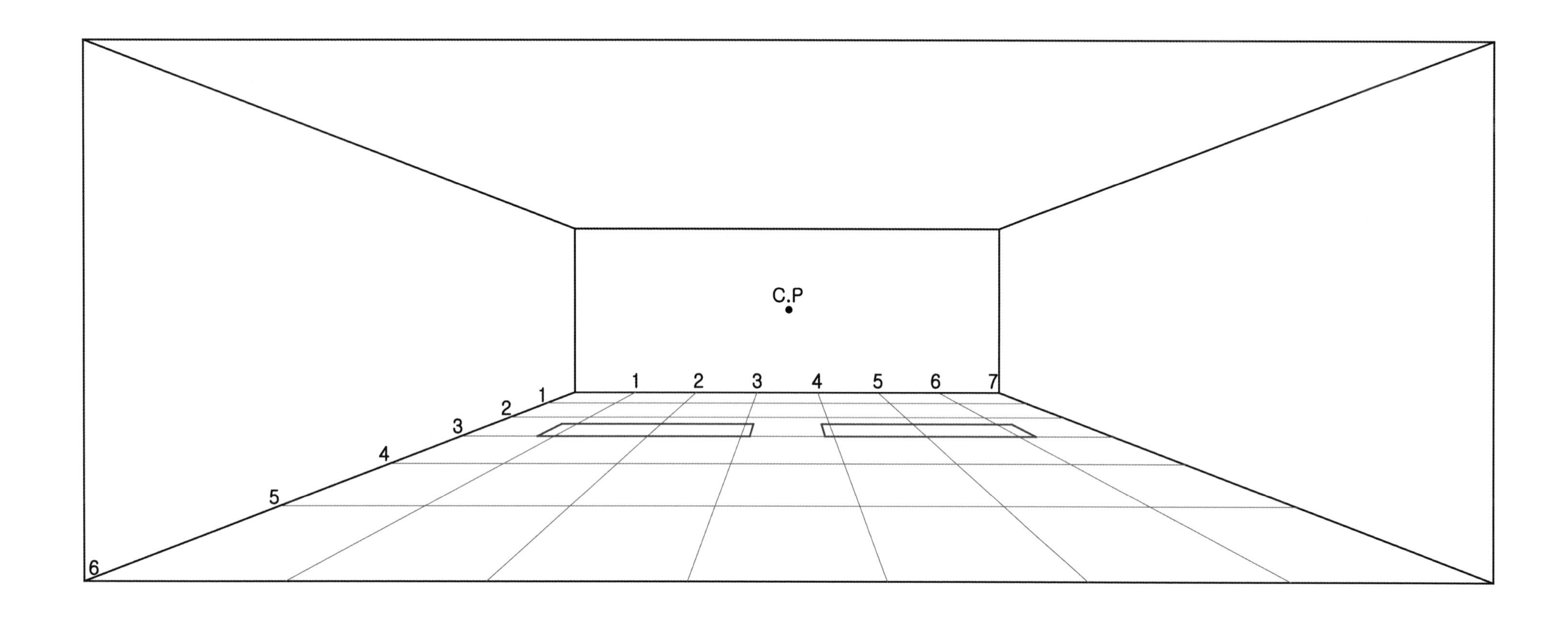
C.P
1
2
3
4
5
6
7
1
2
3
4
5
6

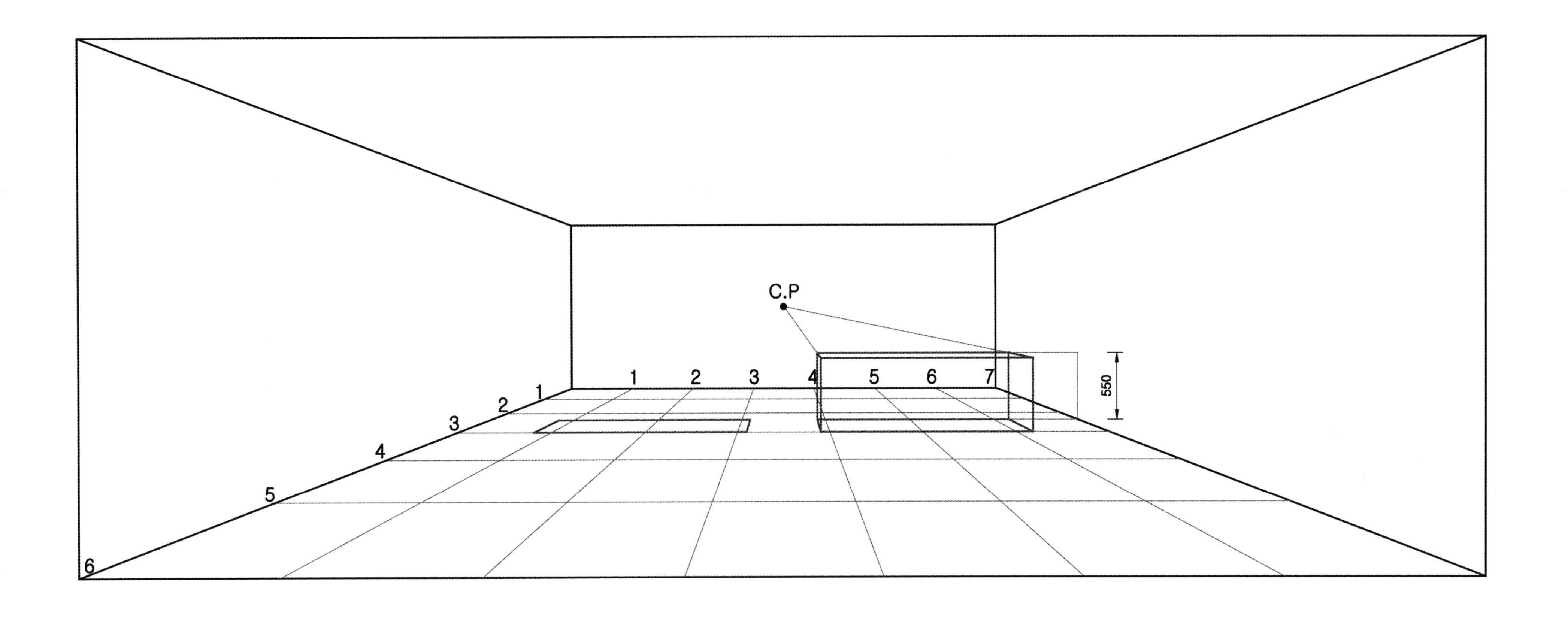
C.P
1
2
3
4
5
6
7
1
2
3
4
5
6
550

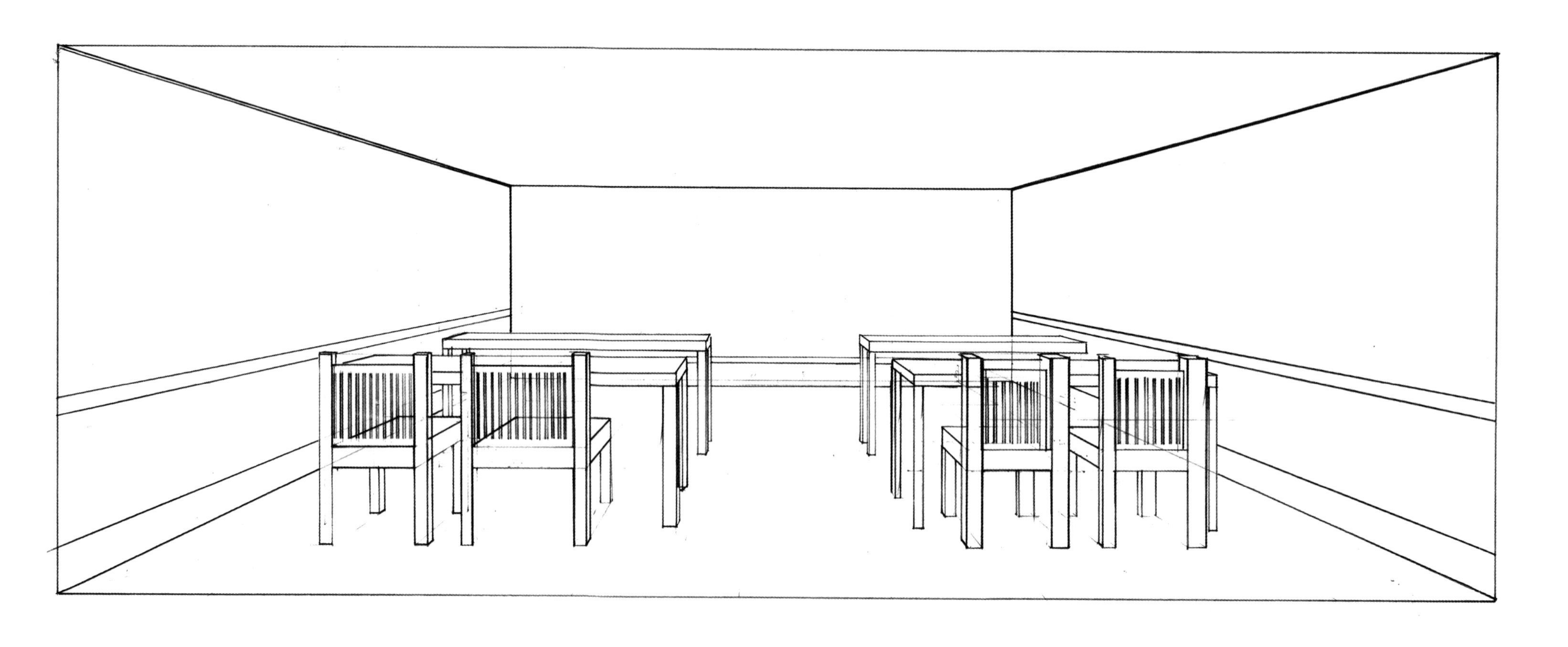

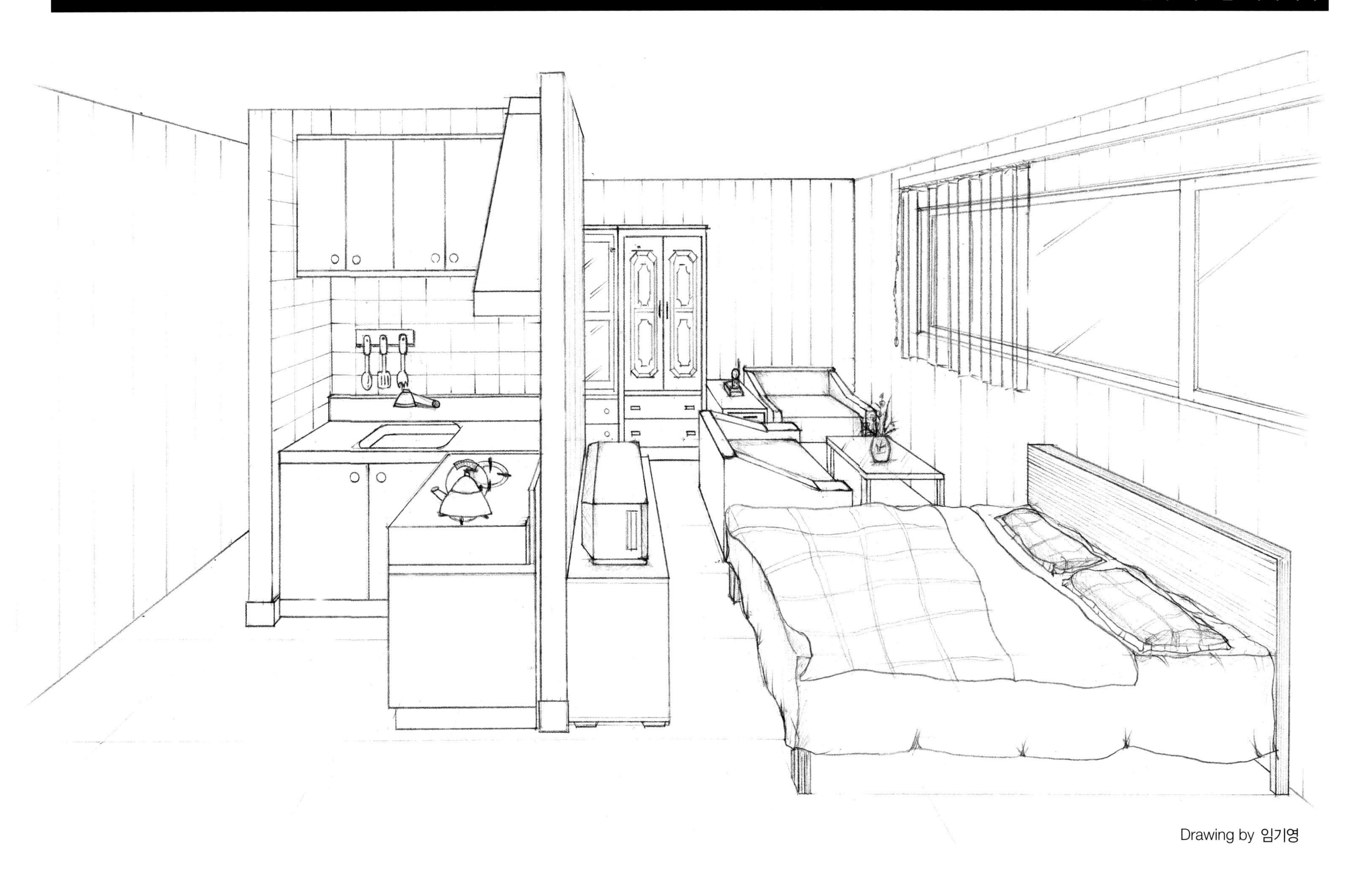

Drawing by 임기영

1.

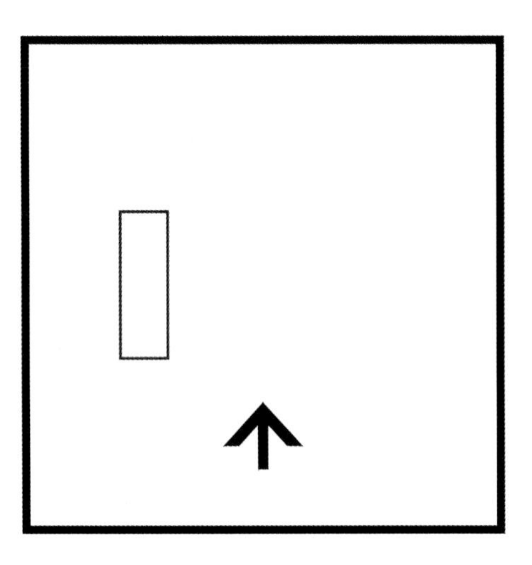

평면도상의 기둥 표현

2.

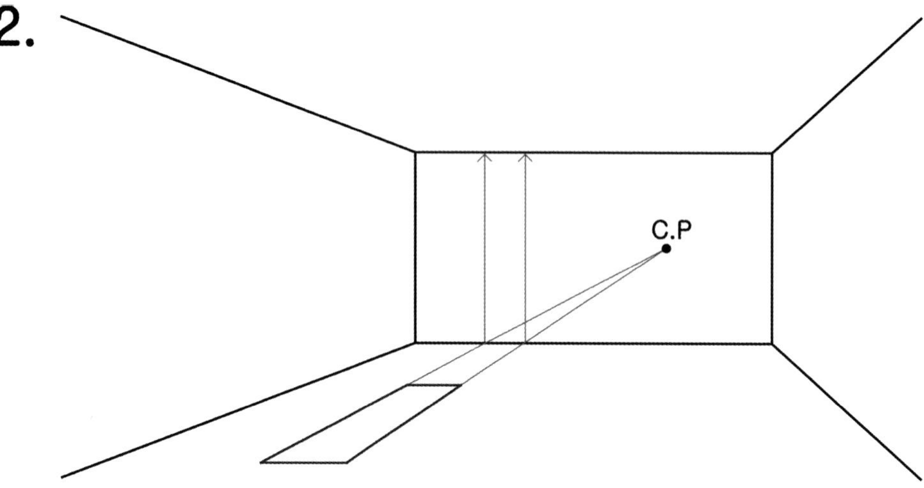

바닥에 소점을 이용해 위치를 찾는다.

3.

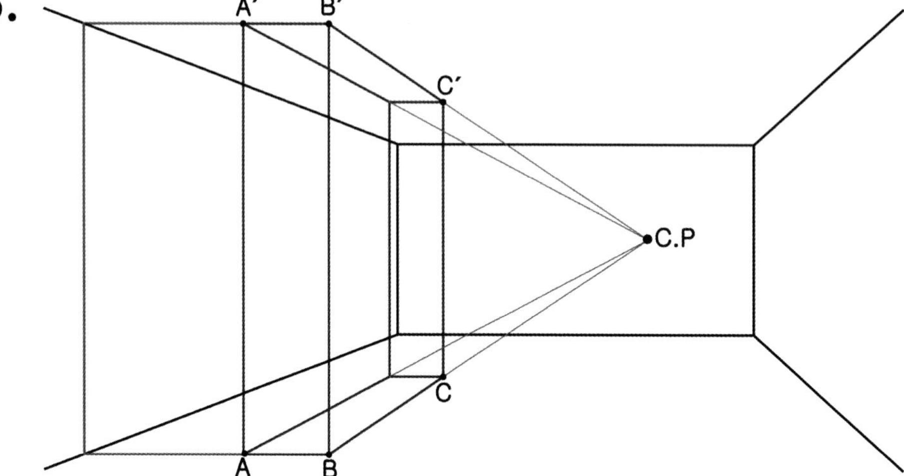

A, B를 소점을 이용하여 중심까지 연결한 후 수직으로 천장에서 만난 후 소점을 이용 A′, B′, C′를 찾는다.

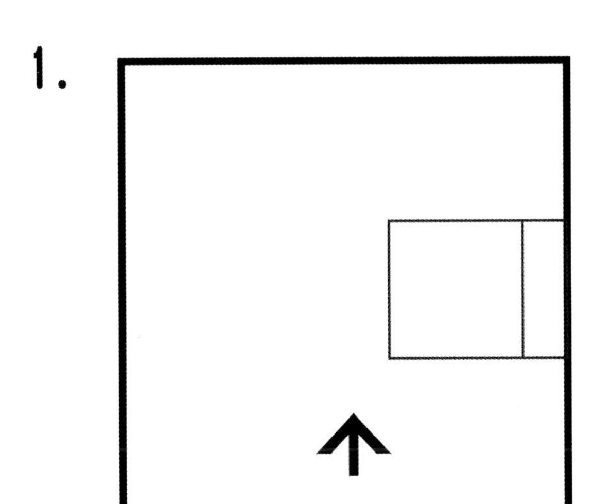

• 평면도상의 침대 표현

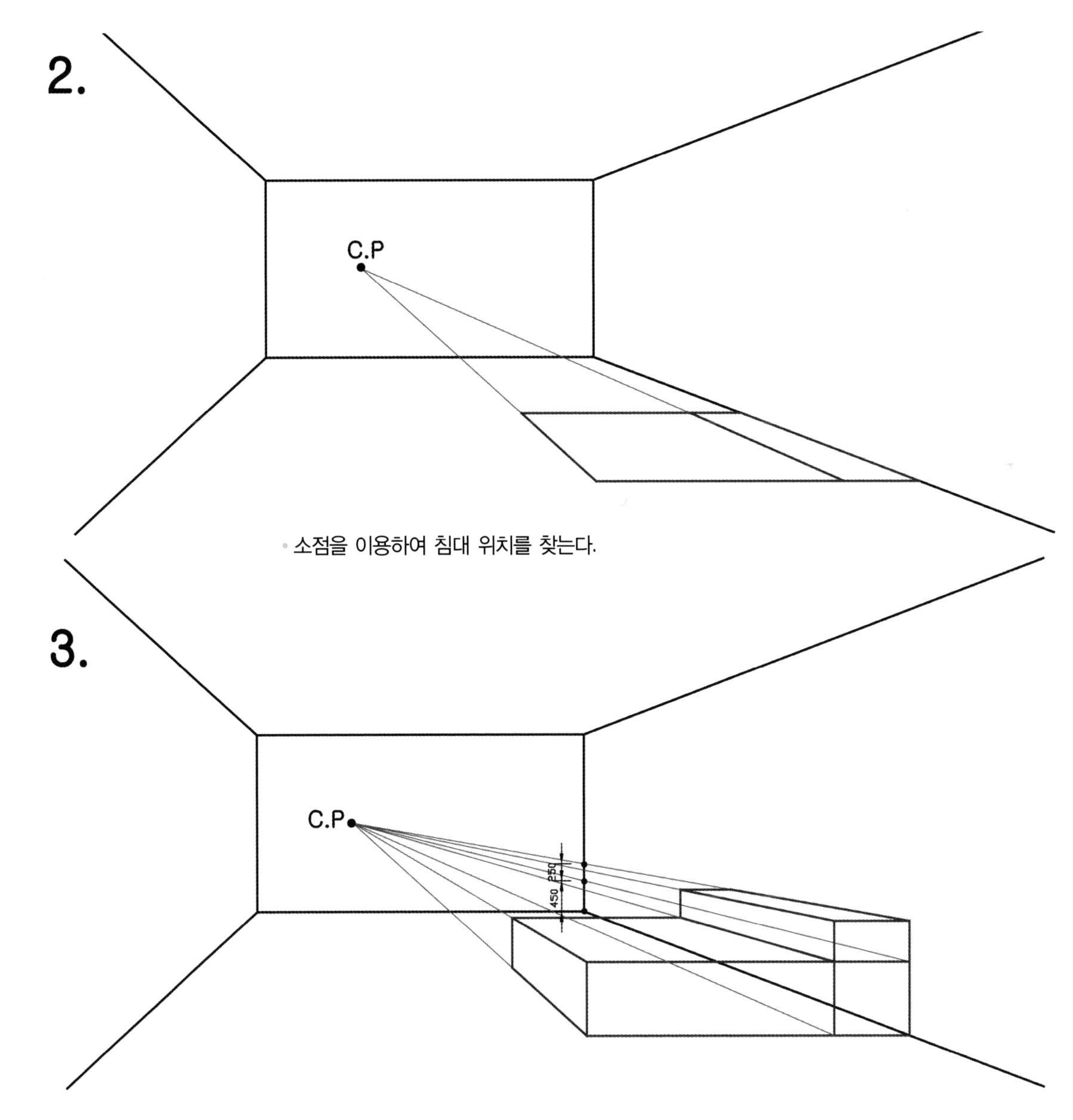

• 소점을 이용하여 침대 위치를 찾는다.

• 바닥 각 위치에서 수직을 올린 후 소점을 이용하여 높이를 찾는다.

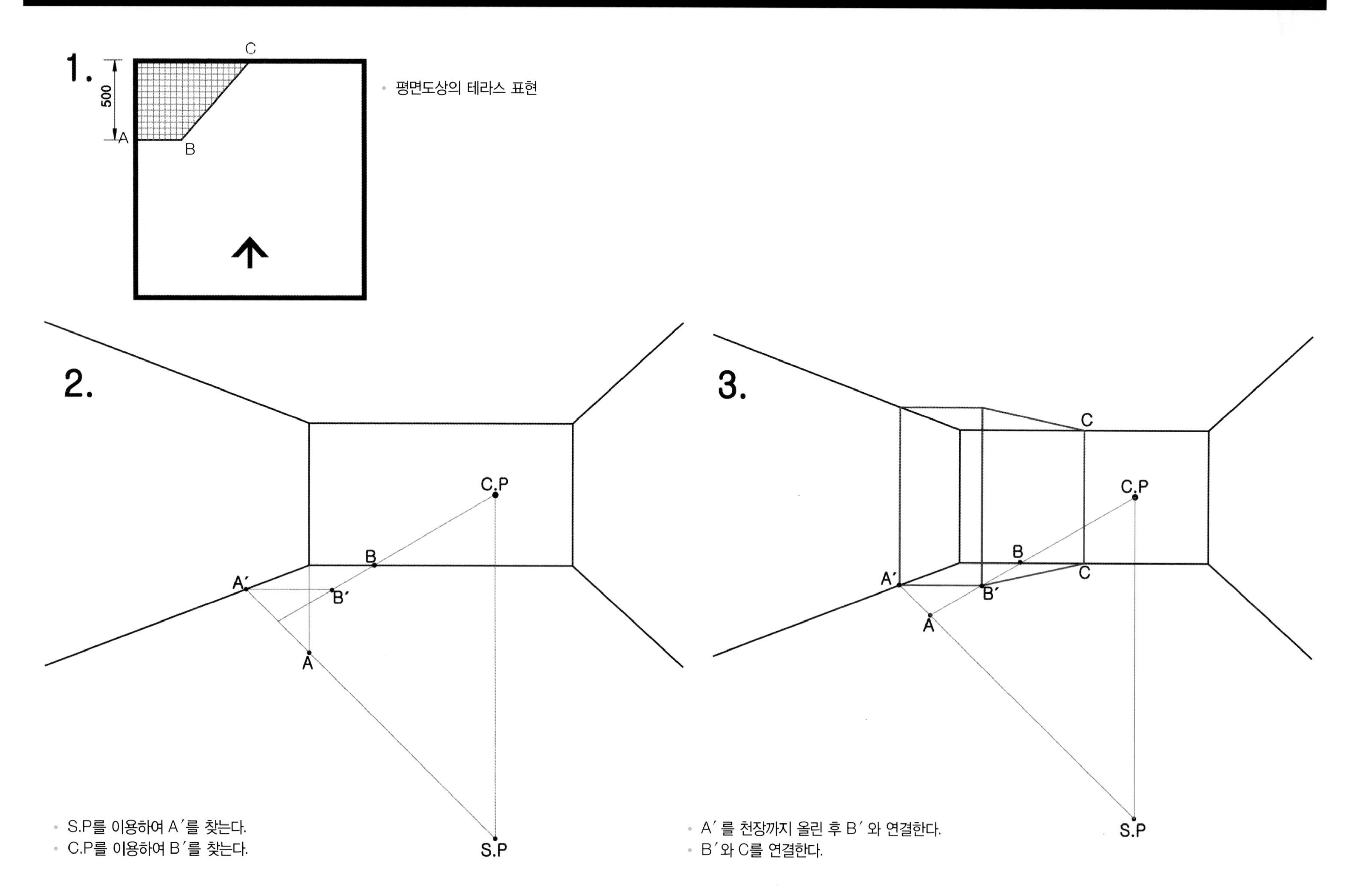

- 평면도상의 테라스 표현

- S.P를 이용하여 A′를 찾는다.
- C.P를 이용하여 B′를 찾는다.

- A′를 천장까지 올린 후 B′와 연결한다.
- B′와 C를 연결한다.

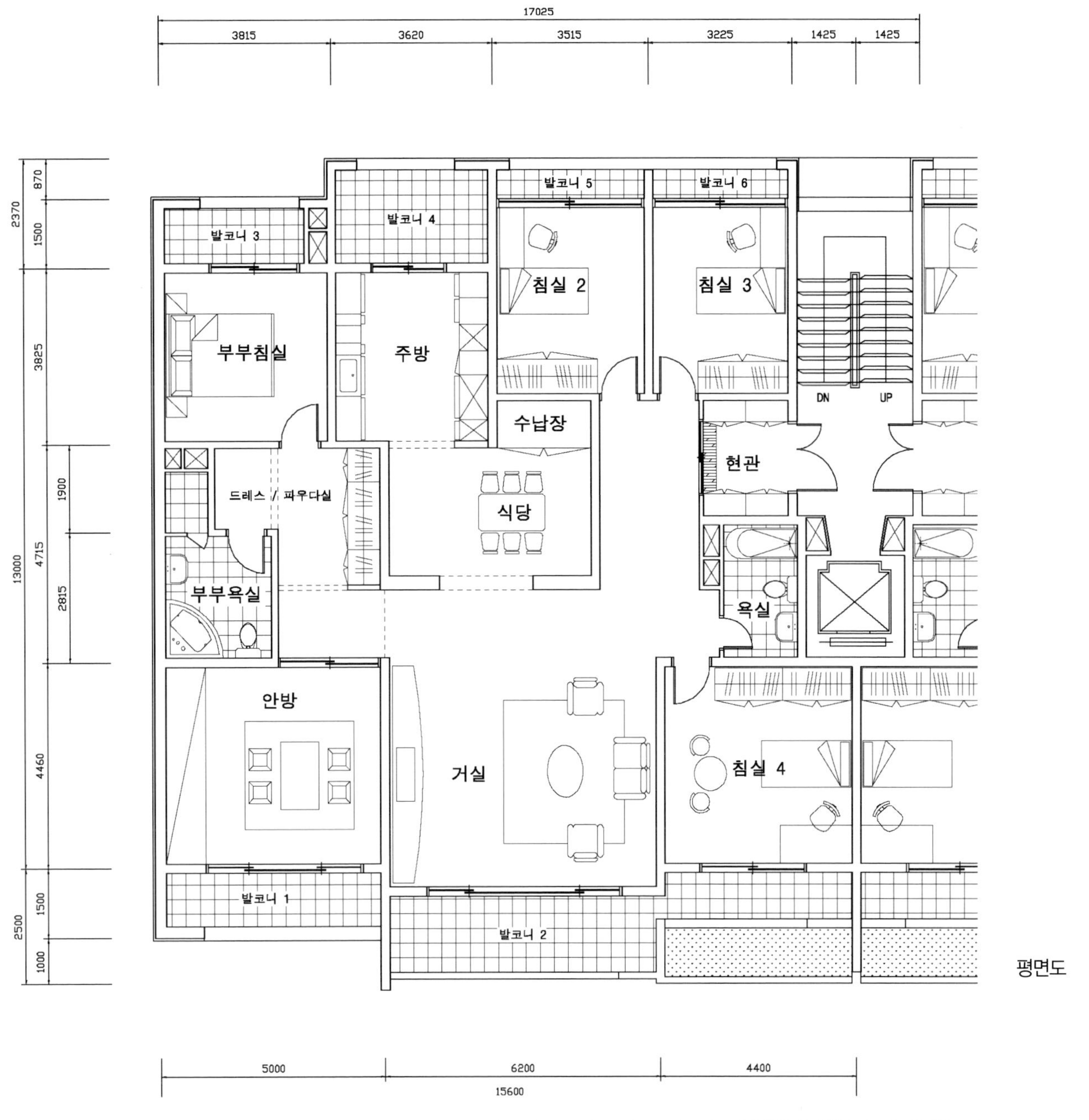
17025
3815
3620
3515
3225
1425
1425
2370
870
1500
3825
13000
4715
1900
2815
4460
2500
1500
1000
발코니 3
발코니 4
발코니 5
발코니 6
침실 2
침실 3
부부침실
주방
수납장
DN
UP
현관
드레스 / 파우더실
식당
부부욕실
욕실
안방
거실
침실 4
발코니 1
발코니 2
5000
6200
4400
15600

평면도

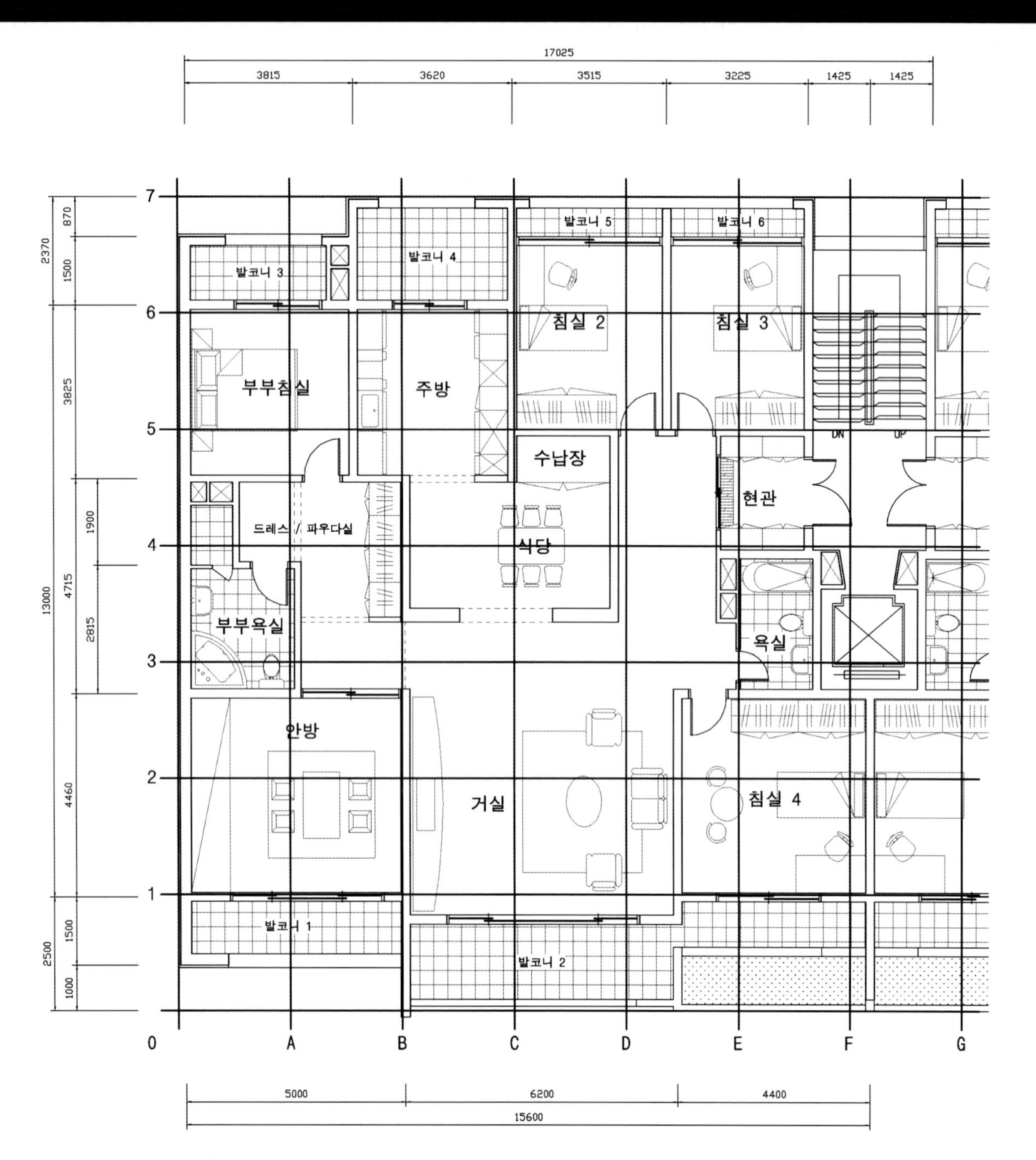

1. 평면 위에 정사각을 중심선을 시작하여 2cm 간격으로 방사선을 그린다.

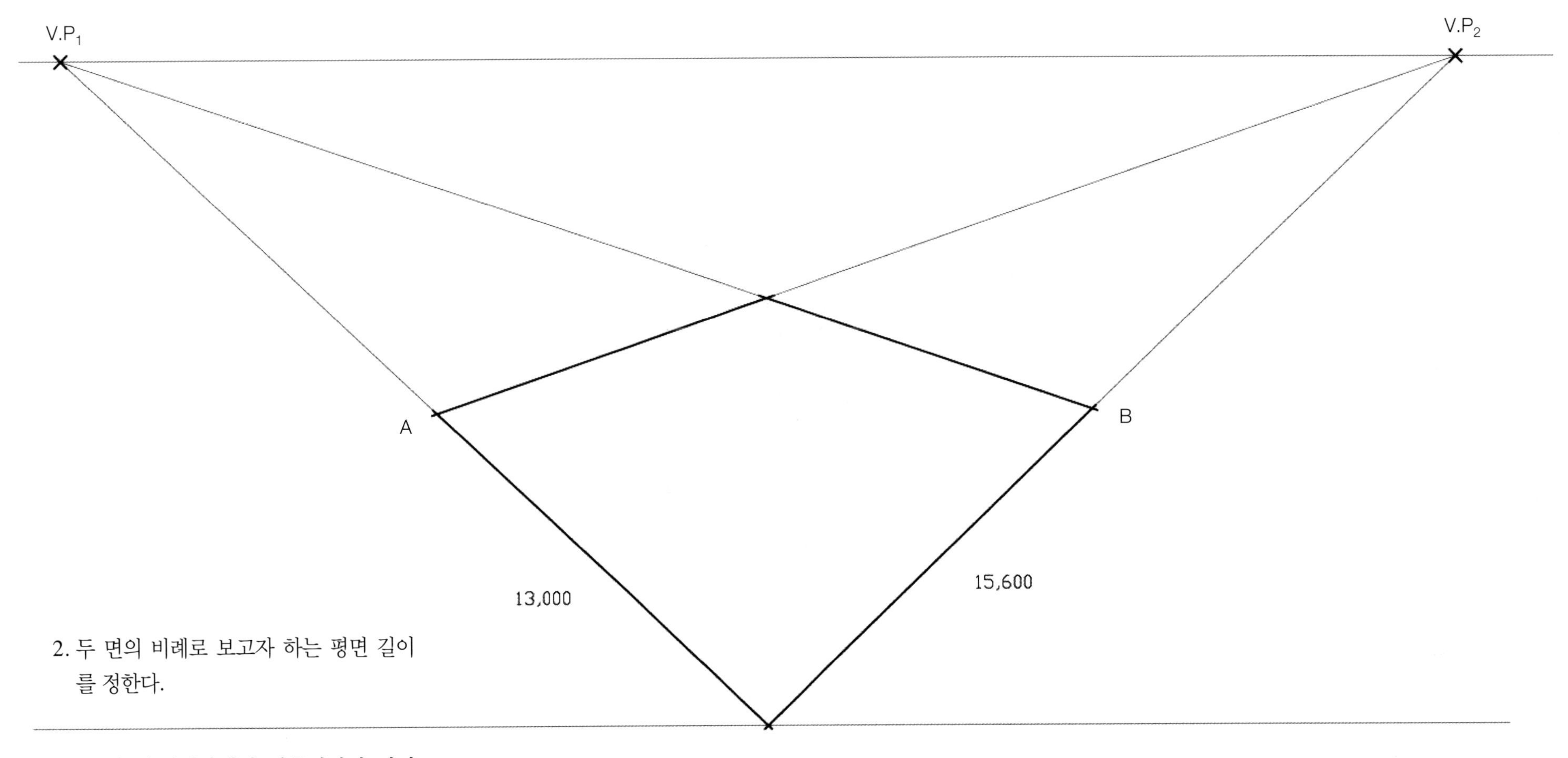

2. 두 면의 비례로 보고자 하는 평면 길이를 정한다.

3. E.L은 수평선상에서 이루어지며 미리 정해진 면 A, B를 $V.P_1$, $V.P_2$와 연결하면 보고자 하는 투상도의 평면이 생긴다.

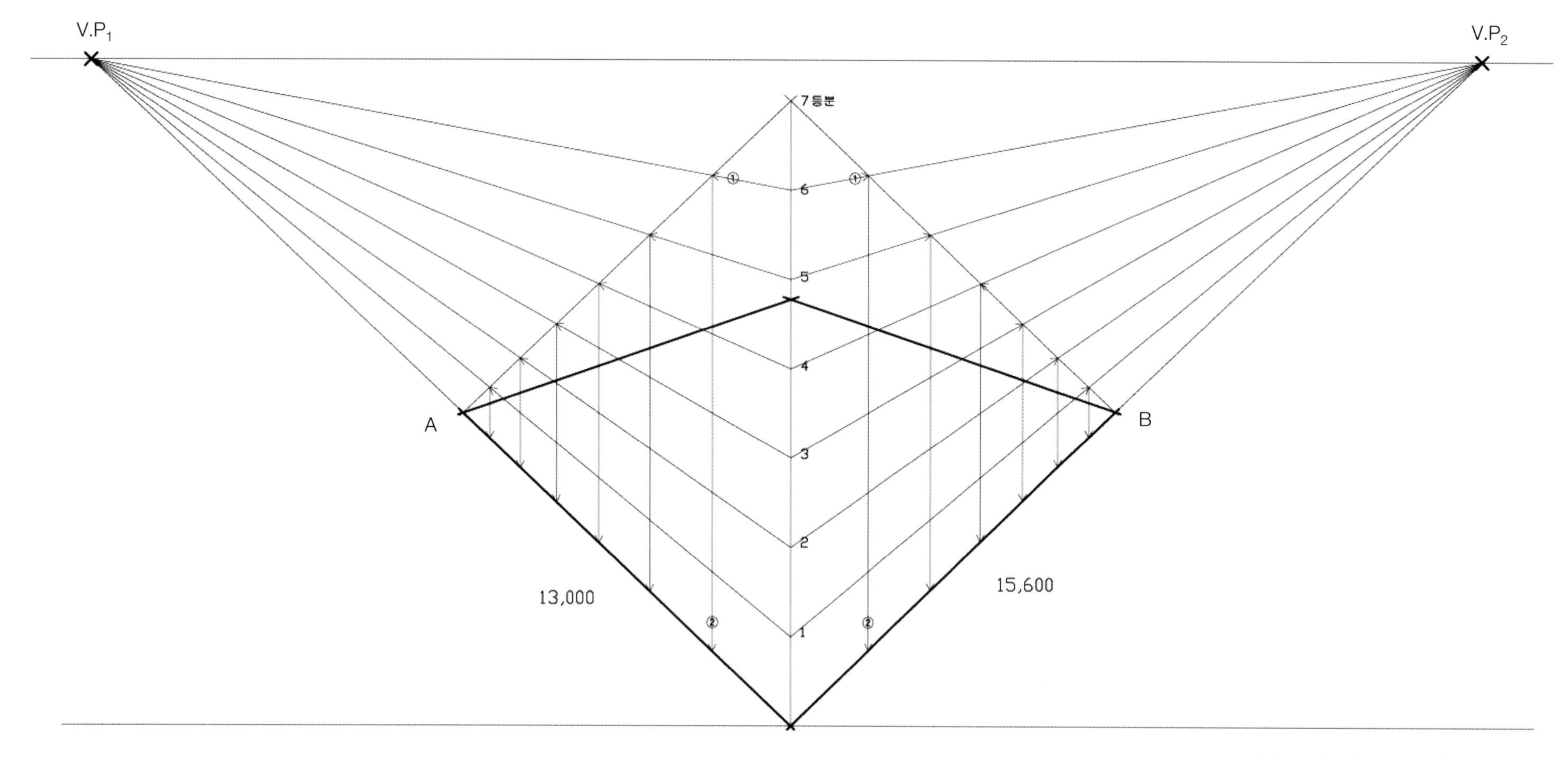

4. 소점에 의한 화각의 변화를 찾기 위한 등분법이다.

$V.P_1$ $V.P_2$

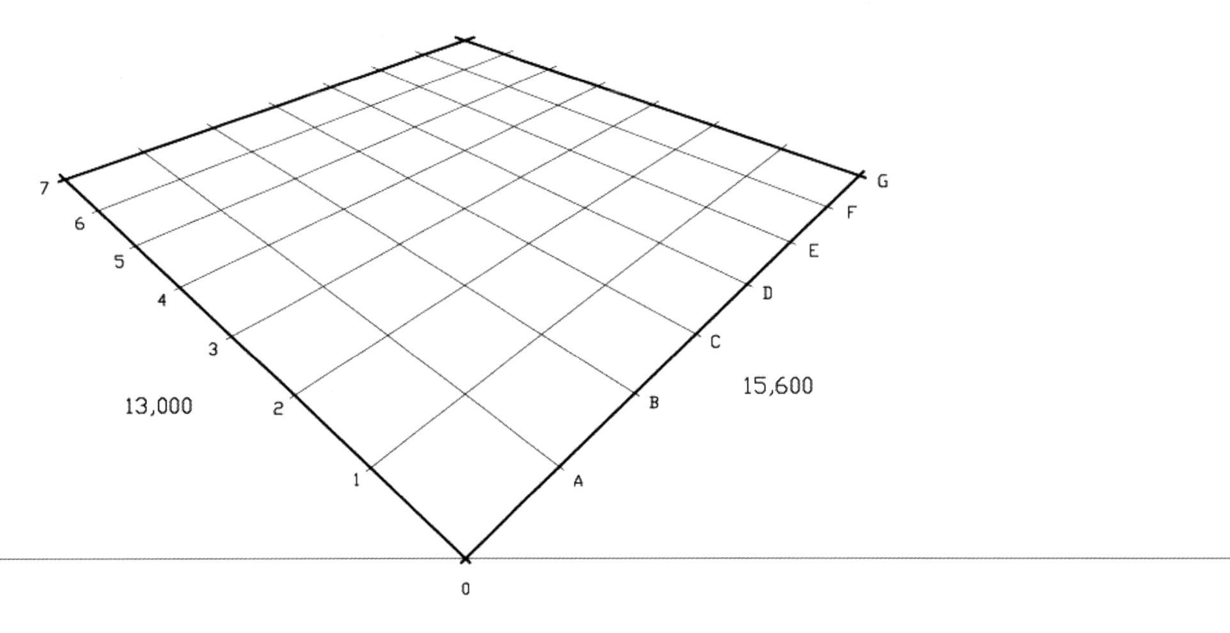

5. ②와 $V.P_1$과 연결
   ②와 $V.P_2$와 연결
   평면도의 방사선을 투상도에 옮긴다.

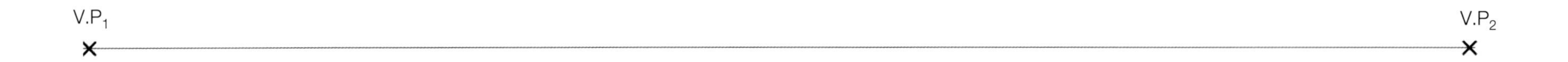

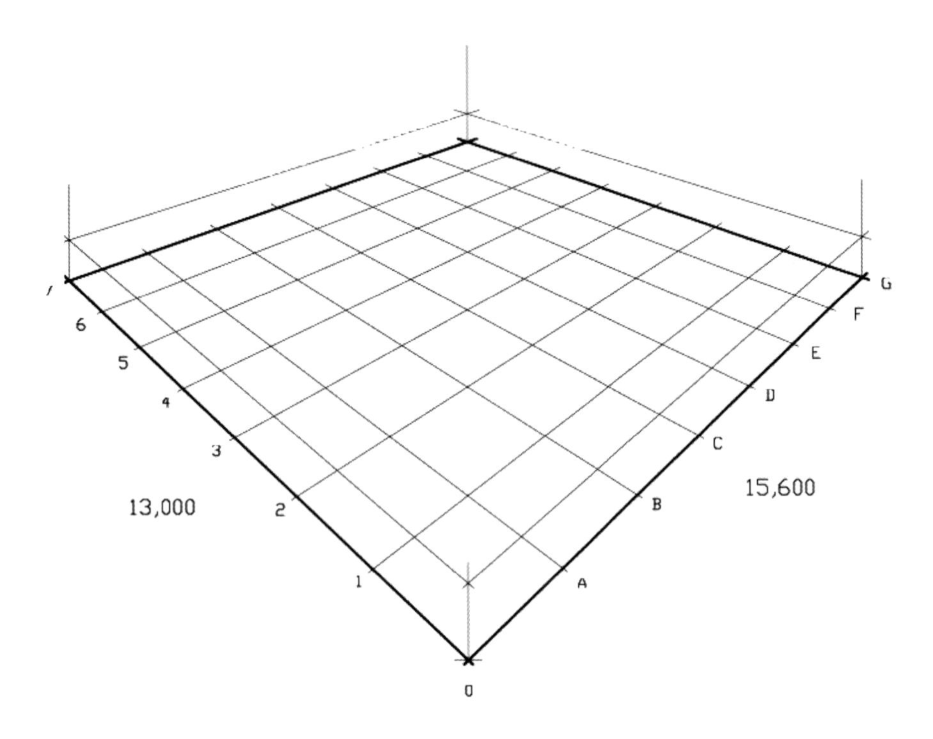

6. 2cm 간격으로 그려진 방사선은 2M이다. isometric 벽체를 1M로 제한하여 그린다.

V.P$_1$

V.P$_2$

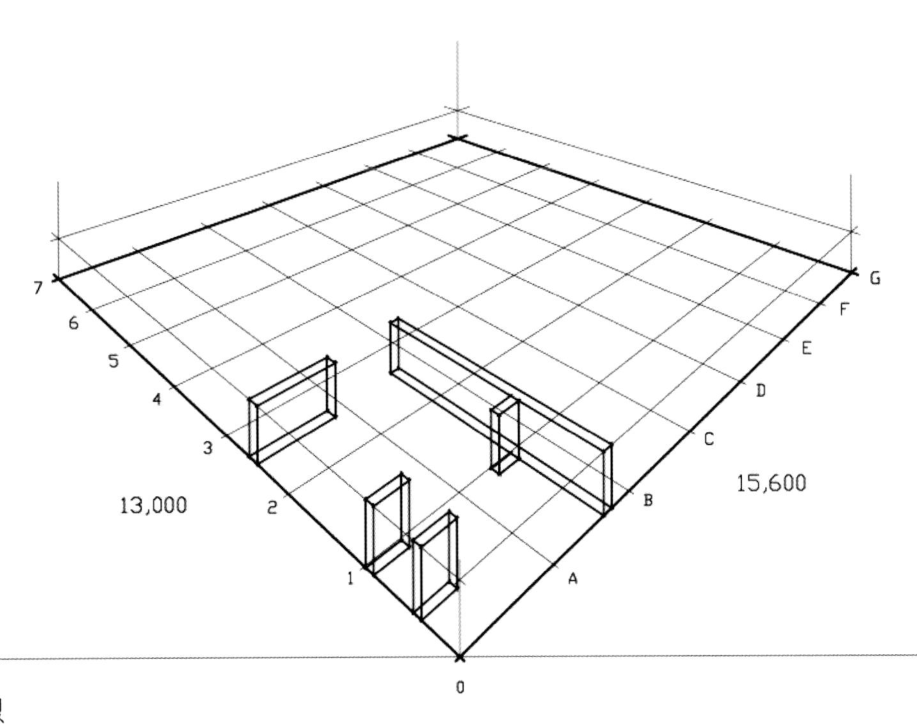

7. 바닥 방사선 위에 평면의 방사선상에 있는 벽체를 옮긴다. 1M 벽체를 올려놓은 끝 라인에서 만나는 벽 높이를 찾아 연결한다.

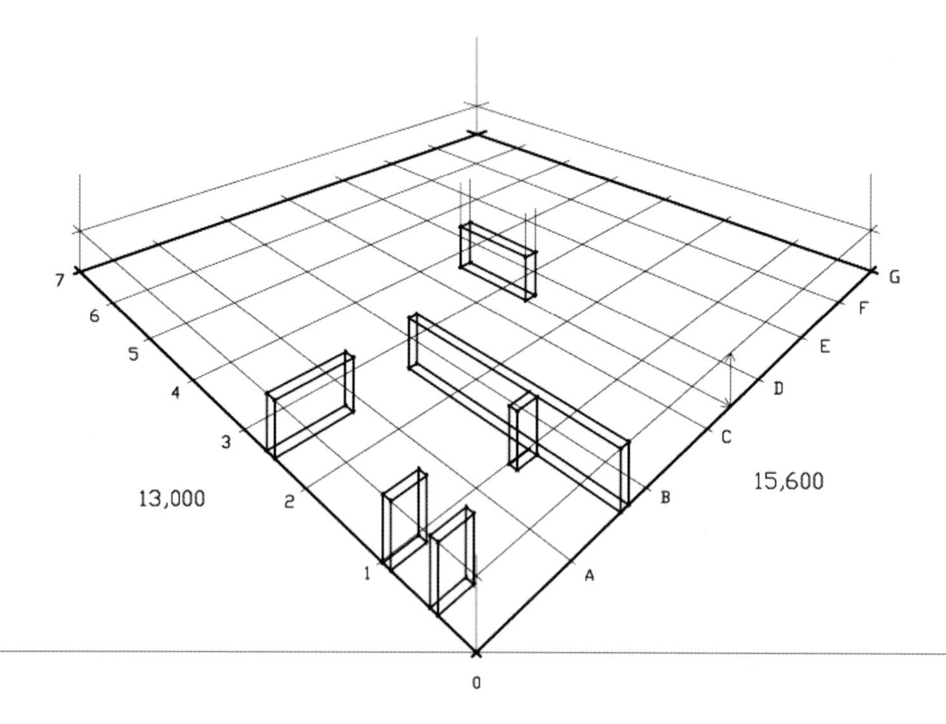

8. 외각 벽체와 연결이 되지 않는 벽체는 중심선에서 높이를 찾아 연결한다.

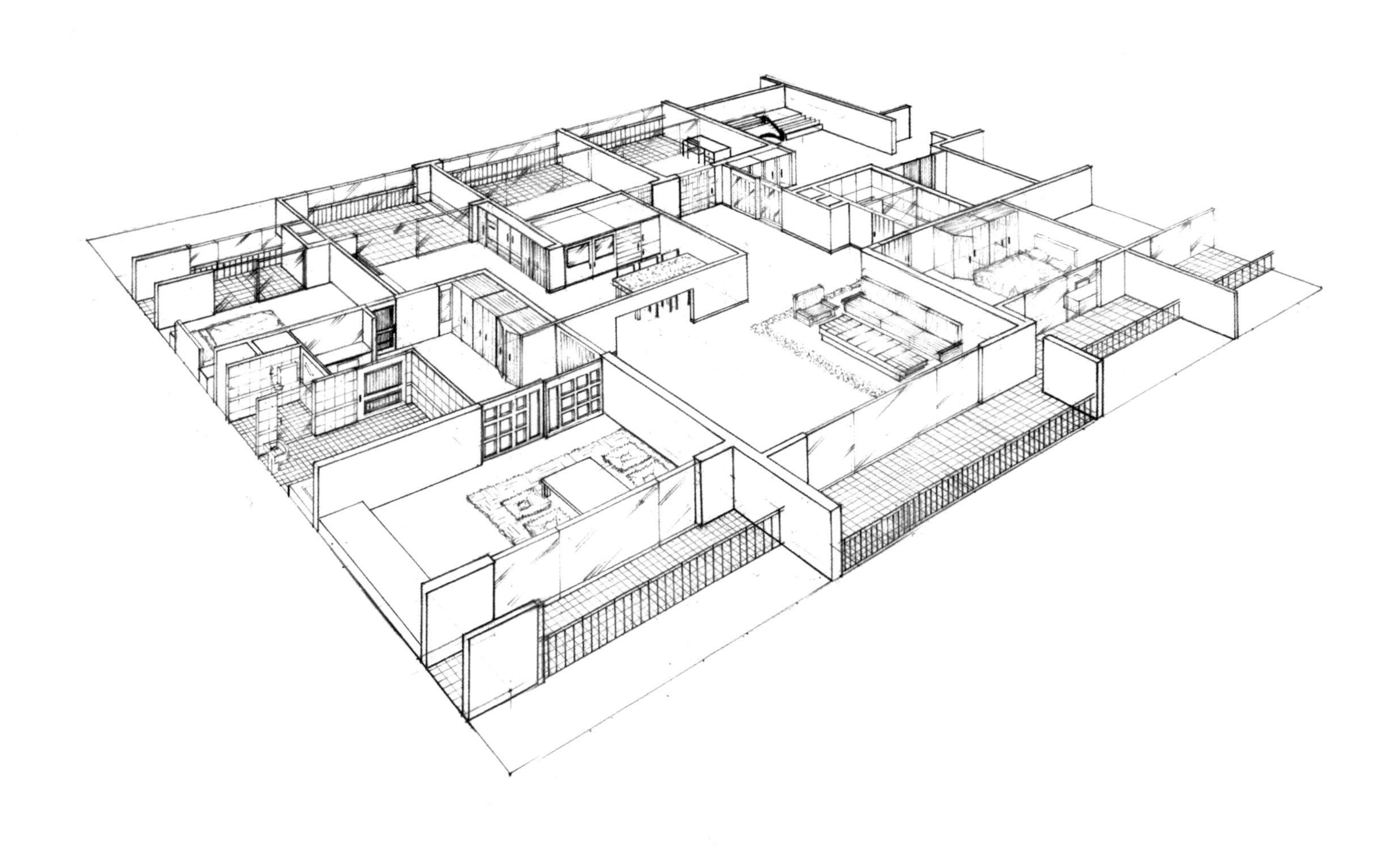

Drawing by 배정민

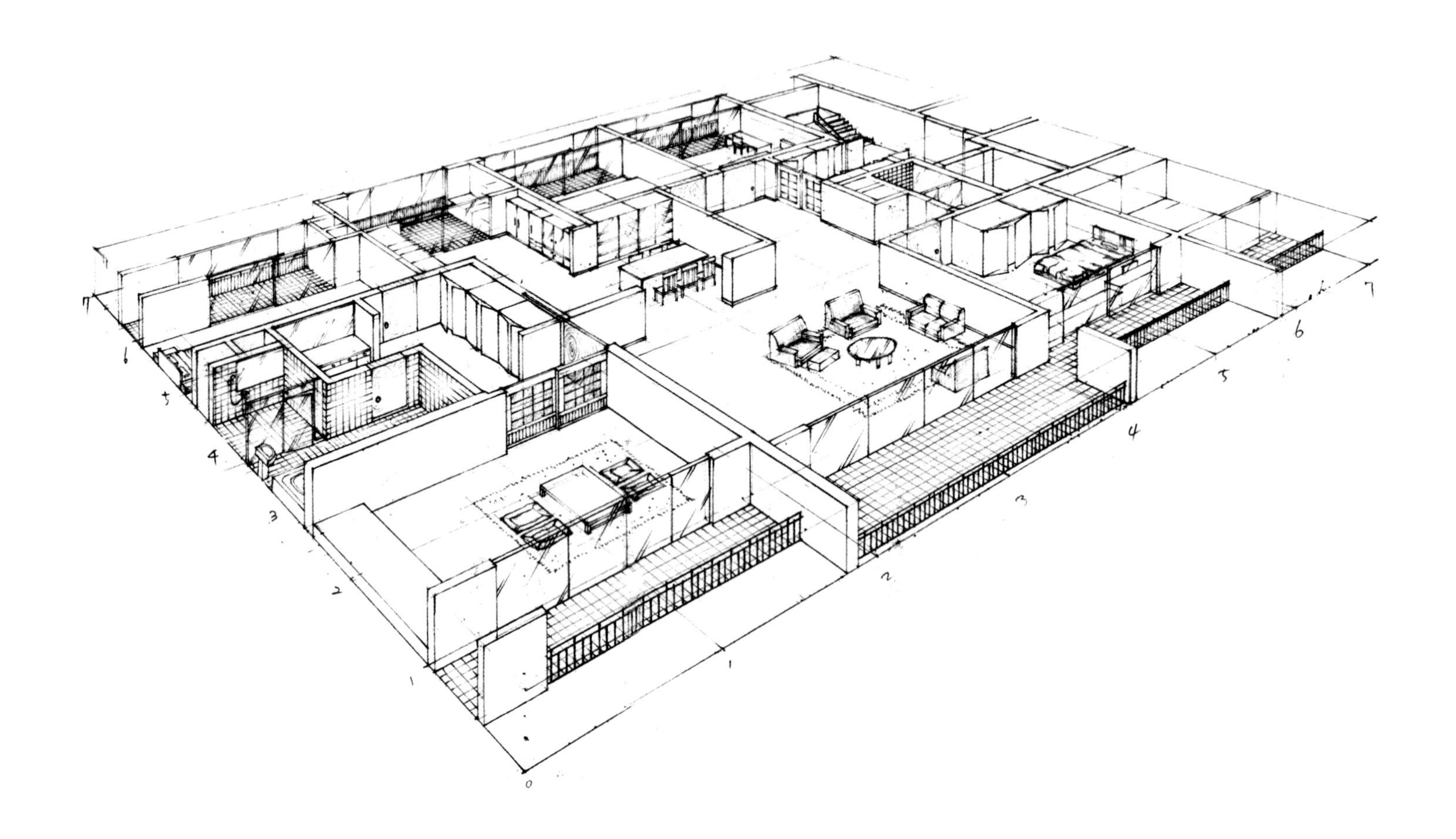

Drawing by 권지혜

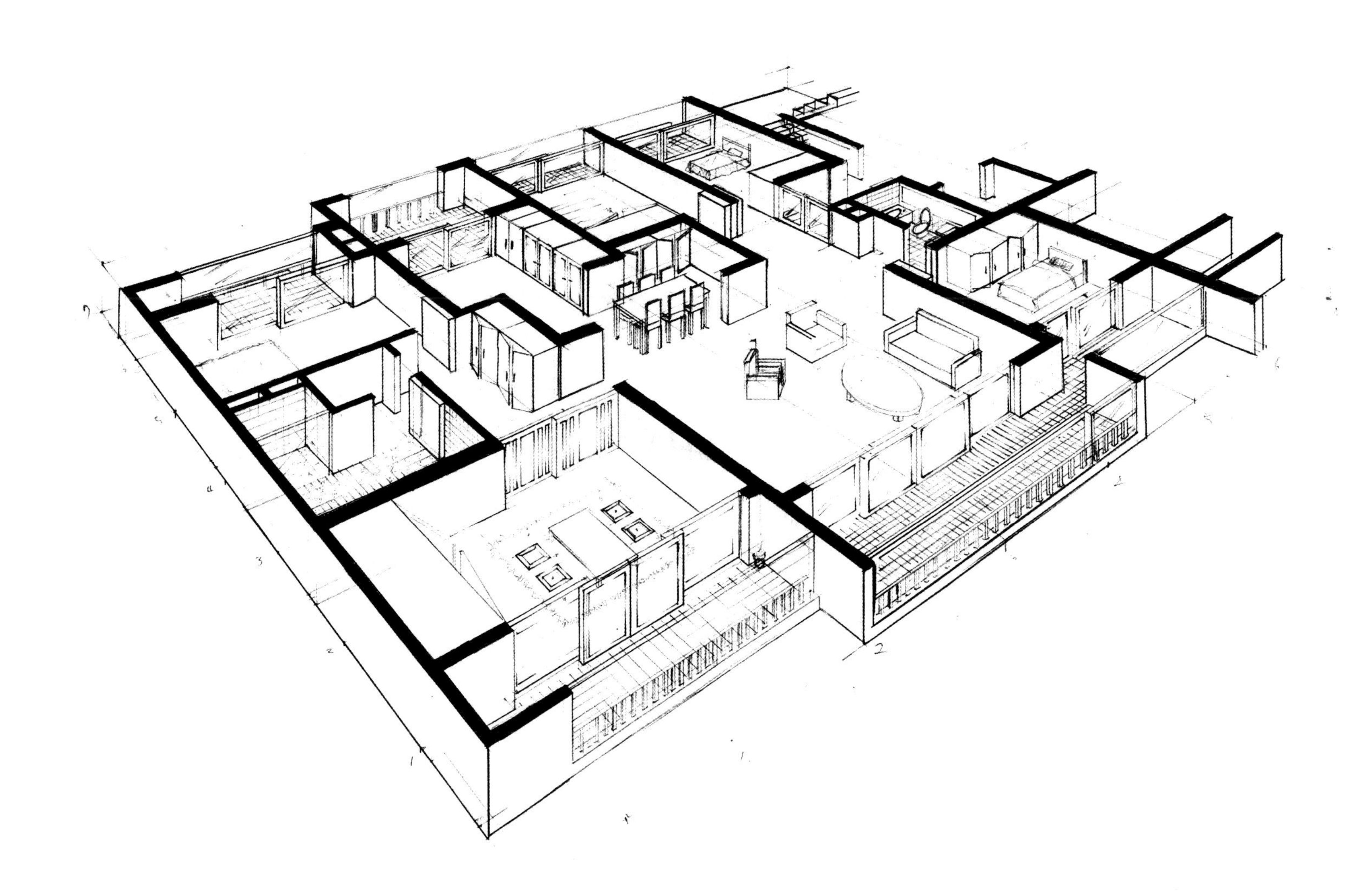

Drawing by 탁신실

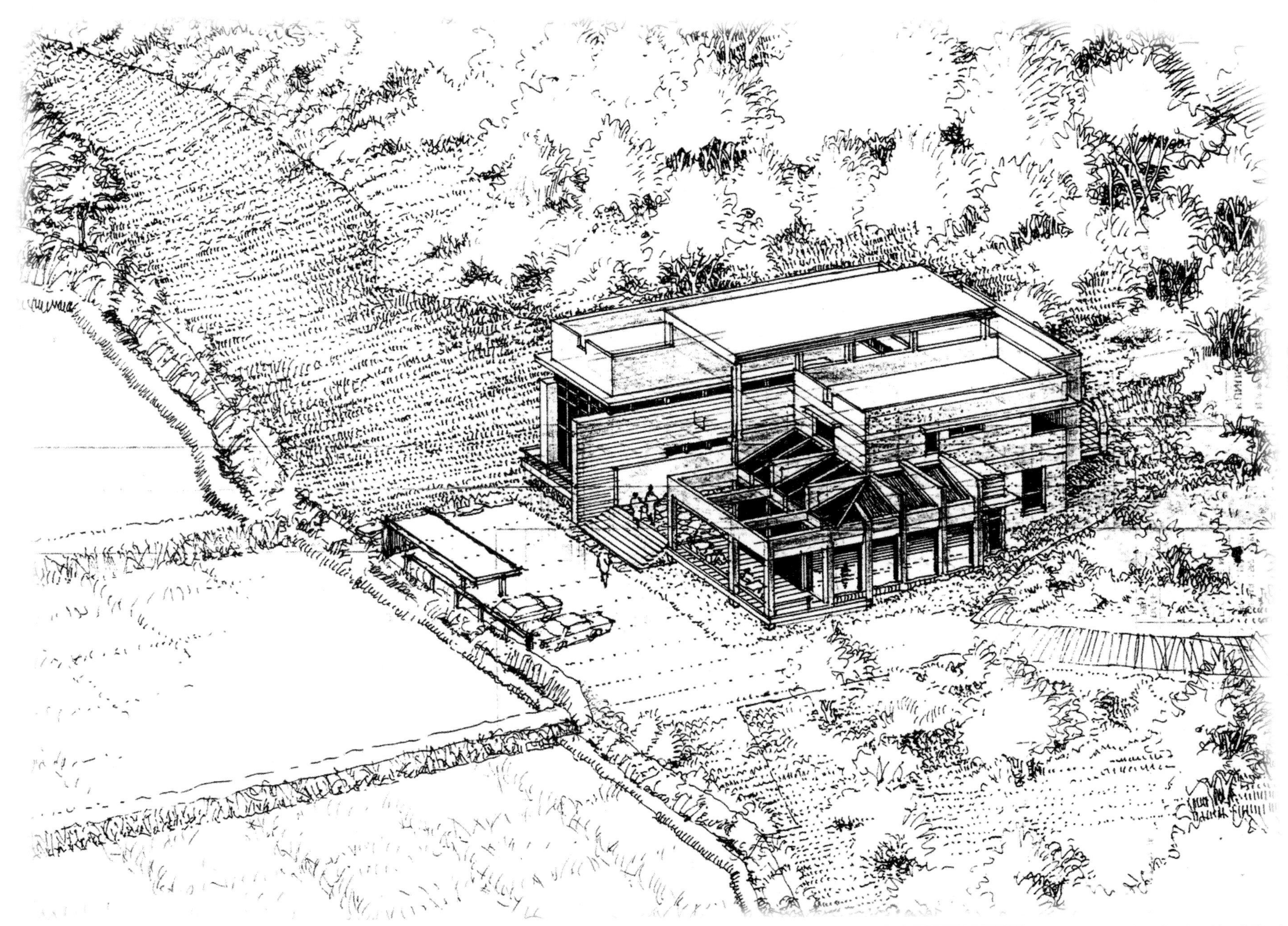

OPTION MATRIX 프로젝트 초기단계 부터 옵션 매트릭스를 사용하여 객관적 조건들을 반영하고자 하였다. 팀작업이라는 특성상 옵션 매트릭스는각 결정 단계에서 합리적인 커뮤니케이션의 수단이자 하나의 디자인툴로 사용되었다.

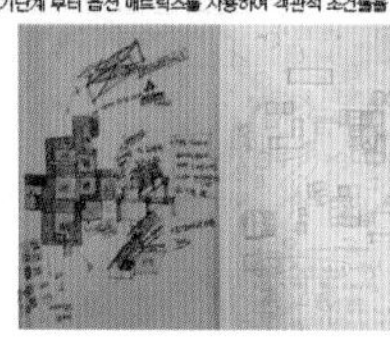
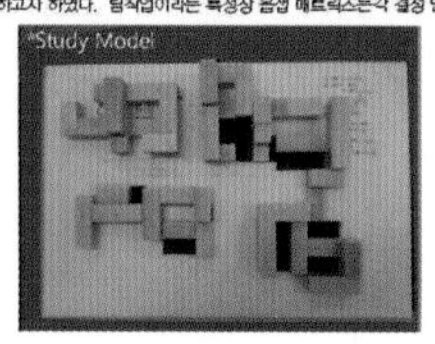

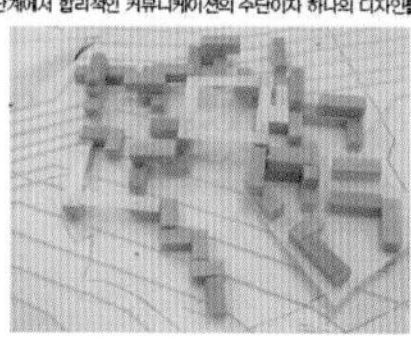

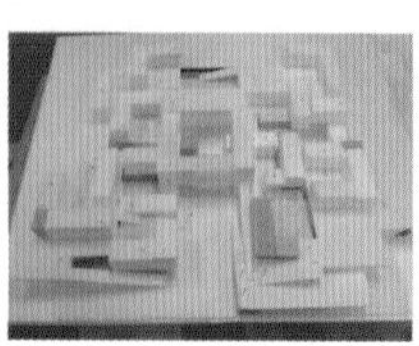

PERSPECTIVE VIEW

SECTION

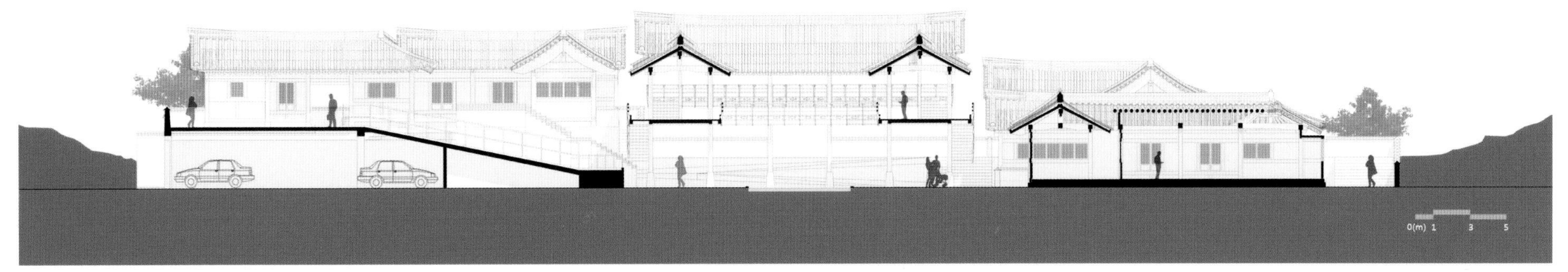

Drawing by 이광호, 김형일

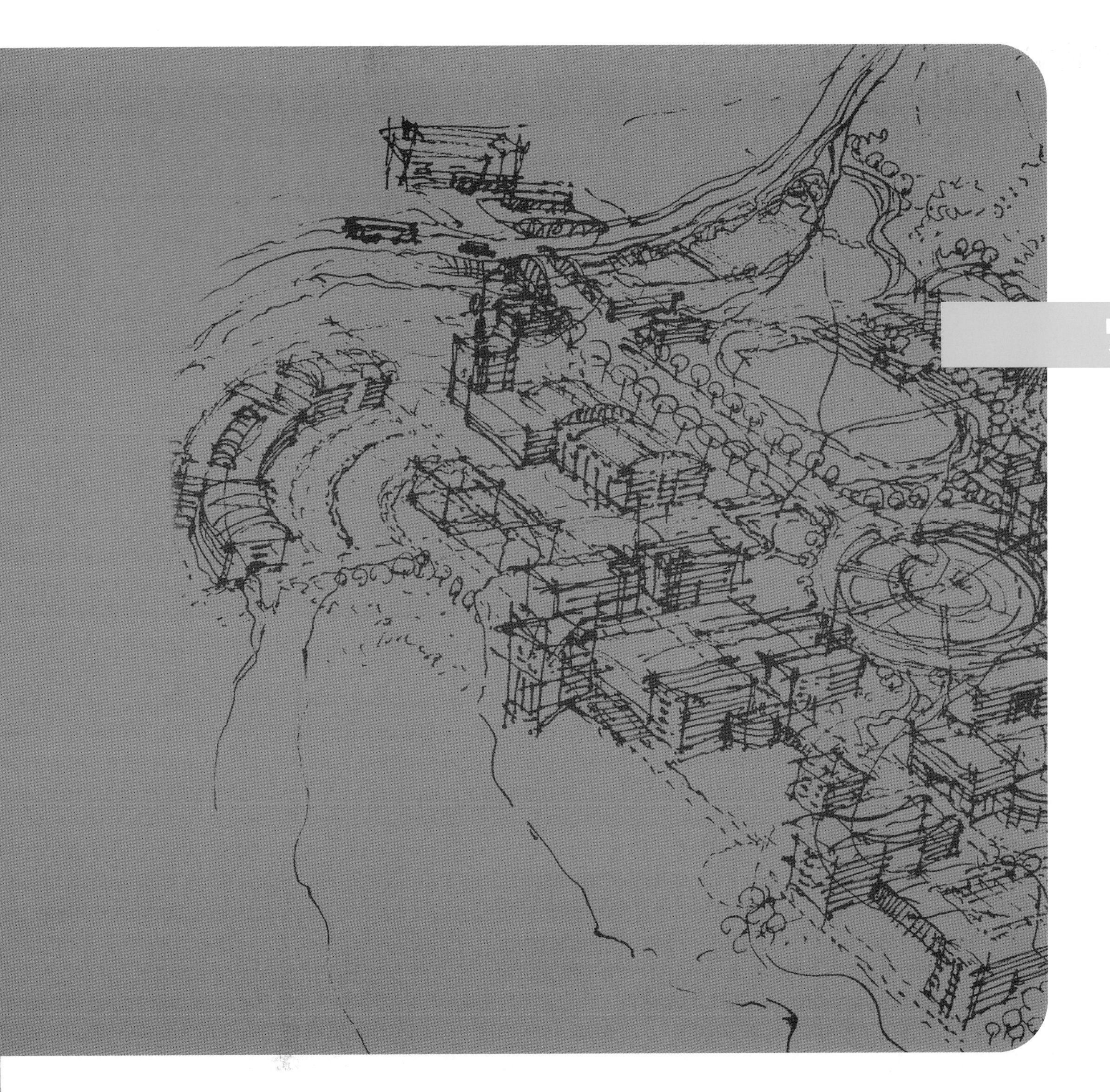

04

빛과 음영의 표현

빛의 종류와 음영의 형성과 작도

광원의 방향에 따른 음영 표현

광원의 종류에 따른 음영 표현

빛의 방향과 각도에 따른 음영 표현

투시도에서의 음영 도법

음영의 표현과 작도법

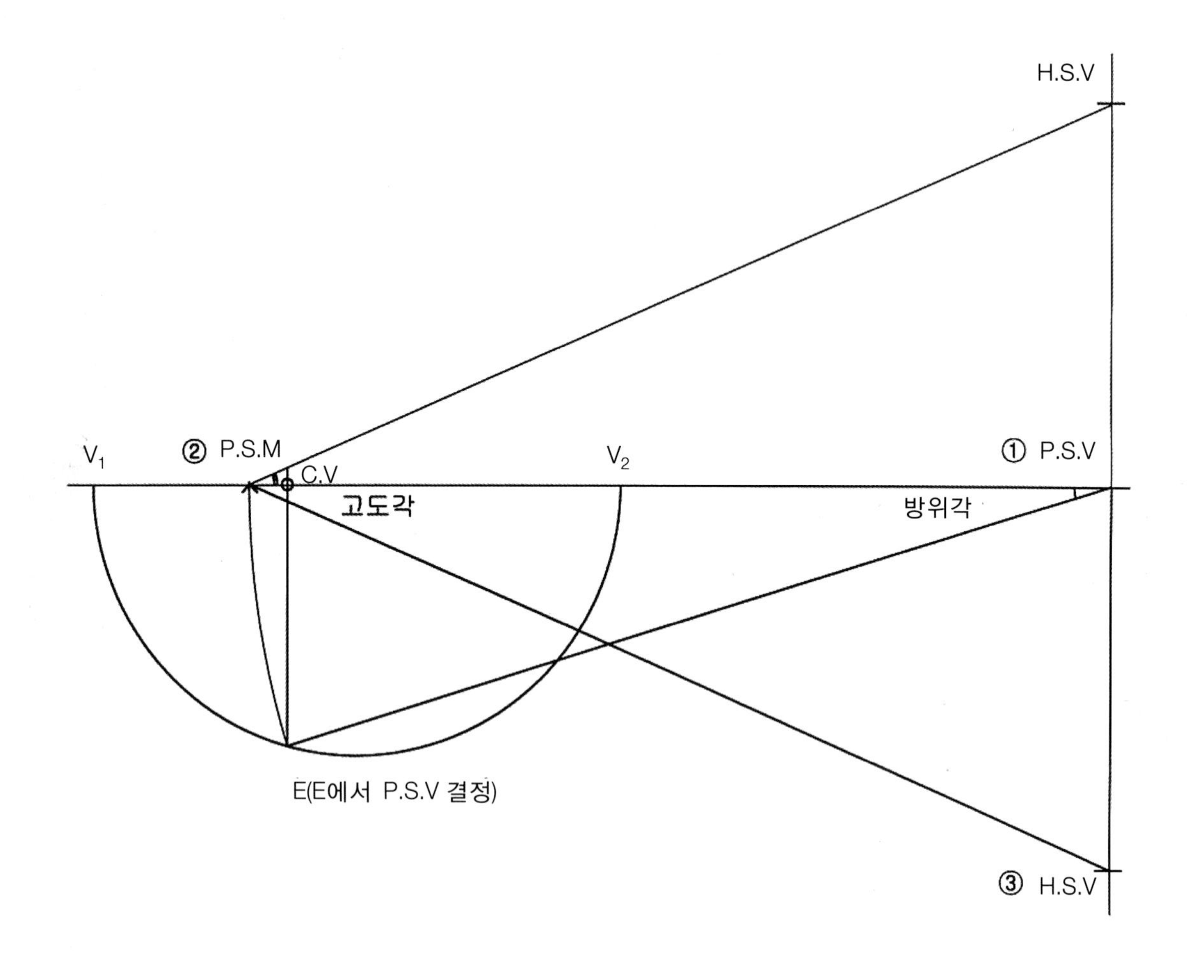

■ 평행광선(무한거리, 태양광선 S)

측광: 화면과 평행으로 빛이 나아간다.
배광: 시점 뒤에 광원이 있으며, 물체 뒤에 그림자가 생긴다.
역광: 시점 앞에 광원이 있으며, 물체 앞에 그림자가 생긴다.

■ 발산광선(유한거리, 인공광선 R)

■ 그림자의 형성

평면으로서 본 빛: 방향, 방위각, 소점을 P.S.V로 표기
입면으로서 본 빛: 높이, 고도각, 소점을 H.S.V로 표기
발사광선: 광원 R, 바로 그 아래 바닥 소점을 F.R로 표기

■ 그림자의 작도

빛의 방향과 높이의 각도에 따라 측광, 배광, 역광으로 나타낸다.
고도각 H.V.S는 배광이면 P.S.V 아래 위치한다.
역광이면 P.S.V 위쪽에 위치한다. 즉 물체 뒷면에 위치한다.
2소점법으로 방위각과 고도각을 합성하여 그린다.

고도각 45°

방위각(방향각)0°

측광은 화면에 평행광선을 이루며, 빛의 소점이 필요 없다.

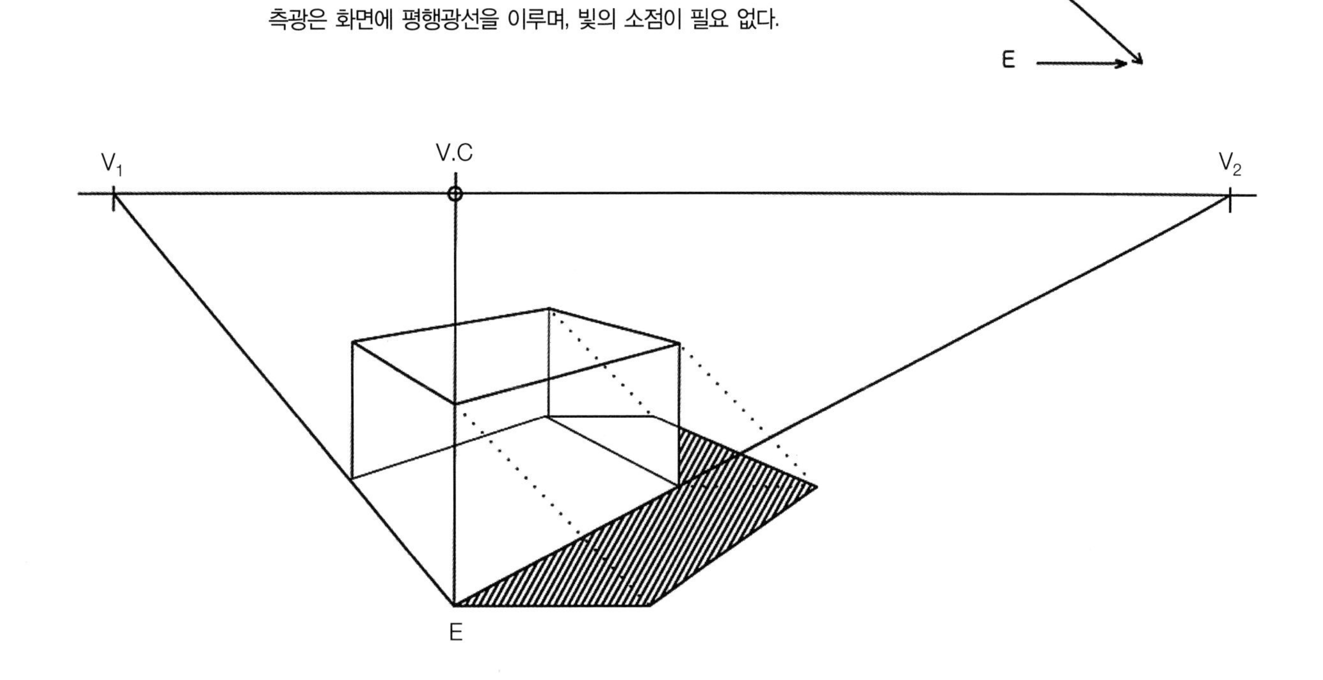

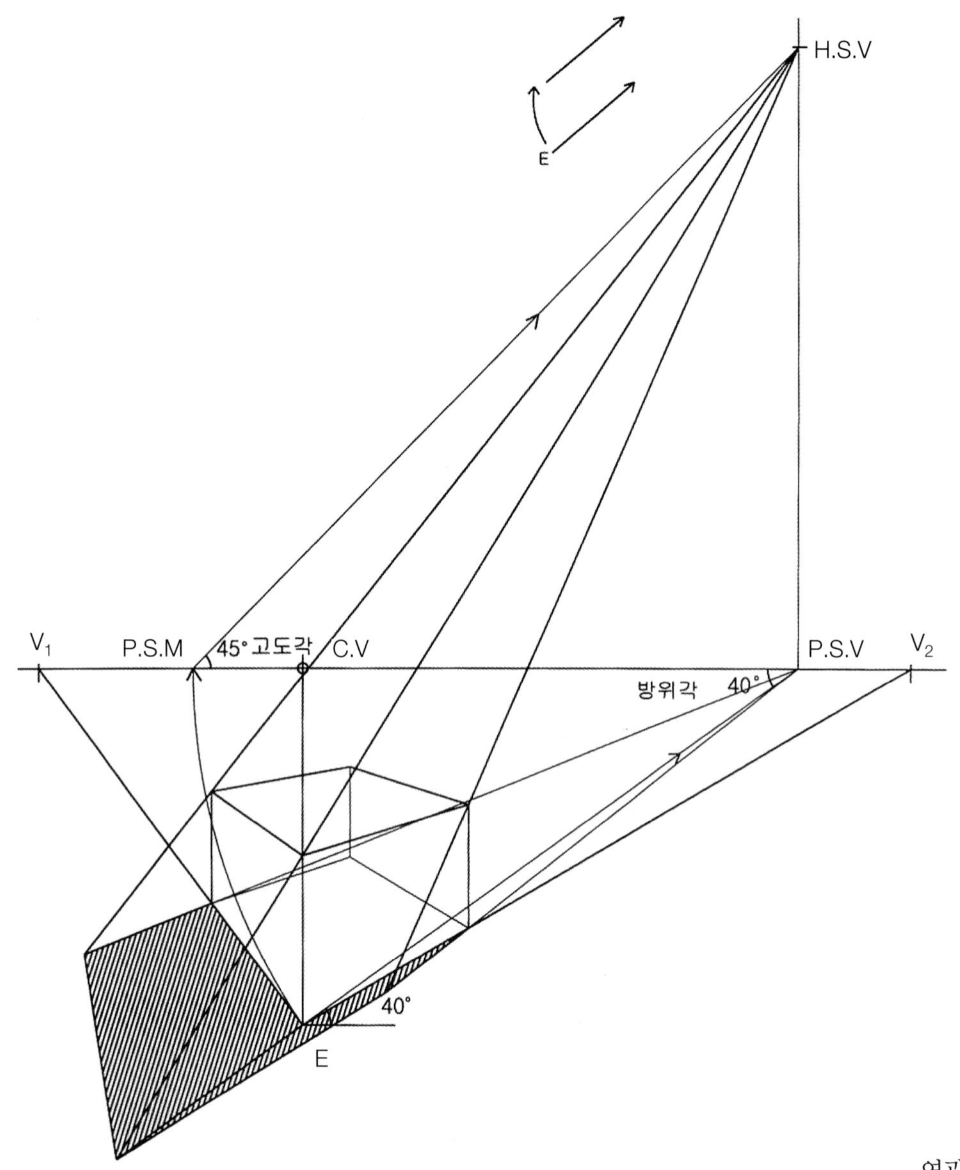

역광은 화면에 평행하지 않은 방위각이 형성된다.

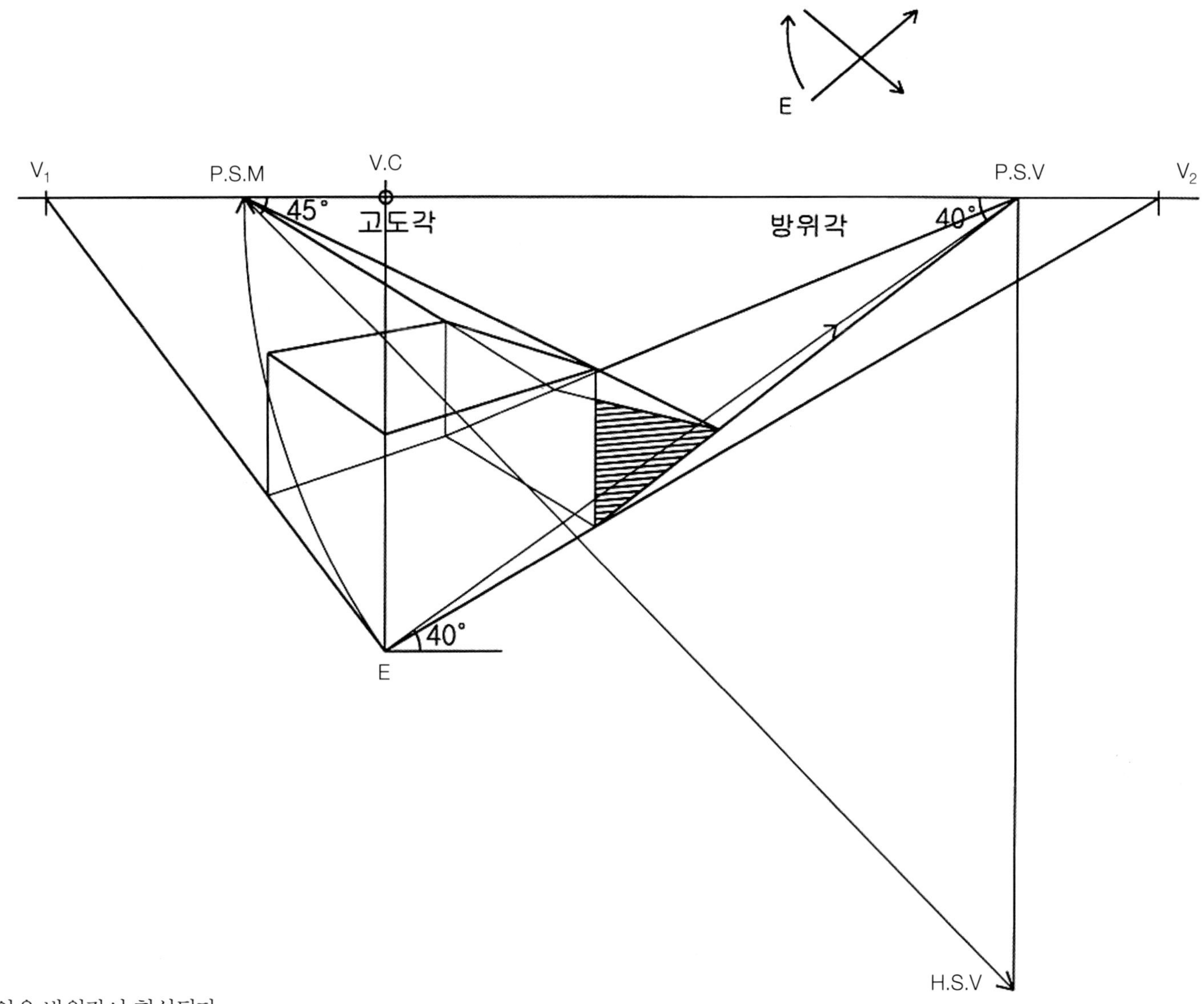

배광은 화면에 평행하지 않은 방위각이 형성된다.

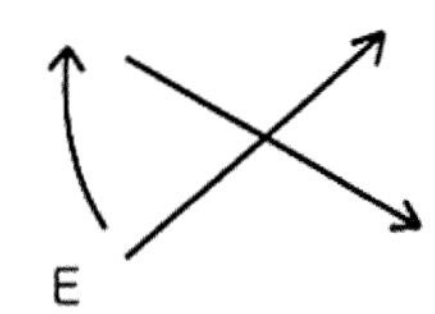

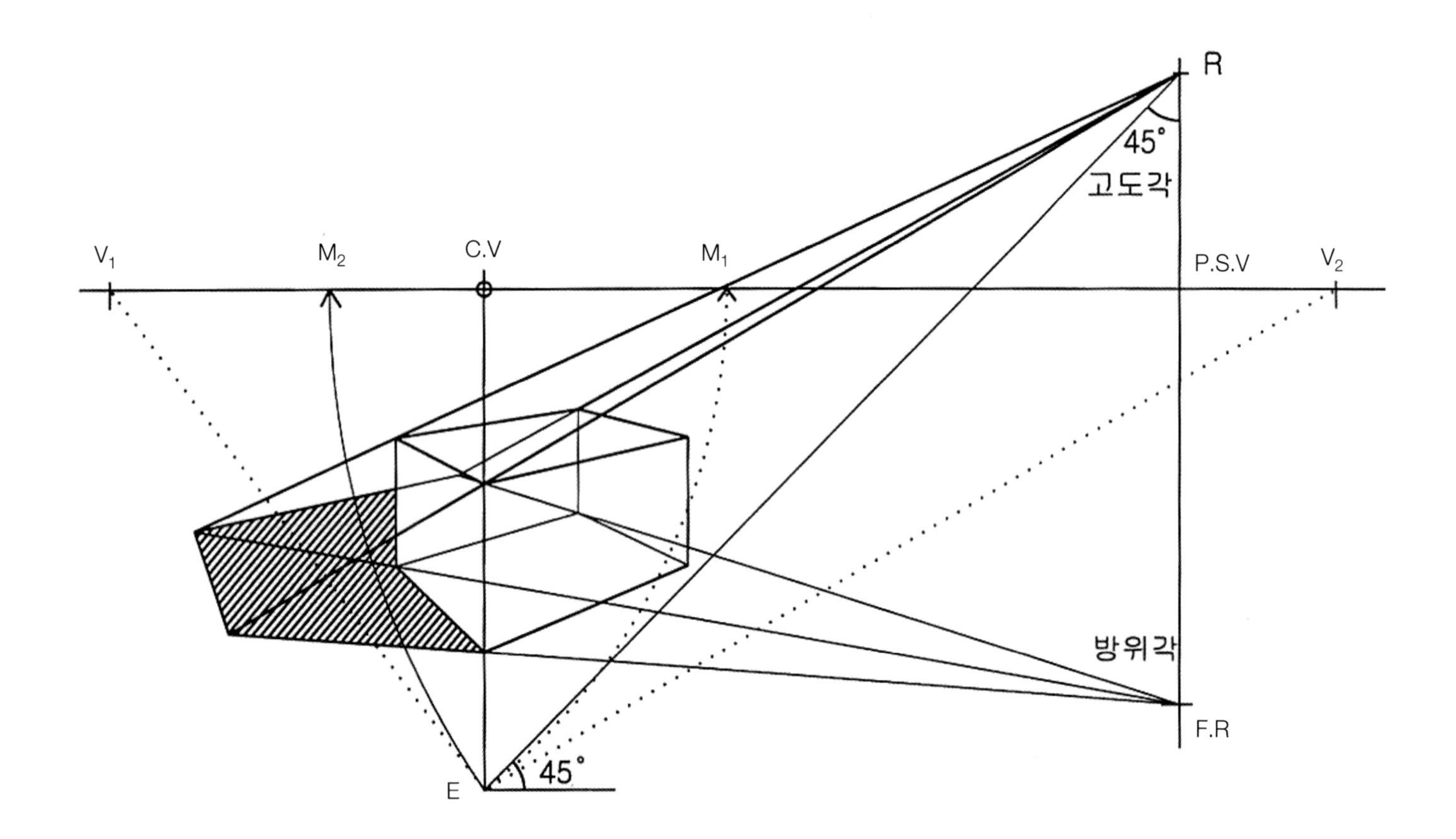

발산광선(복사광선, 인공광)

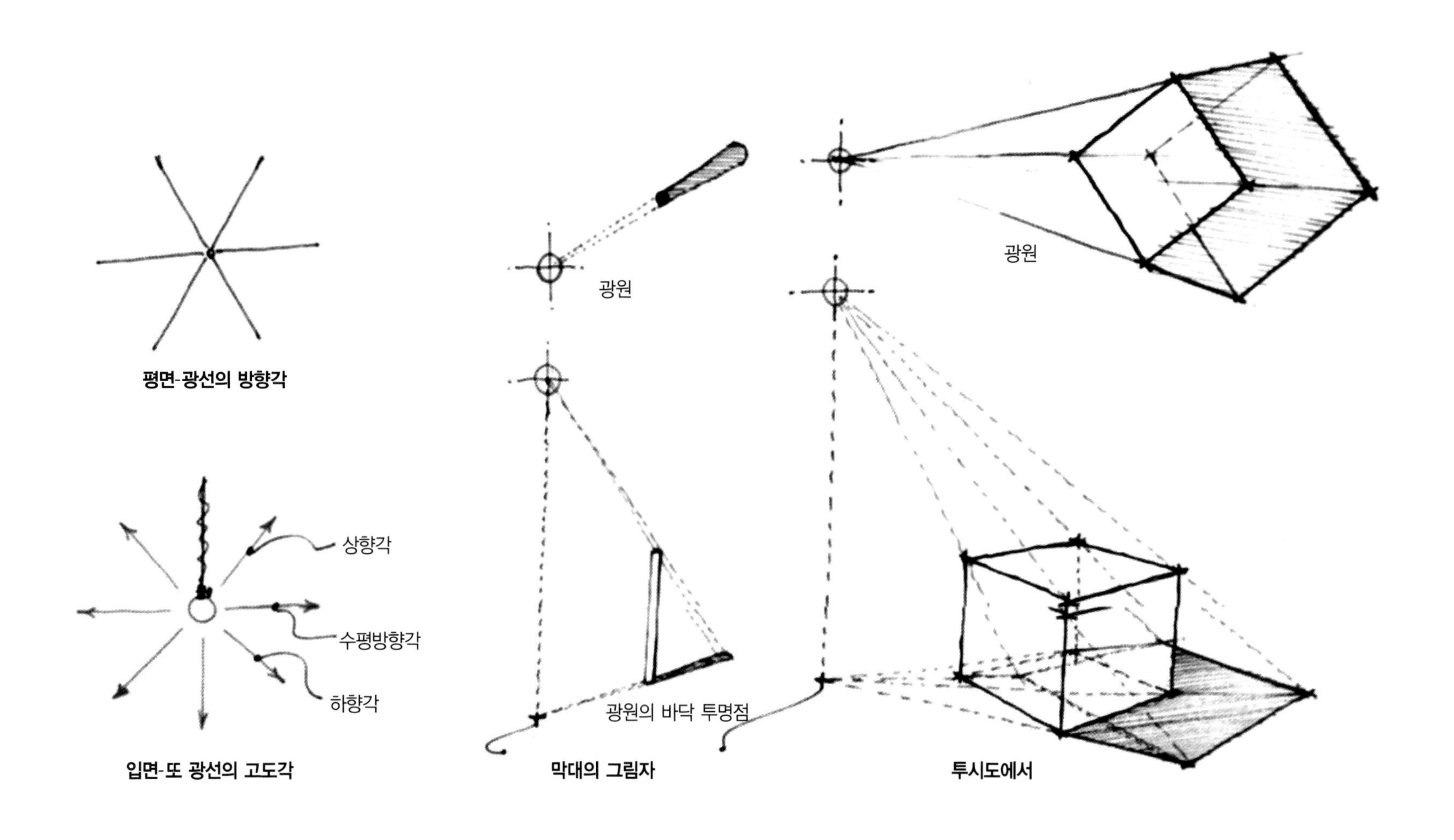

백열전구와 같은 범광원으로 광선이 방사상으로 된다. 광원의 크기 또는 대상물의 크기에 따라 그림자의 크기가 축소되거나 확산된다.

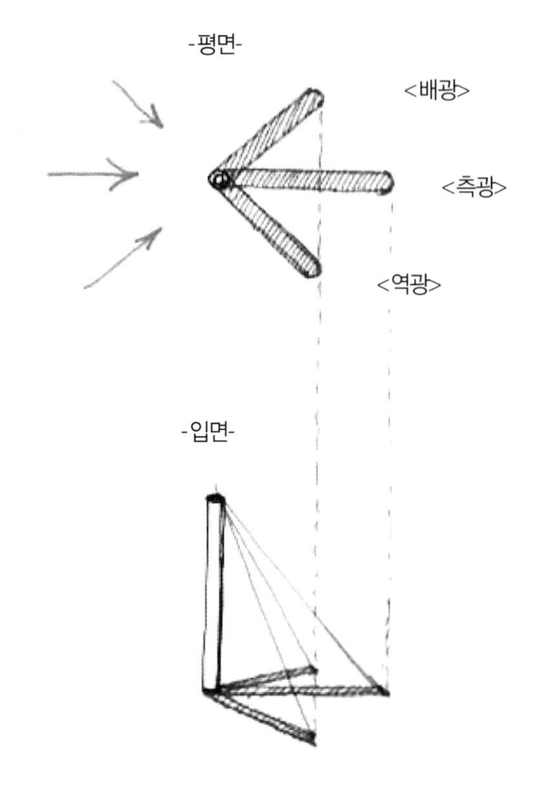

평행광선은 광원의 위치에 따라 그 광선의 방향이 다르고, 광선의 진행방향에 따라 측광, 배광, 역광의 3종류로 나뉜다. 인공광과는 달리 실제상황에서는 크기의 변화가 거의 없다고 본다.
그러므로 측광에서는 소점이 생기지 않고 배광과 역광에서는 빛의 진행방향선과 고도각에도 소점이 생기게 된다.

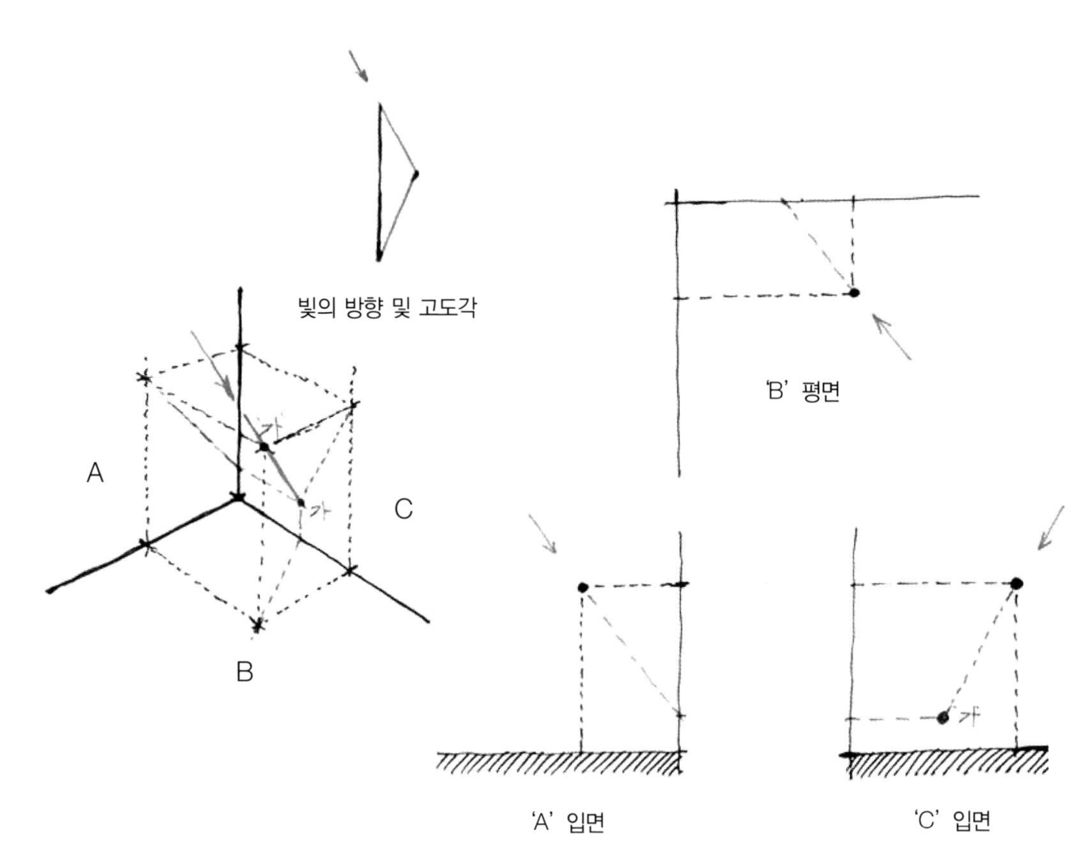

■ 공중에 떠 있는 점 '가'의 그림자

그림은 허공에 떠 있는 점 '가' 의 그림자가 'C' 벽면에 던져진 예를 그려본 것이다.
공중에 떠 있는 점 '가' 는 주어진 빛의 방향과 고도각에 의해서 'C' 벽면에 나타난 것을 확인할 수 있을 것이다. 점, 선들을 각 면에서 점 '가' 의 위치를 가능하게 하기 위하여 그려본 것이다.

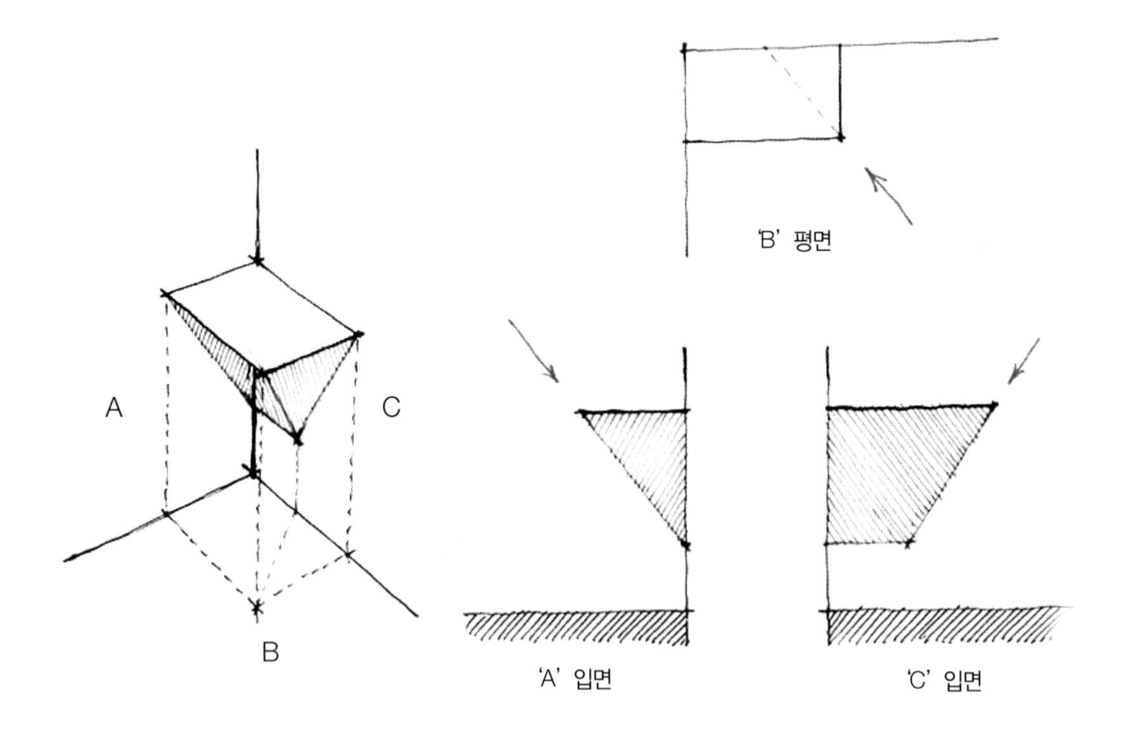

이 그림은 앞쪽의 그림과 동일하다 할 수 있다. 점 '가'를 'A' 벽과 'C' 벽에 연결하면 건물에서의 현관지붕으로 볼 수 있을 것이다.
빛의 방향 및 고도각은 위의 조건과 같다.

앞쪽의 그림과 옆의 그림을 비교해 보면 빛의 방향과 고도각 평면이나 입면에서는 모두 겹쳐서 나타나며 입체(투시도)상에서만 분리되어 보이는 걸 알 수 있다.
이 상황을 이해한다면 배치도나 입면도에서의 그림자뿐만 아니라 투시도에서의 그림자를 그려 넣을 때에도 무리가 없을 것이다

위의 투시도를 'A'가 평면이 되게, 또는 'C'가 평면이 되게 돌려보면, 즉 'A', 'B', 'C' 어느 면이나 평면이 될 수 있다고 가정해보면 빛의 방향은 면의 방향과 그 면의 수에 따라서 하나 또는 그 이상으로 나타낼 수 있다.

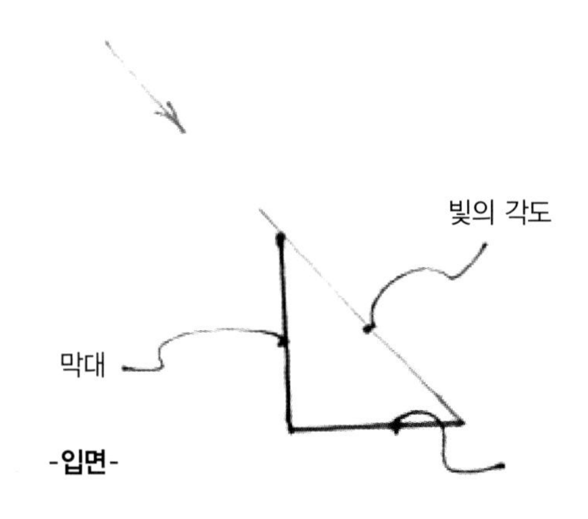

-평면- <빛의 방향과 각도가 겹쳐 보임>

이 막대를 기준으로 다음과 같은 몇 가지를 이해해보자.

- 빛의 방향과 각도: 광점을 이야기 할 때에는 반드시 방향을 몇 도, 각도는 몇 도 하는 식으로 이야기해야 한다. 평면과 입면으로 분리해서 보자.

  * 빛의 방향 : 수직으로 서있는 막대를 기준으로 보면 나타나며 빛이 물체를 통과하면서 생기는 그림자 형성에 영향을 준다.
  광원의 위치에 따라 막대의 그림자는 360º 방향으로 나타날 수 있다.
  * 빛의 각도 : 눈에 보이지 않는다. 빛 그 자체의 각도는 그림자의 길이에 직접적인 영향을 준다.

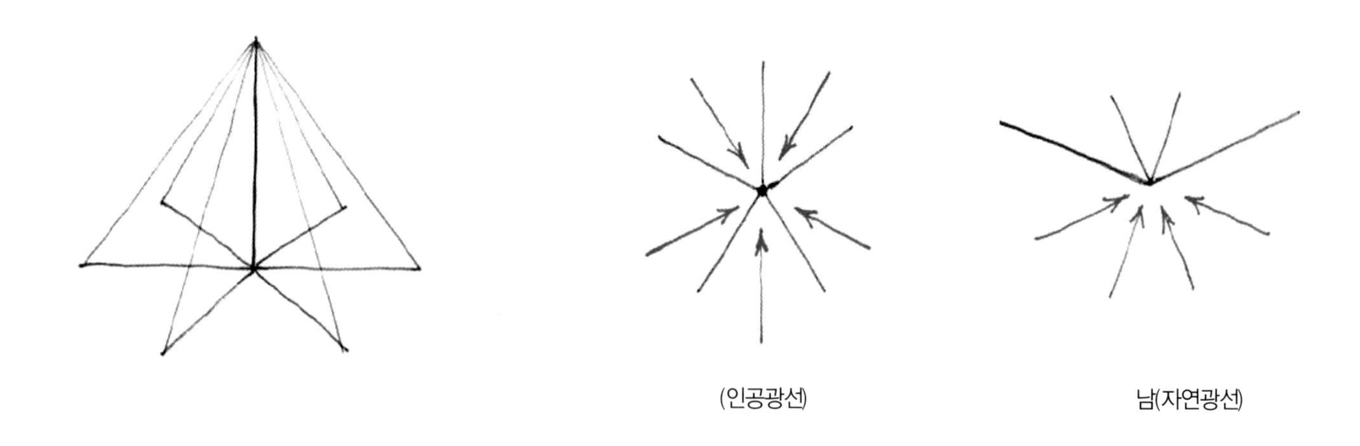

투시도에서의 빛의 진행방향과 각도 **평면에서의 빛의 진행방향과 그림자**

여기서 우리는 지면으로부터 수직으로 서있는 막대와 빛의 방향 그리고 빛의 각도가 어우러져 만들어 내는 여러 가지 형태의 직각삼각형에 주의할 필요가 있다.
실제상황에서는 아래와 같은 막대가 여러 형태의 기울기로 나타날 수 있으며, 또한 면이 여러 개의 각도를 가지고 나타날 수 있기 때문이다.

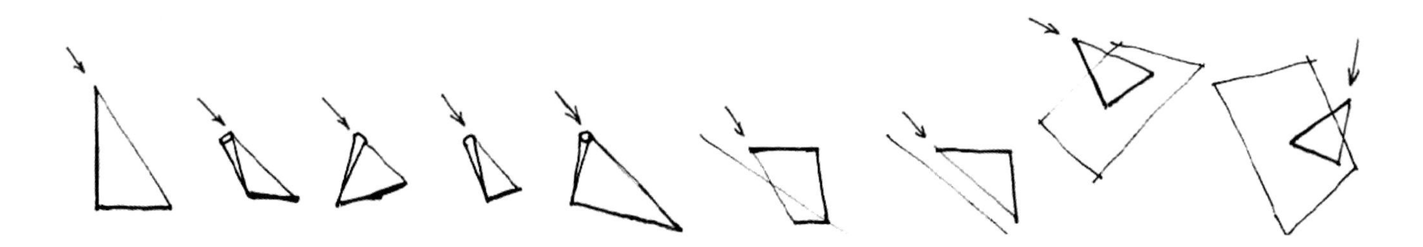

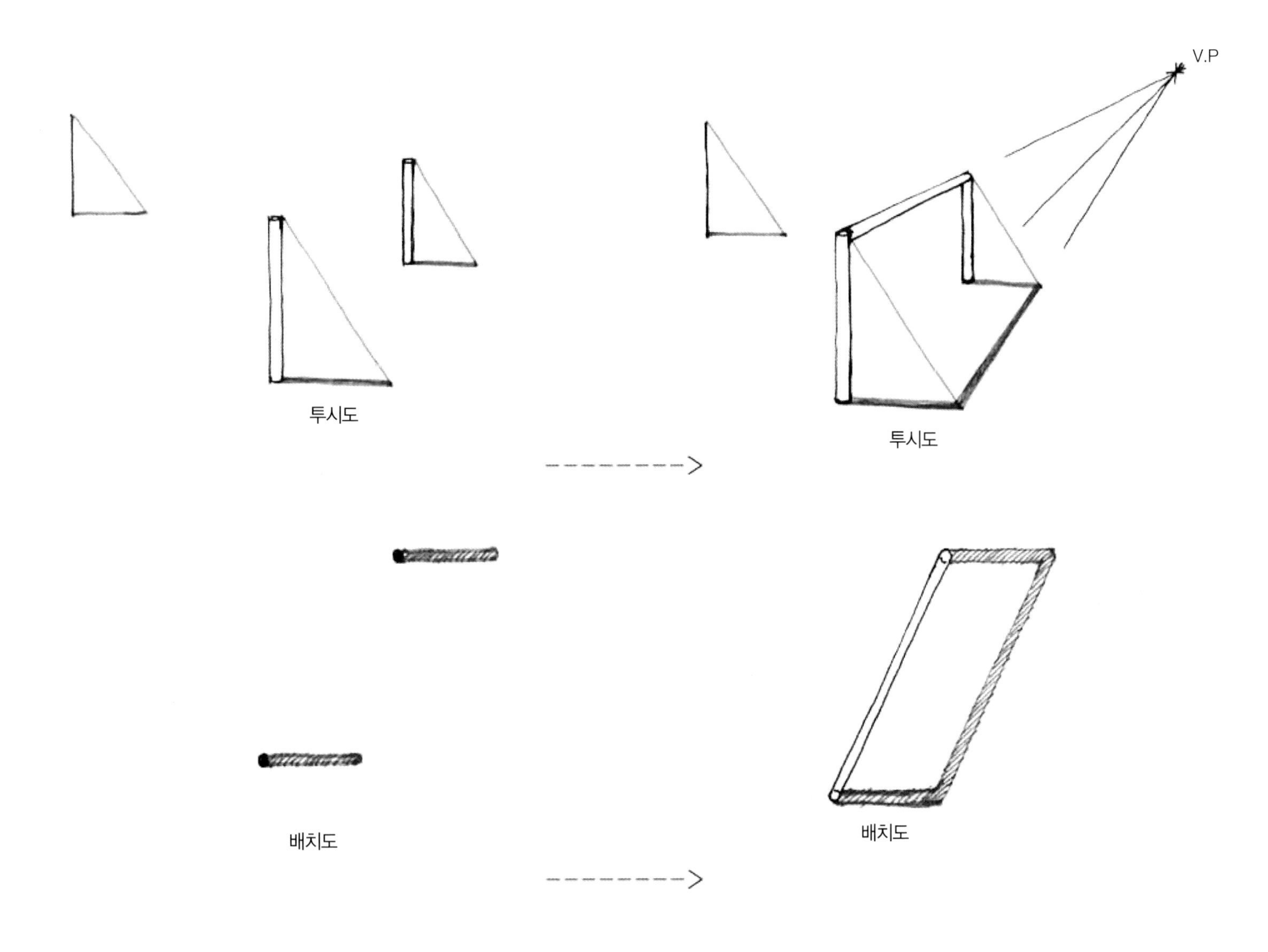

운동장 위에 서있는 2개의 막대(같은 높이임)
막대를 기준으로 빛의 방향과 각도를 표현하였고, 그림에서는 투시도와 배치도의 형태로 분류하여 드로잉하였다.

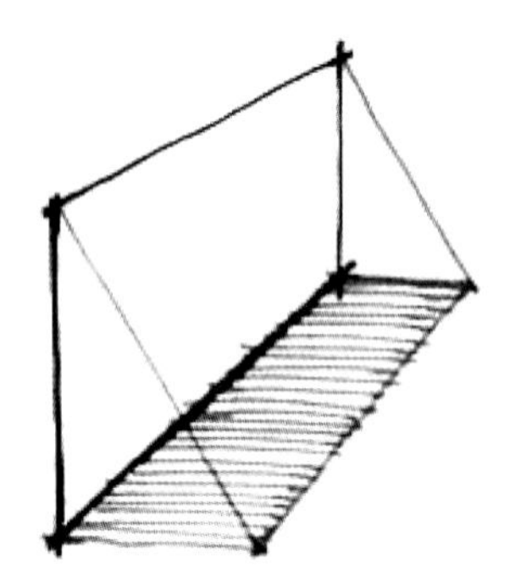

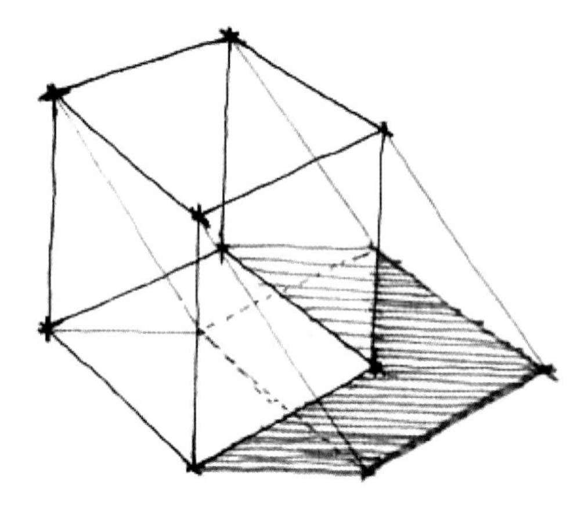

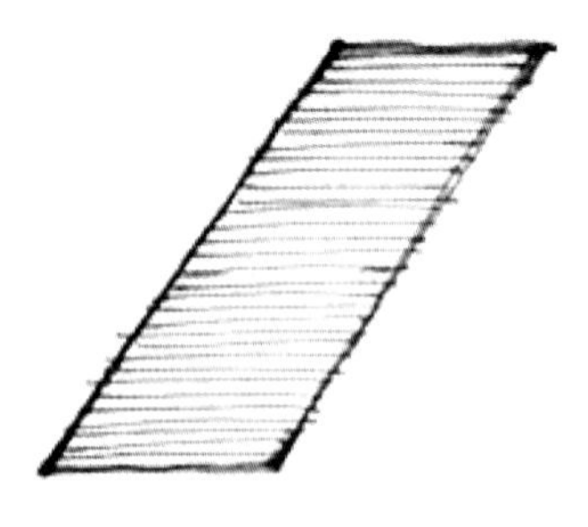

비껴 서있는 면

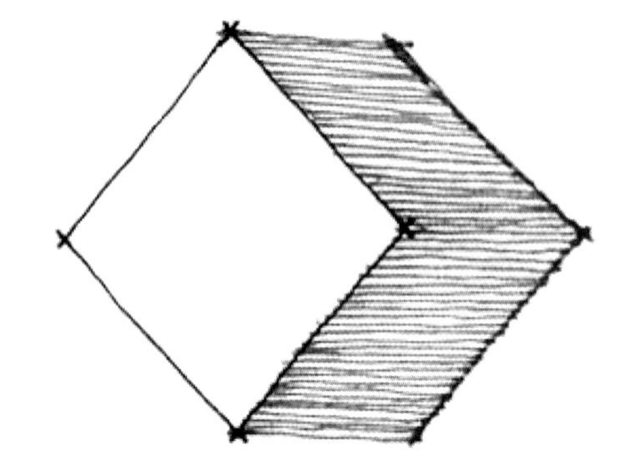

입방체의 그림자

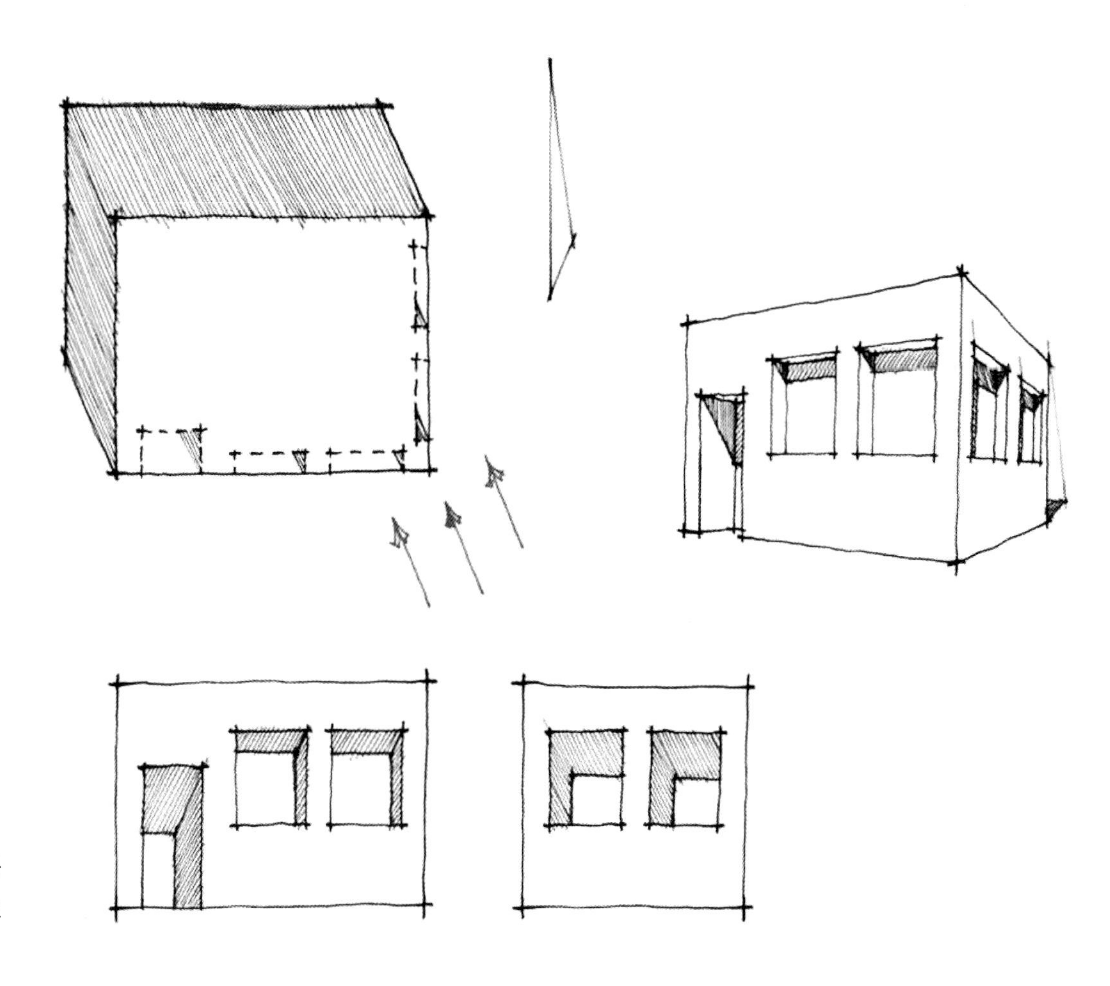

그림자로 빛의 각도가 결정되면 빛의 방향이나 그림자의 길이들이 자동결정되므로 빛의 각도를 결정할 때에도 배치도 및 정면도나 측면도의 상황까지 고려하여 신중히 결정하여야 한다.

주어진 도면 상황에 따라서 그림자 설정은 항상 달라질 수 있는 것이므로 대상물의 입체감이 가장 잘 나타날 수 있는 빛의 각도나 방향이 결정 되어야 할 것이다.

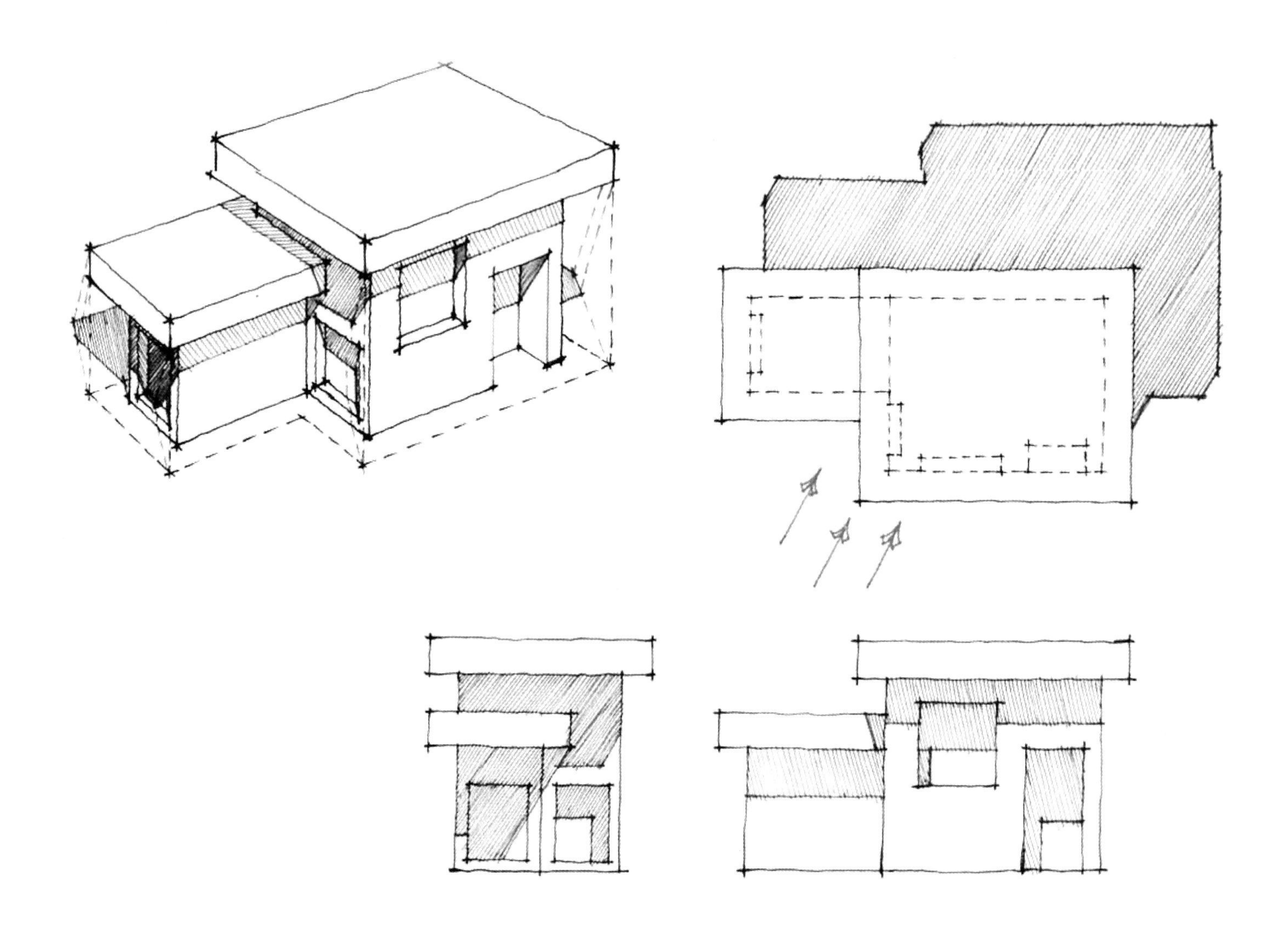

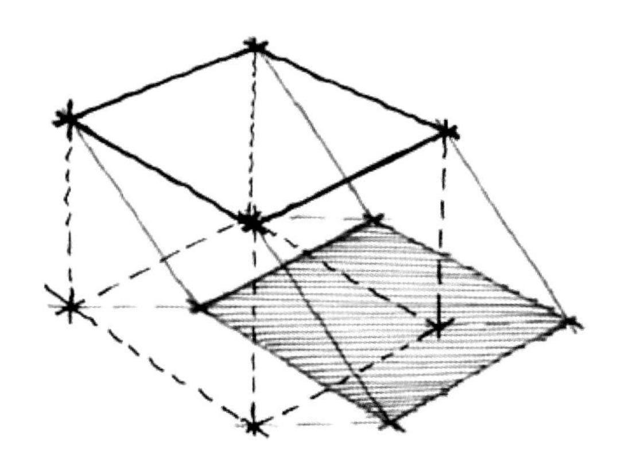

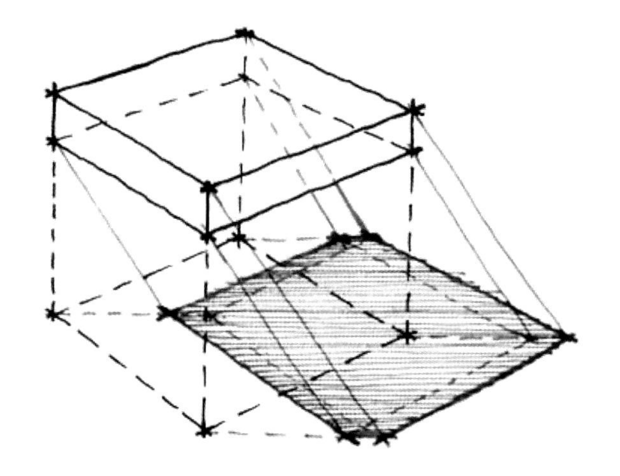

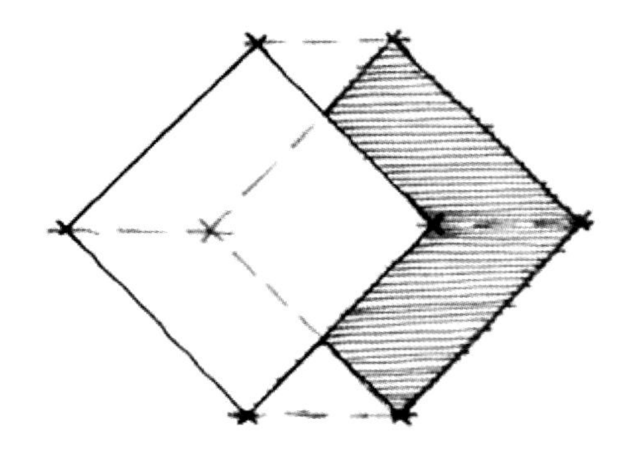

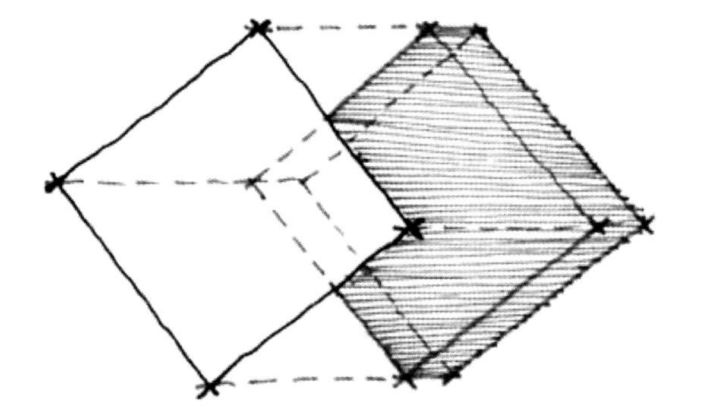

공중에 떠있는 형

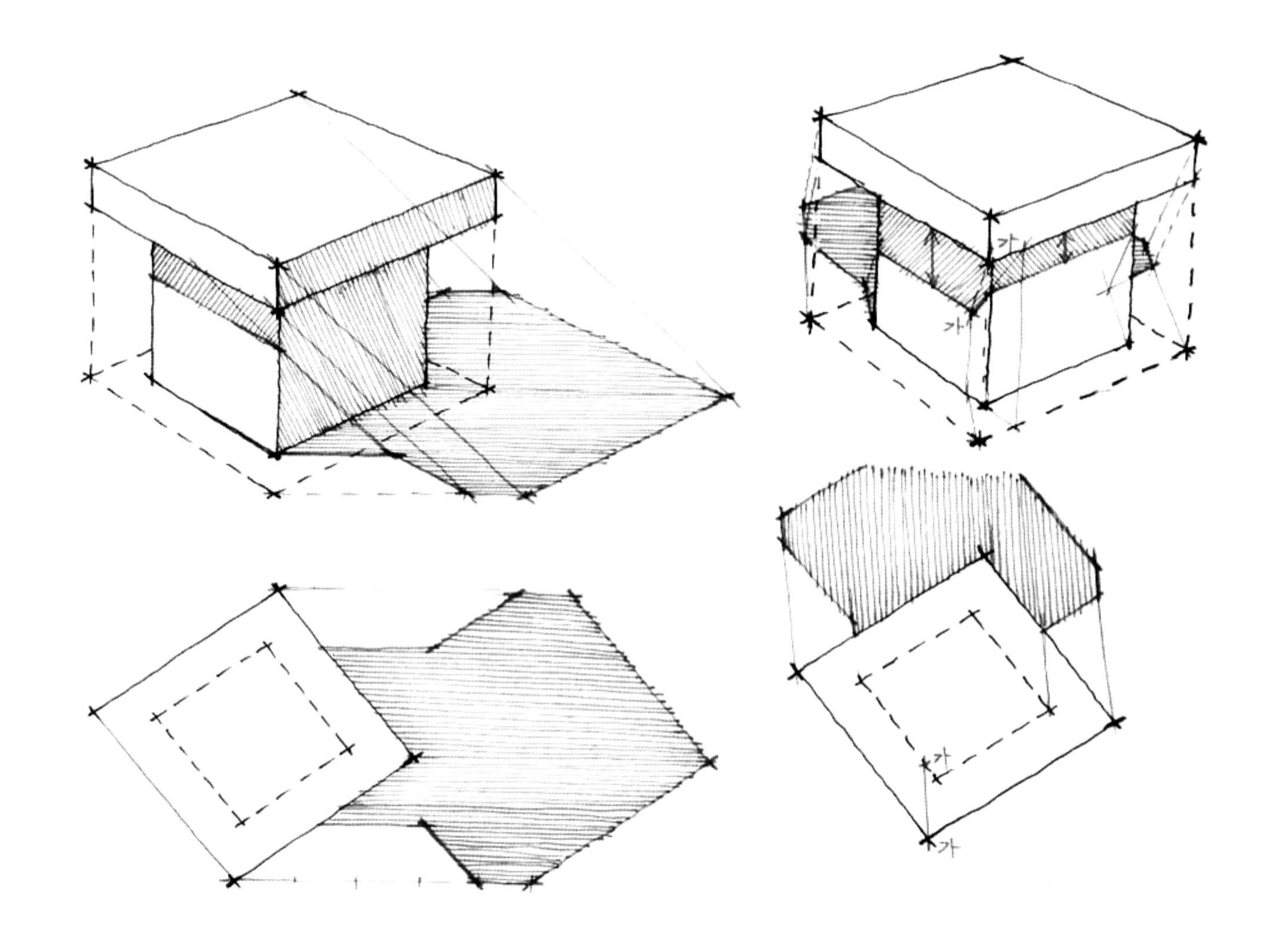

이 그림은 좌측의 측광상태를 회전시켜 배광상태로 한 것이다(처마끝 꼭지점 '가' 의 그림자가 좌측벽에 드리워진 그림자가 더 길어진다).

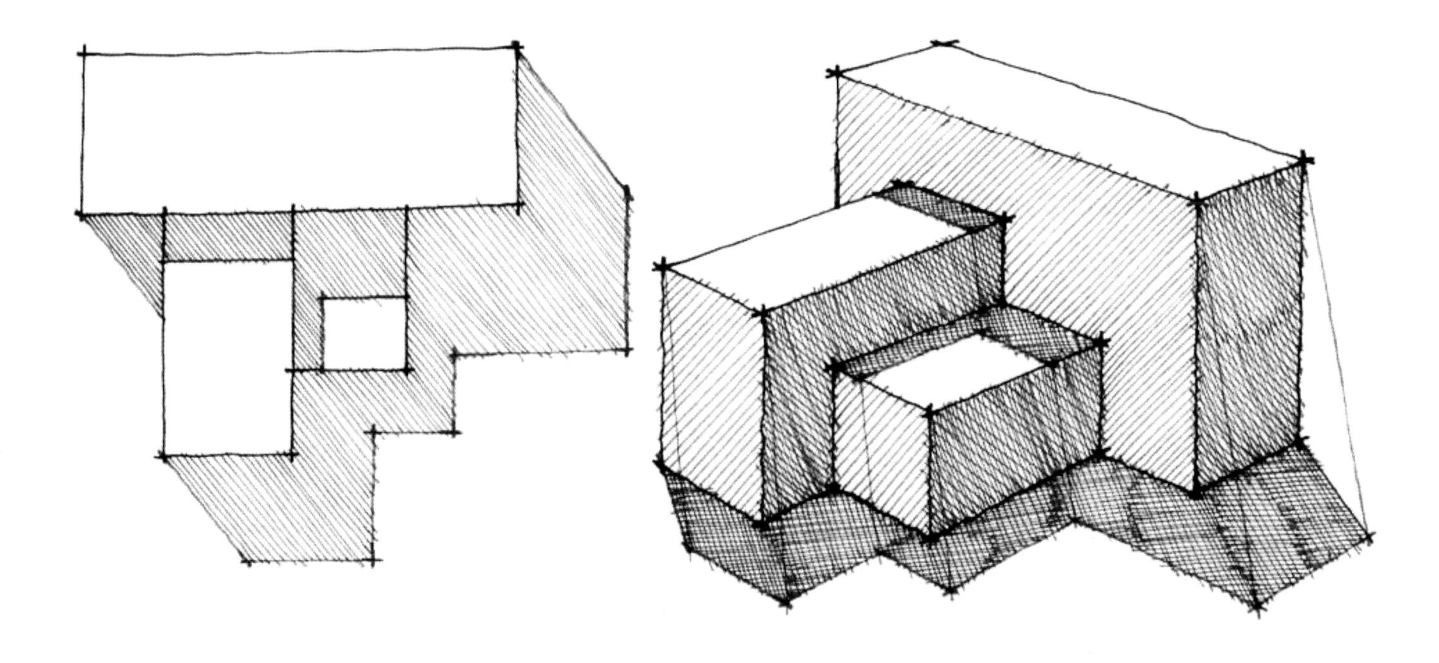

배치도에서의 그림자는 매우 중요하다. 정확하게 그려 넣은 그림자를 보면 비록 배치도라 할지라도 그 규모를 대충 알 수 있을 뿐만 아니라 입체의 이미지를 떠올릴 수 있다. 상하의 그림은 배치도를 위한 그림자를 설명한 것이다. 배치도에서 빛 방향은 대상물의 각각의 높이를 정확하게 파악한 다음 설명이 용이한 부분에서 결정(상부의 예는 높은 쪽에서 낮은 쪽으로 결정)한다.

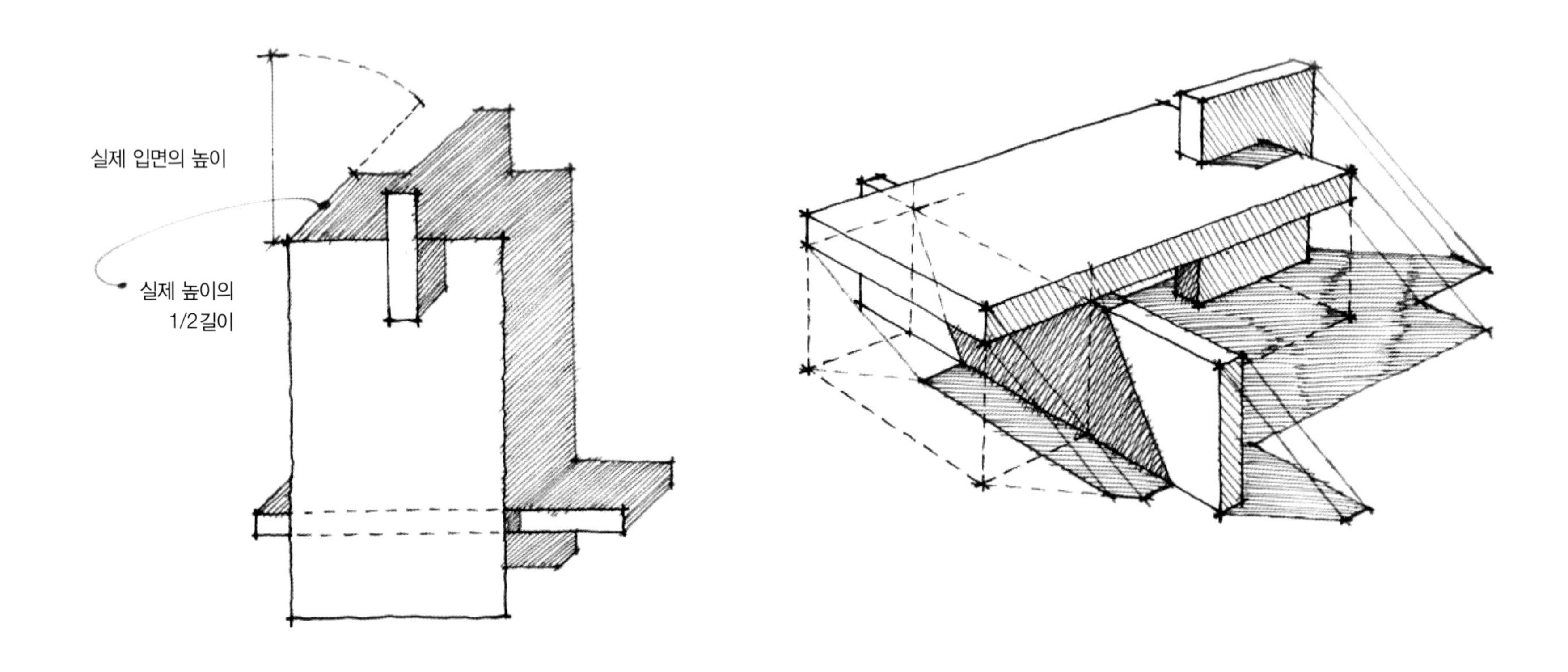

다음 그림은 실제 입면 높이의 1/2로 그려 넣은 것이다.

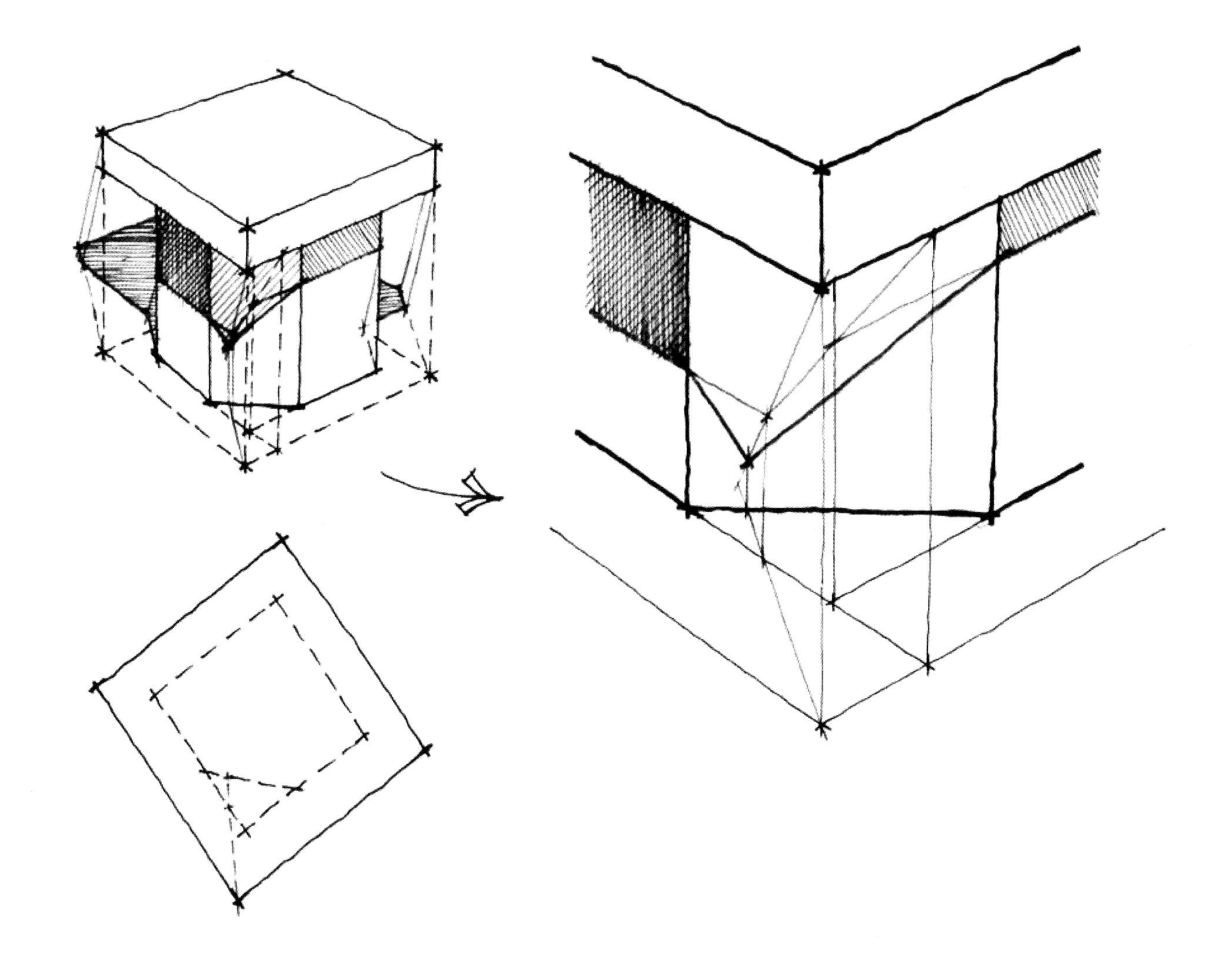

중심부분의 그림자는 설명에 방해요인으로, 생략한 것이다.

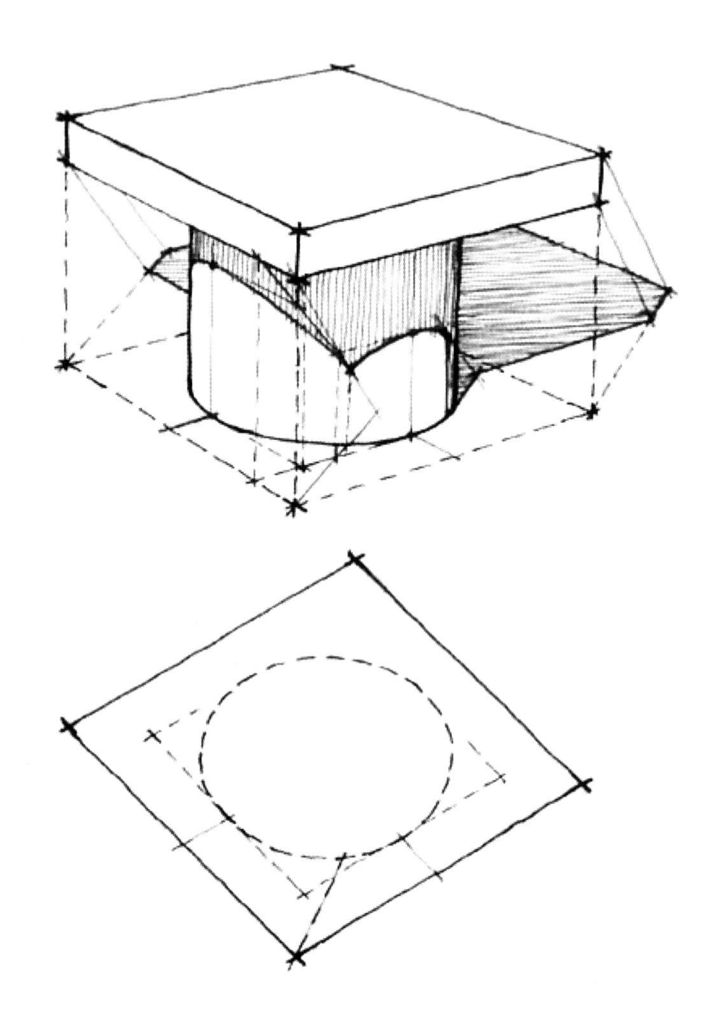

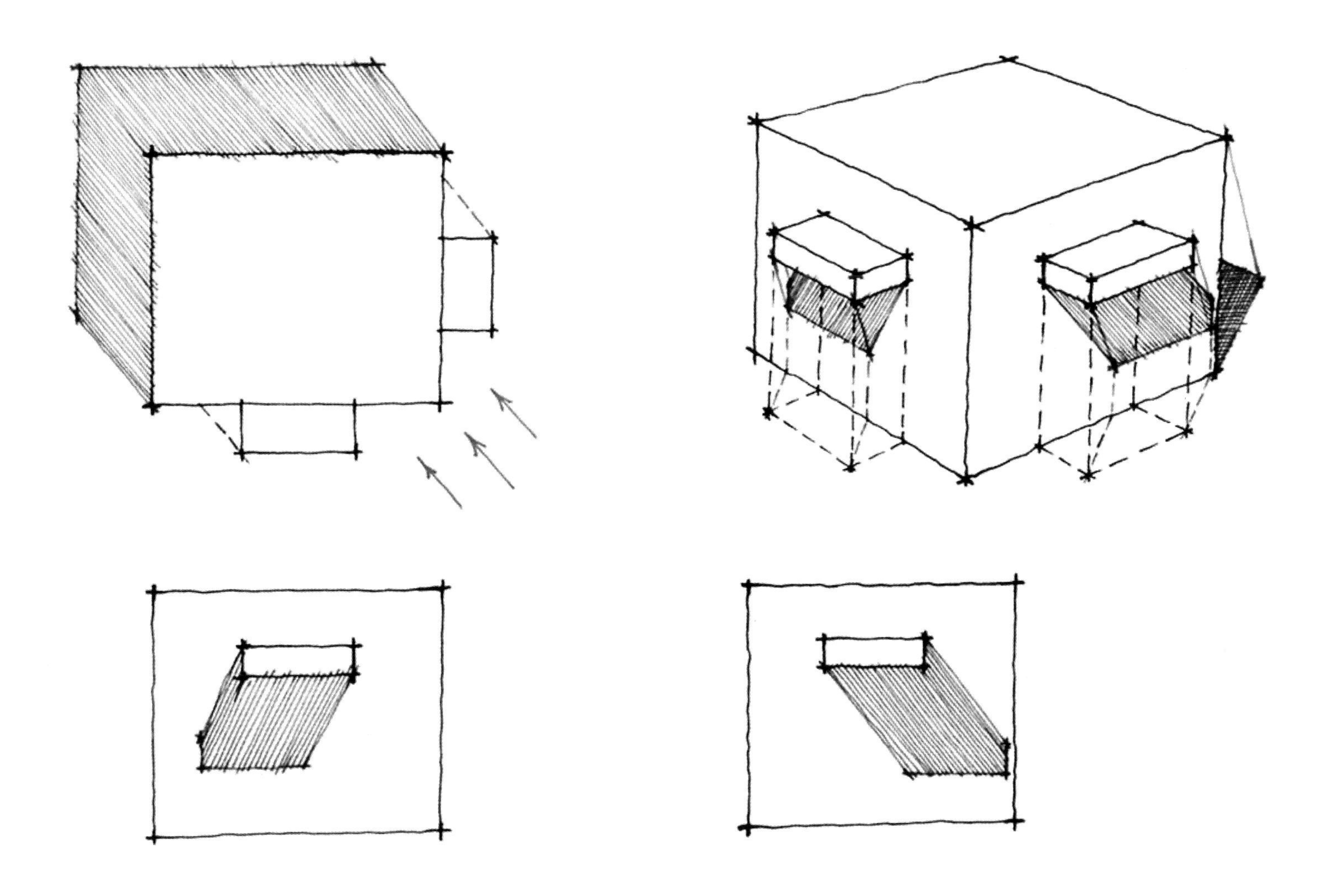

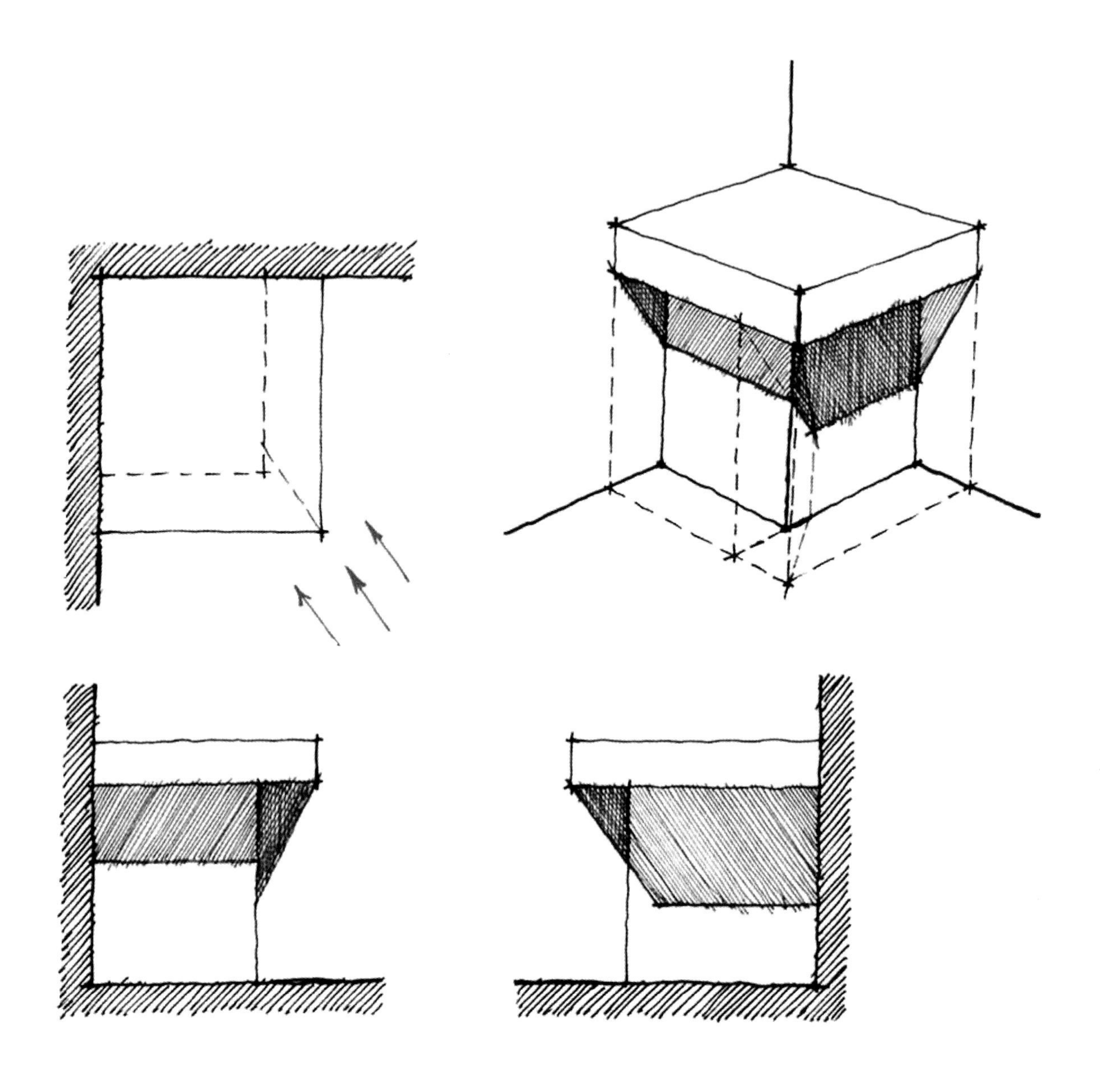

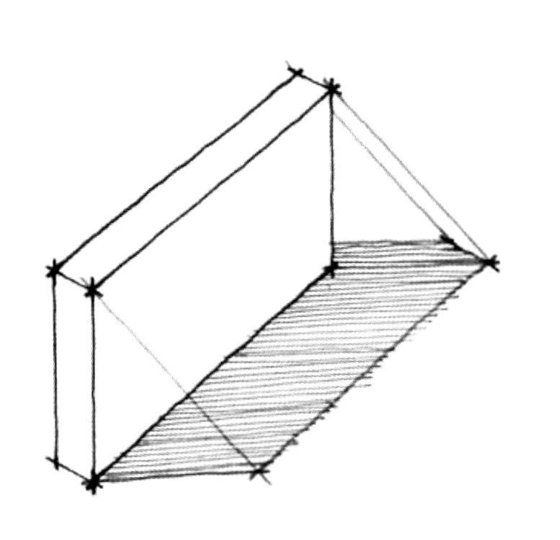

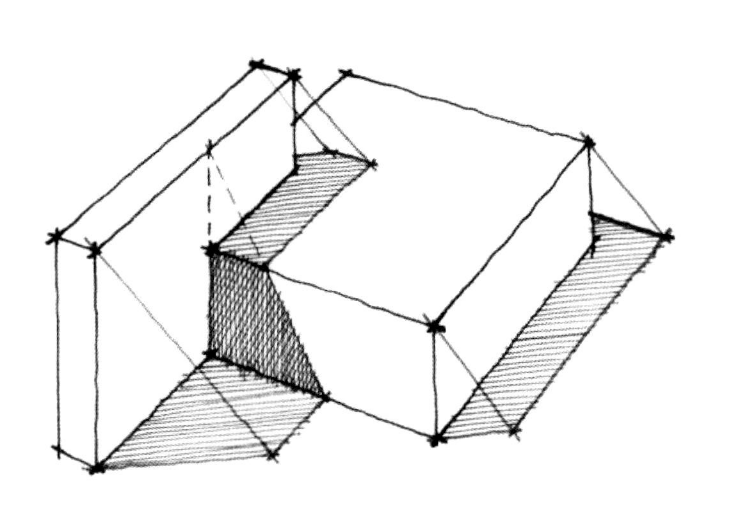

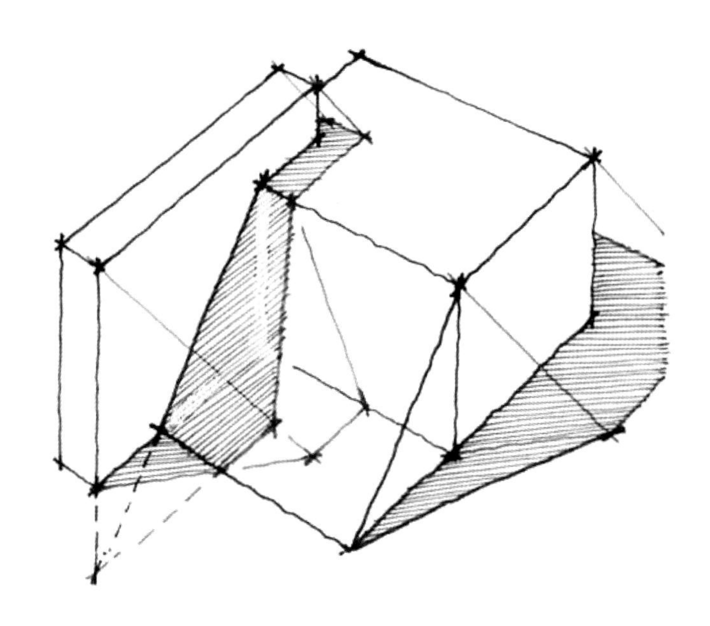

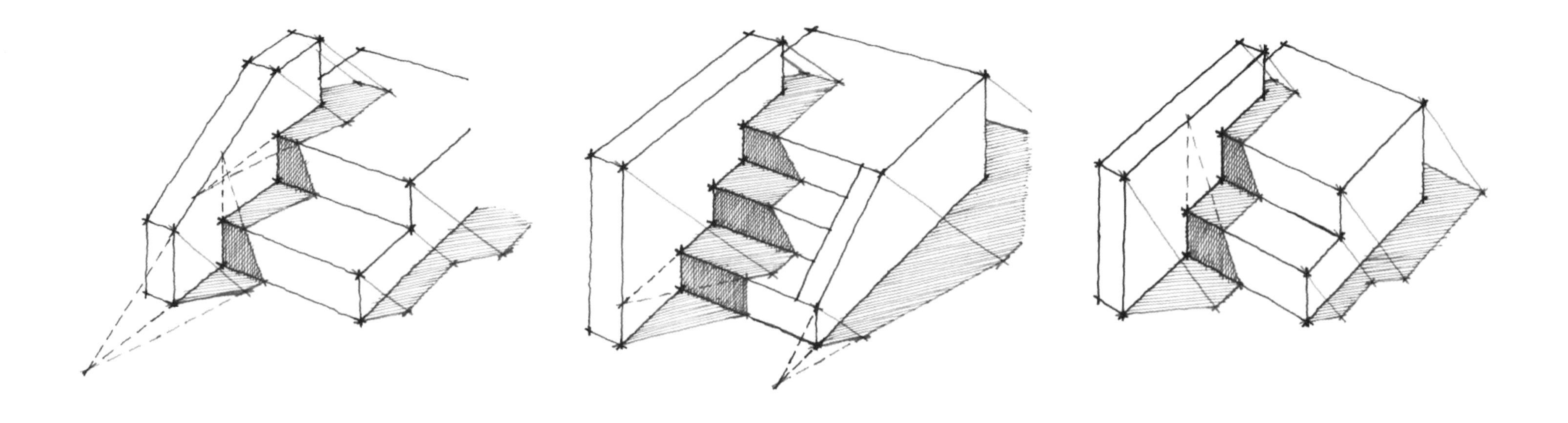

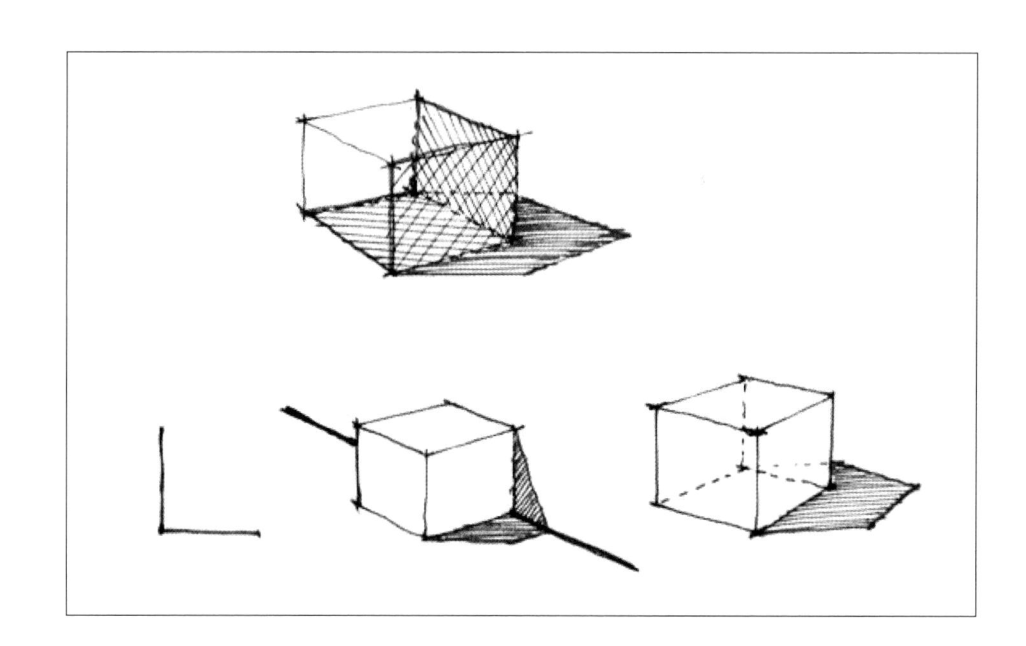

입체적으로 그려진 대상물은 그 윤곽선에 의하여 원근감을 표현하고 이 대상물에 빛에 의한 명암과 그림자를 주면, 보다 확실한 입체감을 나타낼 수 있다.

가시범위에 있는 모든 대상물들은 빛을 받는 부분과 받지 않는 면이 생기기 마련인데 이것이 명암이고, 빛이 진행하다가 어떤 물체에 의하여 방해를 받게 되면 그 반대쪽에는 그림자가 생기게 된다. 광선의 종류에는 그 광원이 비교적 가까운 거리에 위치한 인공조명의 방사광선과 무한거리에 위치한 태양의 평행광선이 있다. 인공조명은 주로 실내투시도나 야경의 외관투시도 등에서 이루어지고, 평행광선은 주로 외부투시도에서 다루어진다. 실내투시도에서의 그림자는 매우 어렵다고 할 수 있다. 간단하게 설명하면 실내에서는 조명이 하나인 경우보다 그렇지 않은 경우가 훨씬 많기 때문이고, 또한 광량이 크고 대상물이 적은 경우 상당한 이론이나 실습을 연마했다 하더라도 효과적인 표현을 도출하기란 쉽지 않다. 따라서 이런 상황에서는 주로 대상물의 수직하단 지점 바닥이나 대상물을 표현시키기 유리한 쪽으로 그림자를 설정하는 것이 좋다.

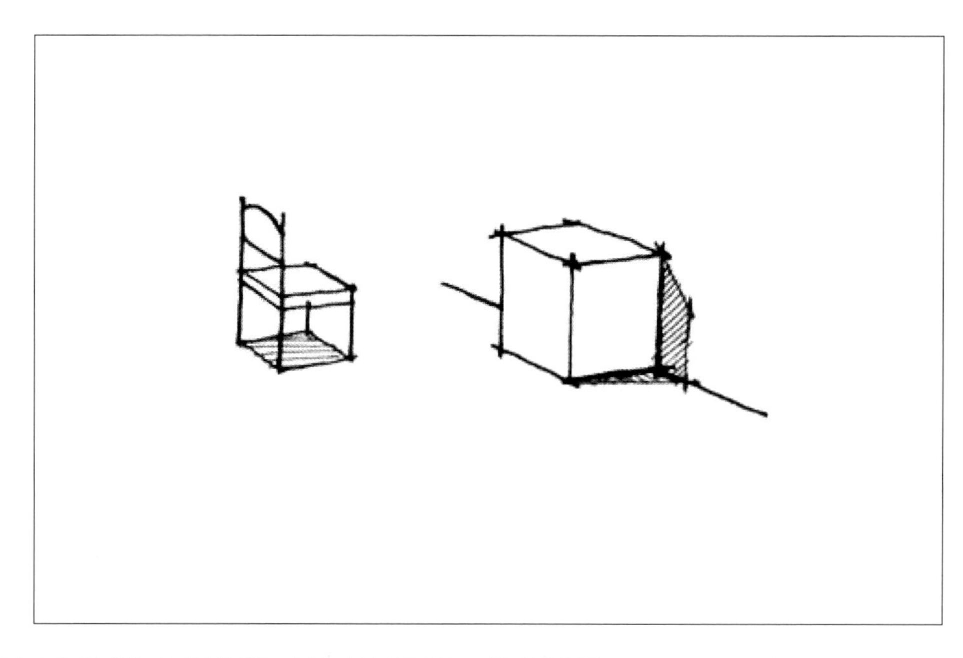

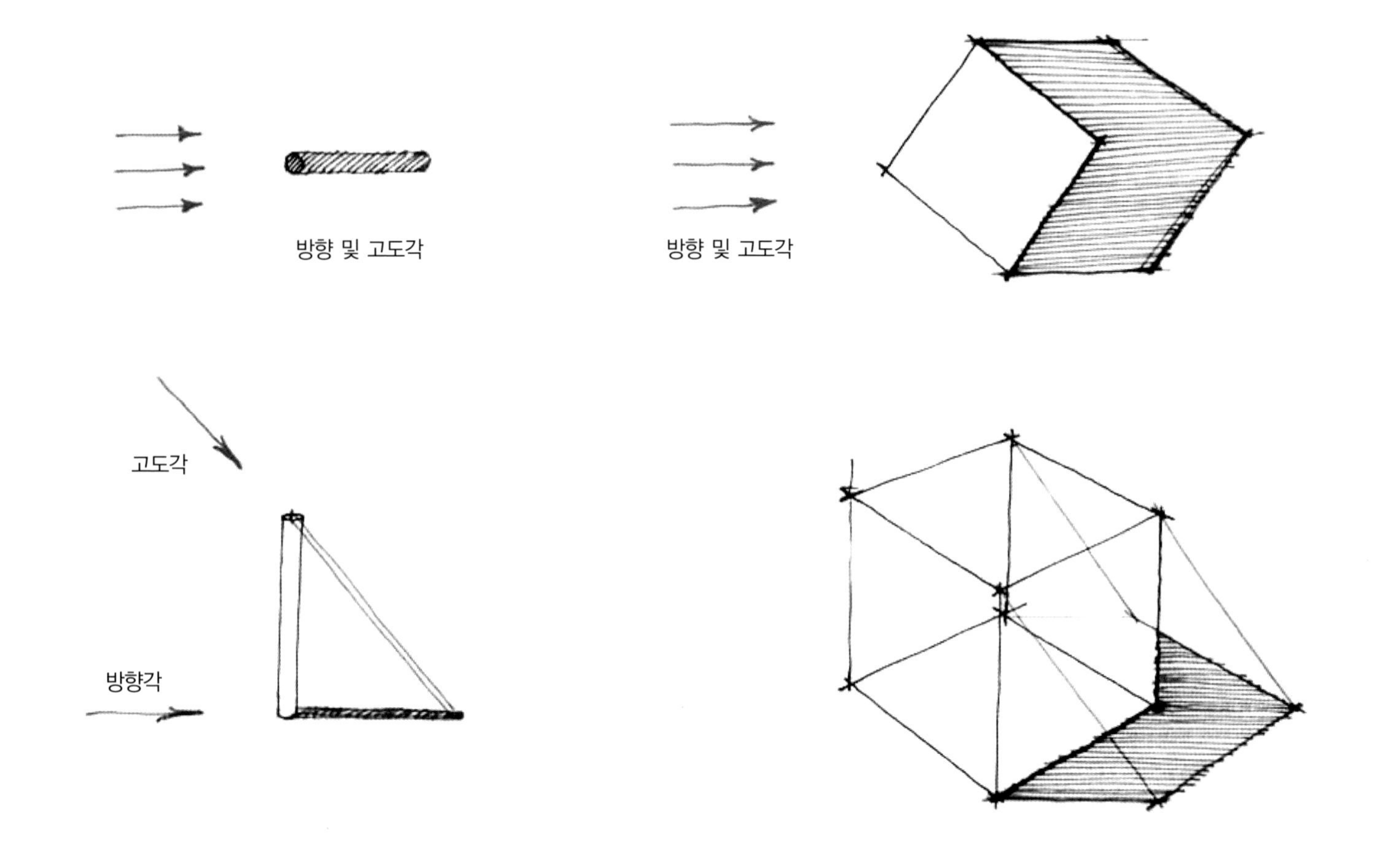

빛의 진행방향이 화면과 같으므로 소점이 생기지 않는다.

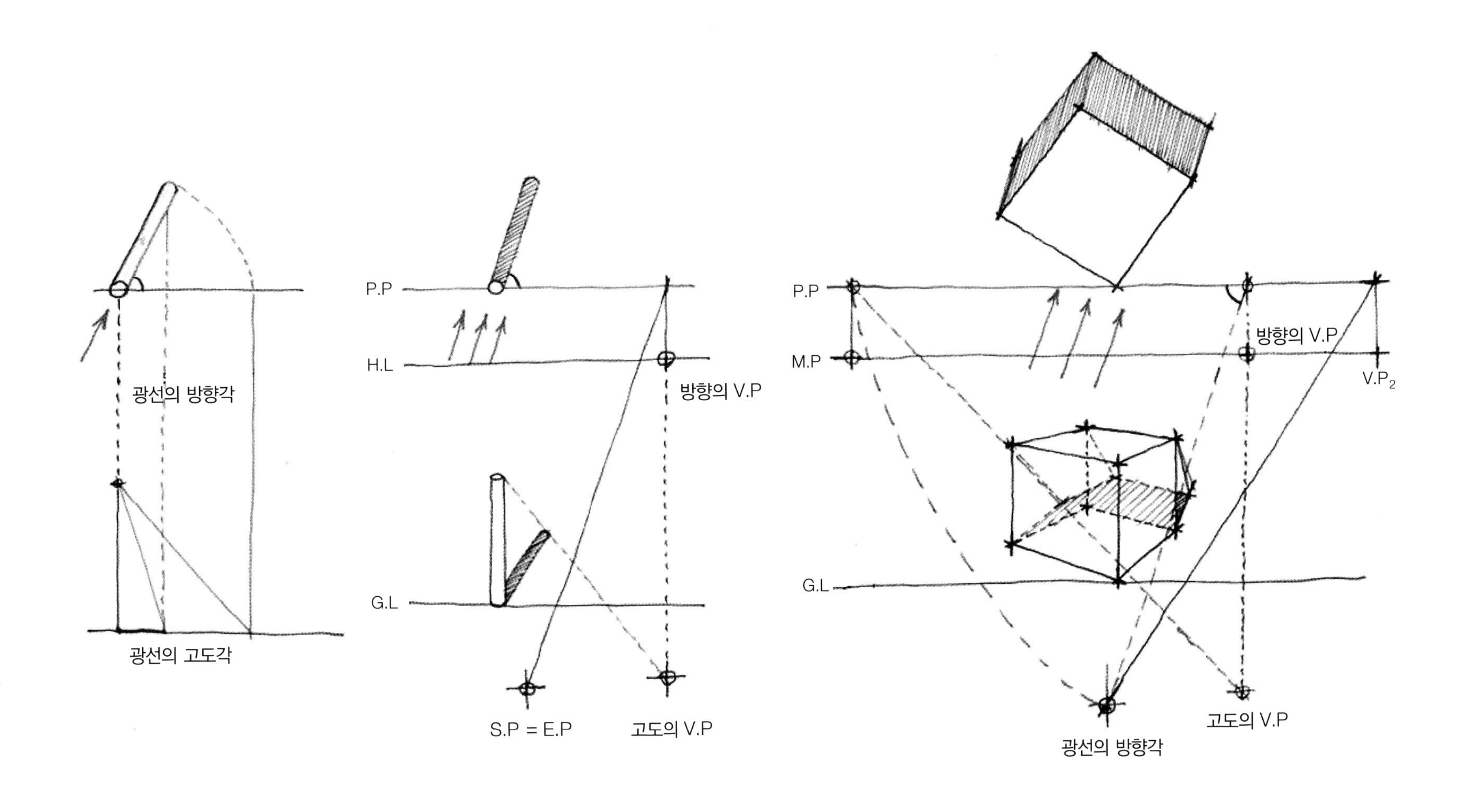

이 상황에서 광선의 방향은 대상물의 앞쪽에서 비추게 되고, 그림자로 대상물의 뒤쪽에서 나타난다.

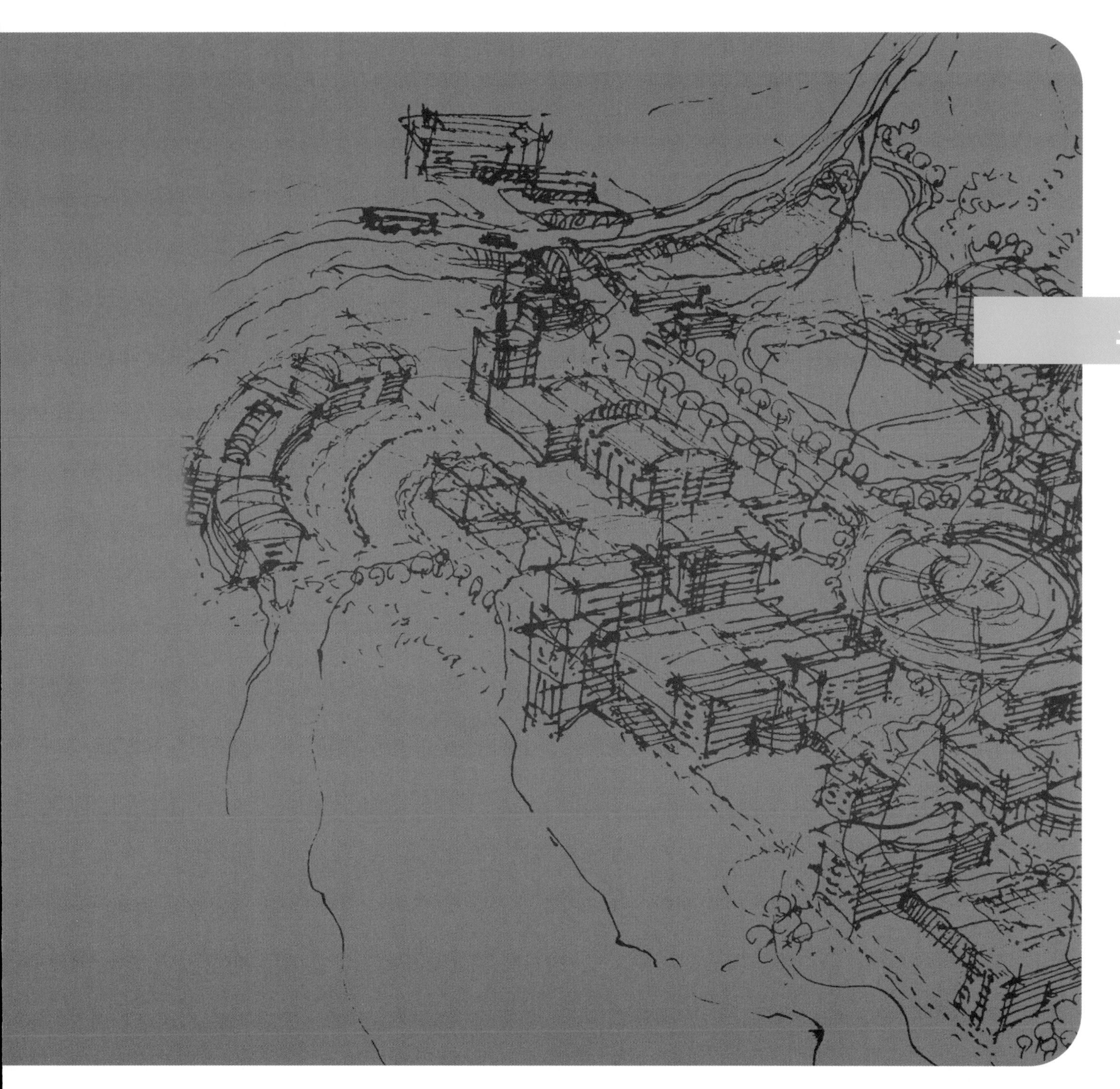

05

스케치 표현 및 사례

삼척대학교 도계캠퍼스 프로젝트

도계 개발계획 프로젝트

1. 계획의 전제

- 최고의 경쟁력을 갖춘 교육 연구환경 조성
- 자연과 교감하는 환경친화적 환경조성
- 토지이용의 효율성, 경제성의 추구
- 차별화된 환경조성 (도심입주형, 주민개방형)

2. 계획 기본 개념

- 기존맥락 + 새로운 맥락 ➡ LAYER (켜) ➡ 융화
- 대학속의 도시, 도시속의 대학 ➡ 경계흐리기 ➡ 다층적구조
- 시설, 공간의 공유 ➡ 공간변이 ➡ 복합공간
- 동선의 공유, 다축설립 ➡ 동선전이 ➡ 다각적 동선체계
- 유기적 축체계로 성장

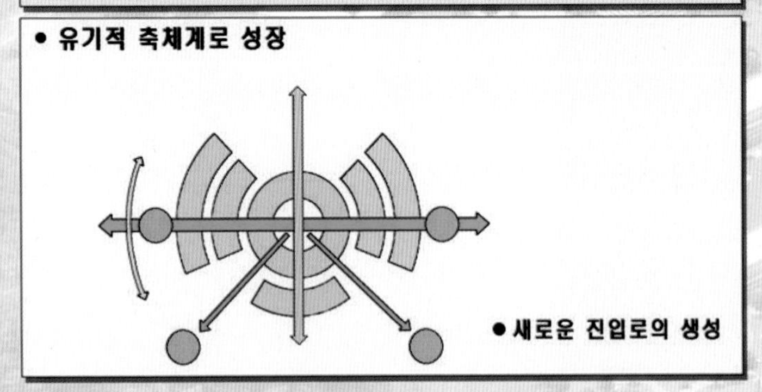

3. 동선계획

- 친환경 보행자중심의 동선체계
- 주동선만 차량이용. 보조동선이상은 보행자
- 보행자 우선통행 체계구성 (비상시 차량진입)
- 차량교통량의 조기분산계획, 보행으로 각 시설에 접근이 용이한 체계 / 환경 구축

4. 시설계획

- 연속된 외부공간, 가로 체계구성
- 도시적인 공간연출
- 건물의 성장을 고려한 배치체계
  (여유공지 확보 ➡ 기능확장 ➡ 증축)

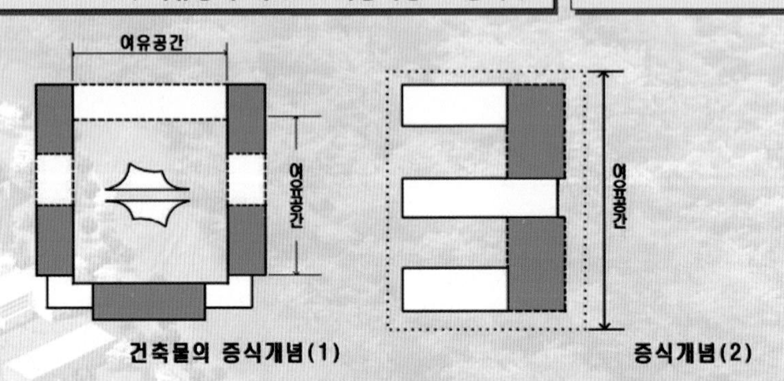

건축물의 증식개념(1)　　증식개념(2)

5. 옥외 공간 구성계획

- 보행자중심의 소규모 옥외공간 구성 / 연속성 확보
- 옥외공간, 외부공간을 고려한 건축물계획
  - 필로티형 건축물　- 중정 아트리움형 건축물　- 공중가로 (브릿지)
- 건축물의 성장개념 도입
  - 초기건축물 : 외부공간의 여유확보
  - 중기건축물 : 중정 / 내정형성의 건축물로 증축 (증식)
  - 최종건축물 : 중정 / 내정을 갖는 건물간의 연계 (공중 가로등으로 구축연계)

6. 건축물 계획원칙

- 통일성추구
- 표 준 화
- 환경친화성 확보

➡ 도시속의 대학건물 (장기적)

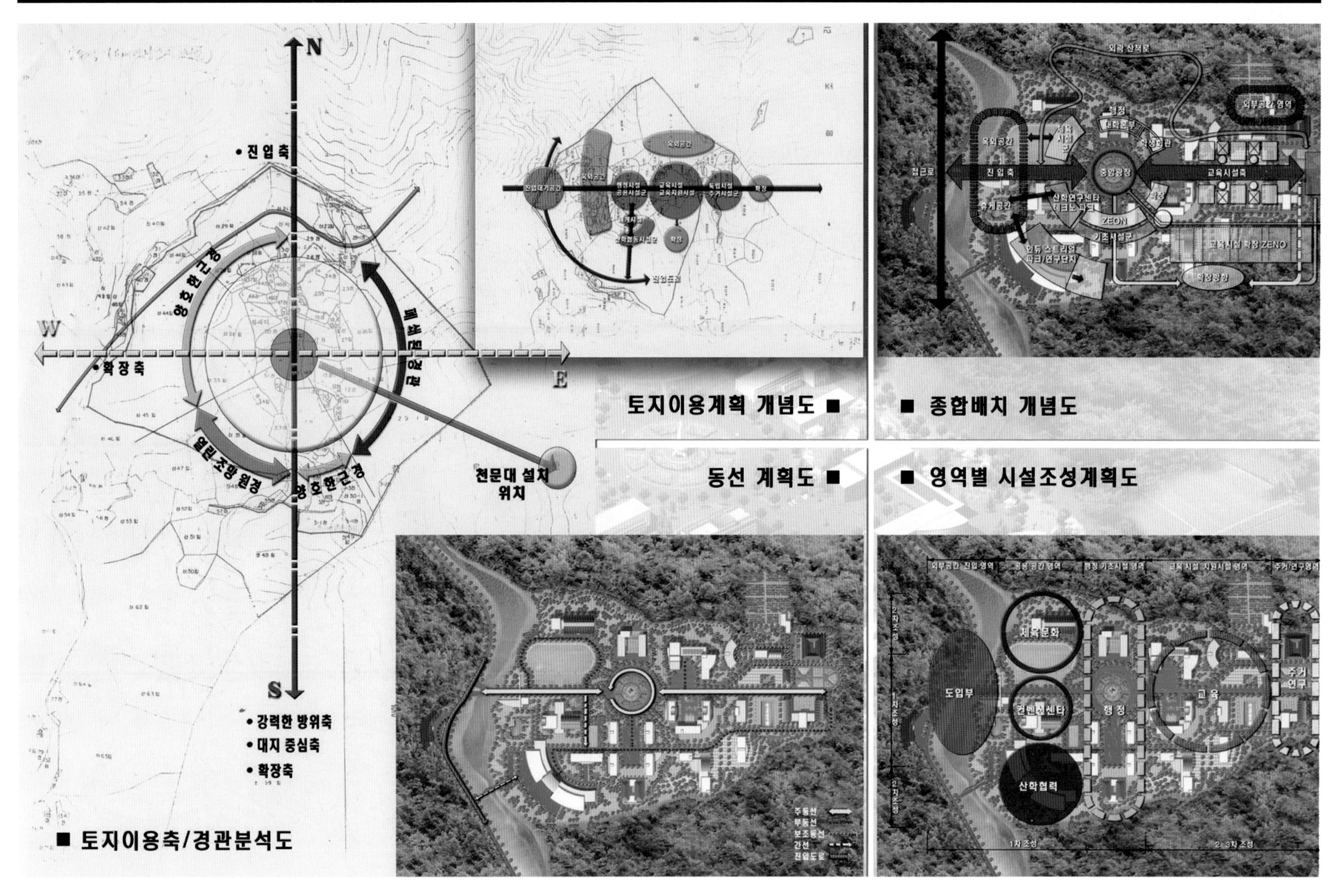
N
W
E
S
• 진입축
• 확장축
양호한 근경
폐쇄된 경관
열린 조망 원경
양호한 근경
전문대 설치 위치
• 강력한 방위축
• 대지 중심축
• 확장축
■ 토지이용축/경관분석도
토지이용계획 개념도 ■
■ 종합배치 개념도
동선 계획도 ■
■ 영역별 시설조성계획도
외곽 산책로
외부공간 영역
행정
옥외공간
진입축
접근로
중앙광장
교육시설축
휴게공간
ZEON
기초시설군
교육시설 확장 ZENO
확장광장
주동선
부동선
보조동선
간선
진입도로
체육문화
도입부
컨벤션센타
행정
교육
주거 연구
산학협력
1차 조성
2, 3차 조성

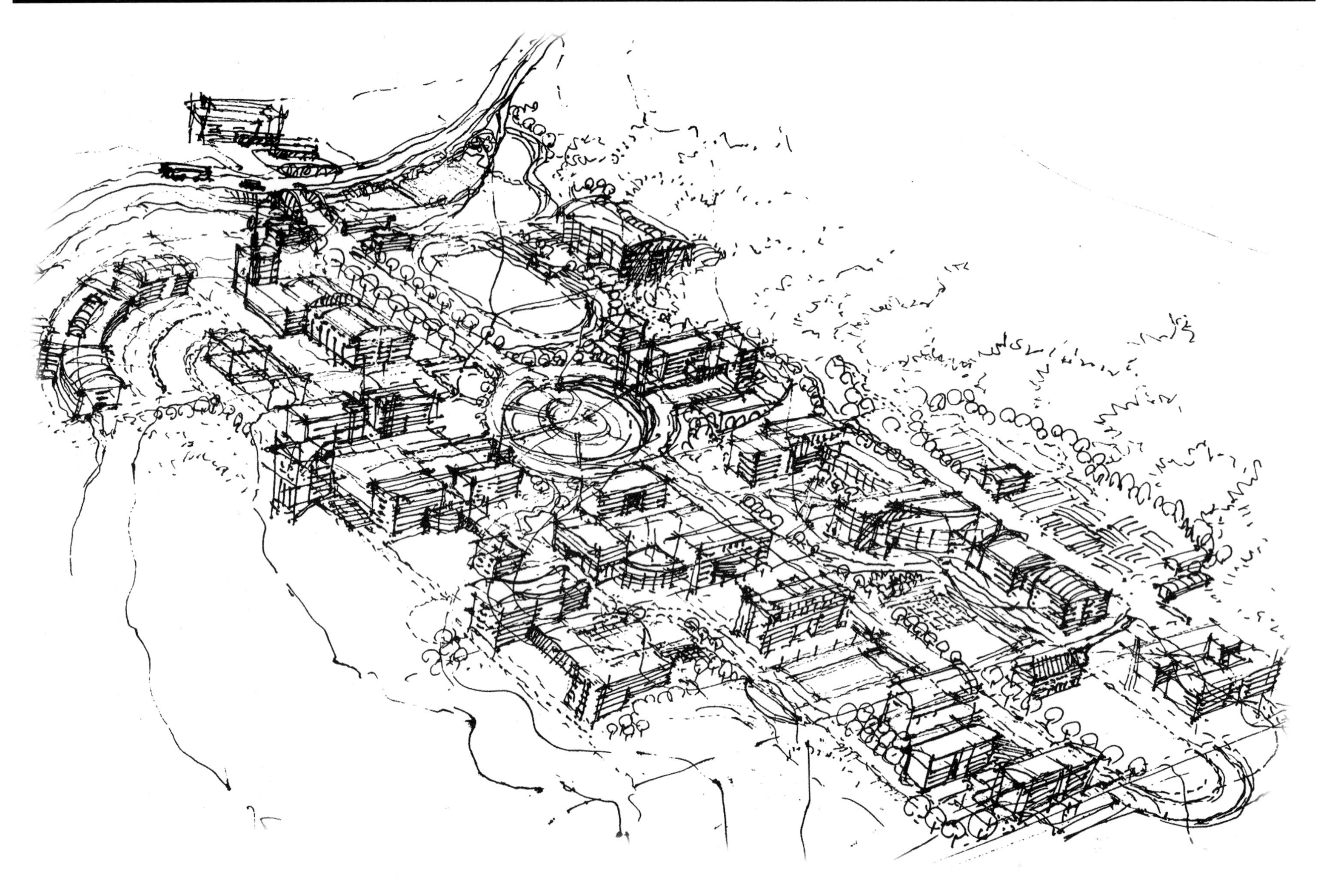

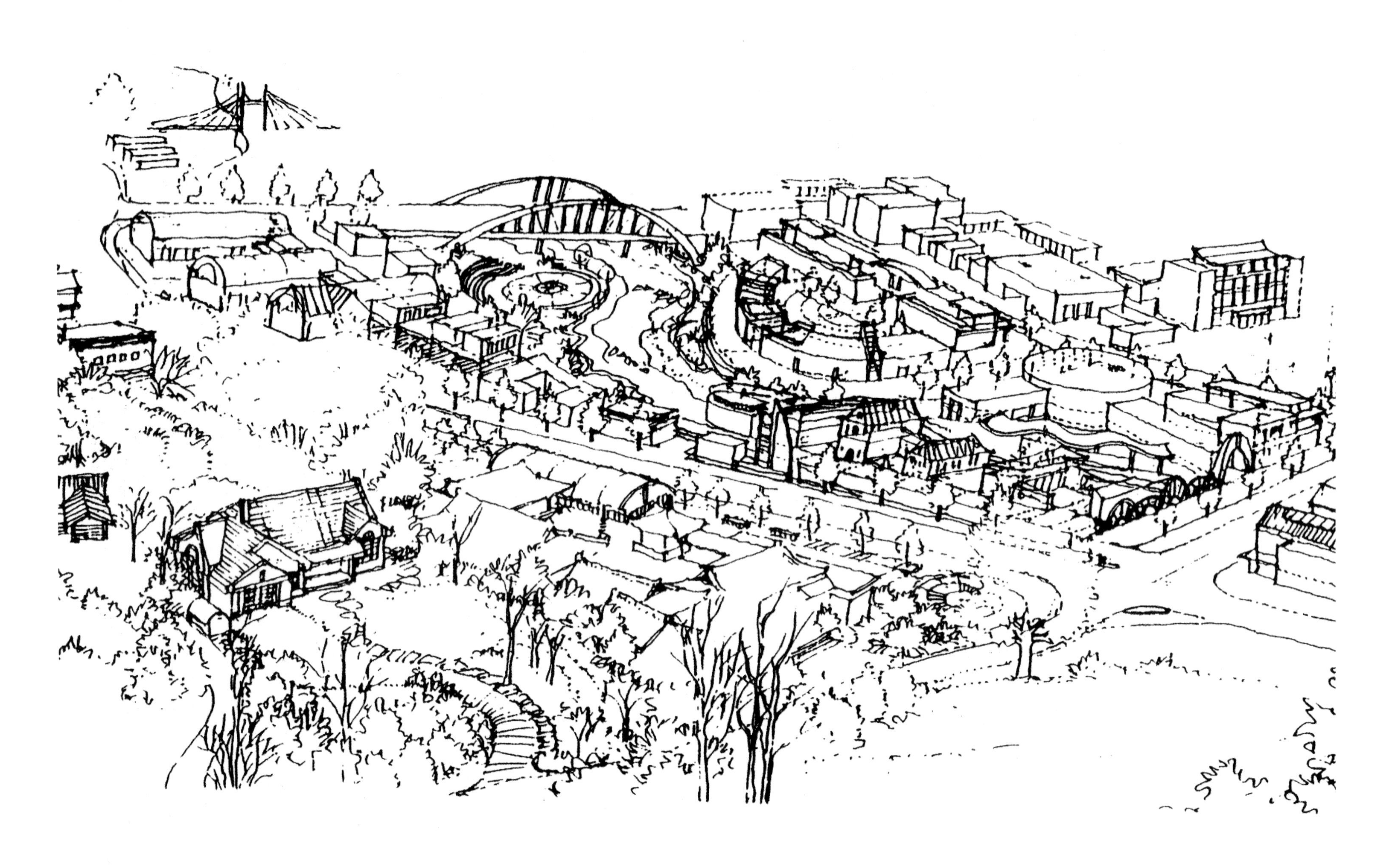

삼척시
도 계
삼척대학교
도계캠퍼스
육백산
천문대
田頭里
桃花山
上德里
黃鳥里

행정복지시설주변
경관 지구 조성
친환경유림형
주거 단지
도계역중심
광장 조성
생태하천
복원조성
쇼핑몰/상가/시장
(걷고 싶은 거리)

Regal

도계역

도계역

KB

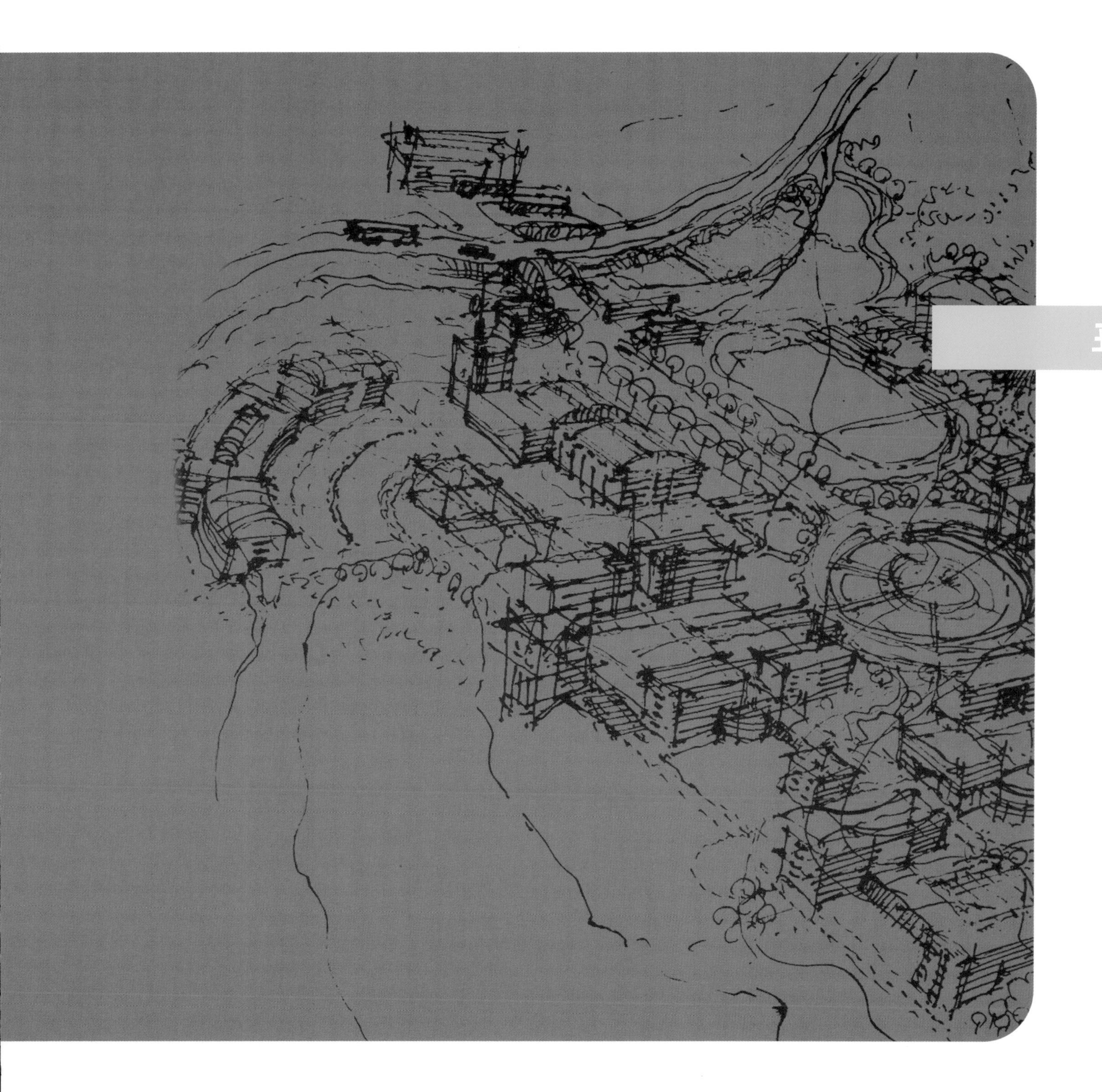

06

표현기법 및 사례

재료별 표현기법

- 수채화
- 복사지
- 마카
- 색연필
- 포스터컬러
- 에어브러시

- 수채화용지를 선택 작도한다.
  재료가 달라지는 부분과 바닥 벽 사이의 경계는 진하게 한다.
  전체적으로 깨끗한 잉킹이 필요하다.
- 한 톤에서 움직이지만 단계적으로 조금씩 강하게 색채를 가미한다(3단계).
- 원근법을 이용하여 스케일에 따른 레이아웃으로 안정감을 준다.
- 강조하고 싶은 부분은 조금 튀어도 좋지만 보색대비를 고려해야 한다.
- 그림자 표현을 해준다.
- 하이라이트 · 제일 밝은 부분을 흰색으로 강조한다.
- 아이디어 스케치에서 여백을 줌으로 깨끗함을 연출할 수 있다.

Coloring by 김정우

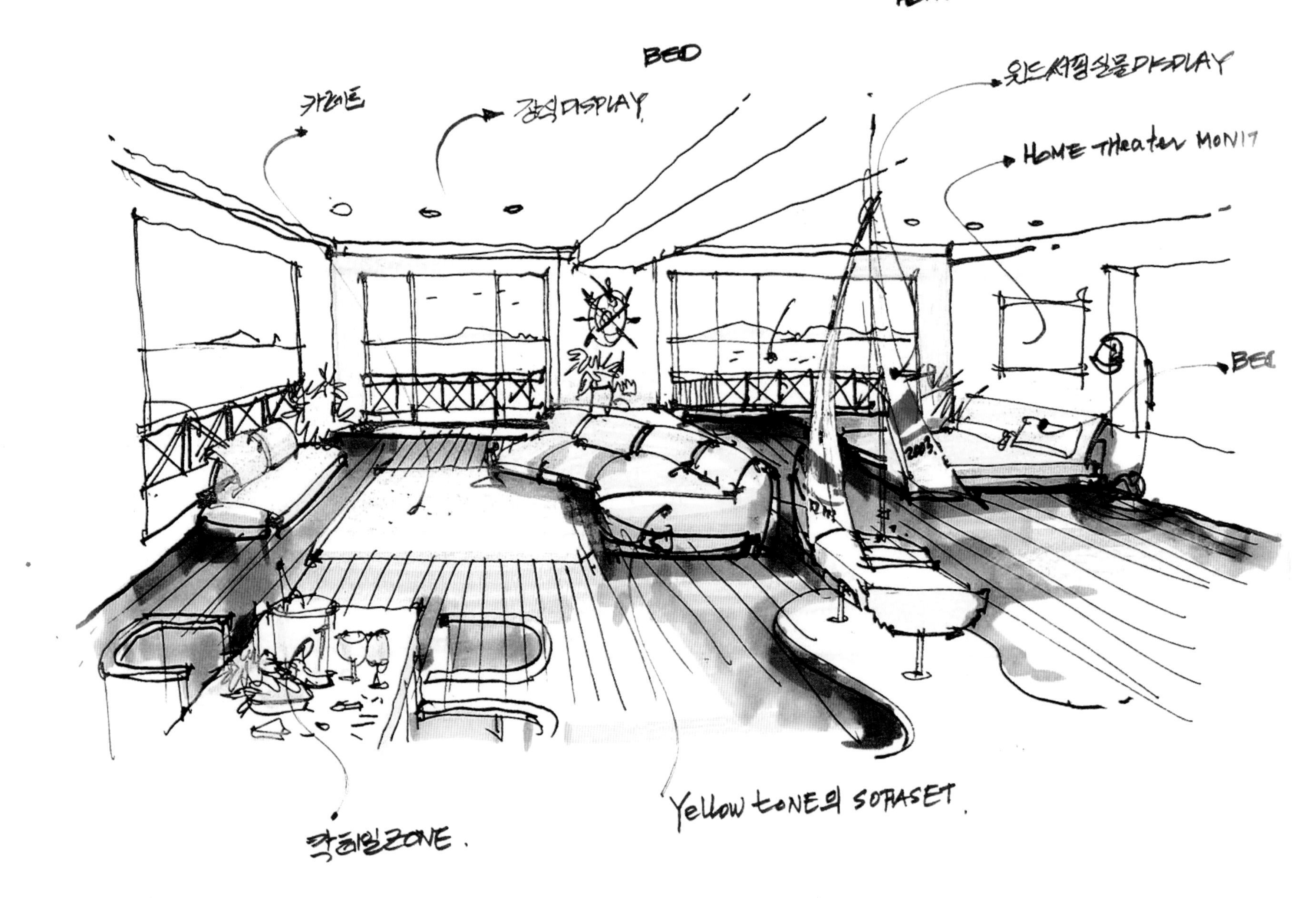
HOME THeater MONITOR.
BED
윈드서핑실물DISPLAY
카페트
장식DISPLAY
HOME THeater MONIT
BED
Yellow toNE의 SOFASET.
칵테일ZONE.

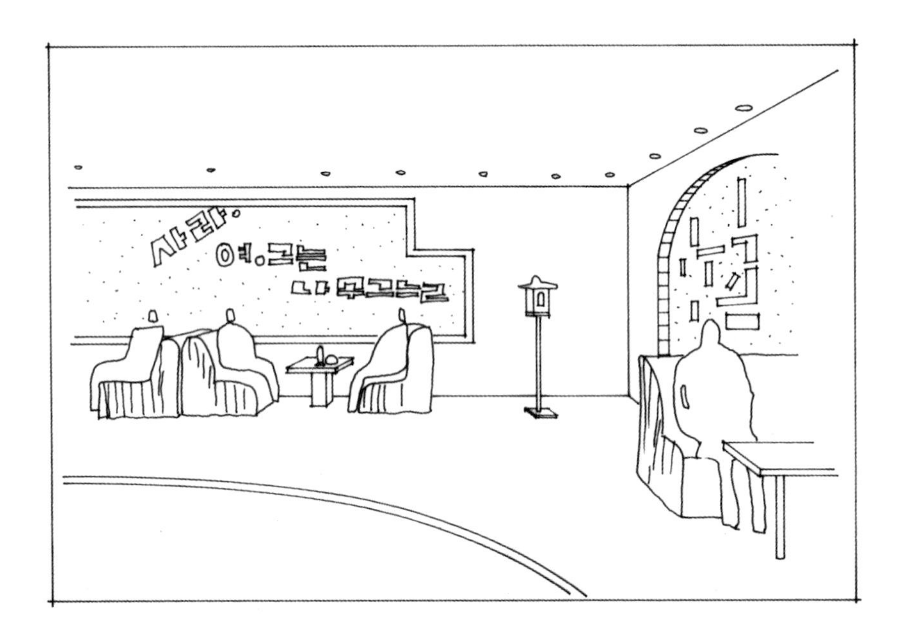

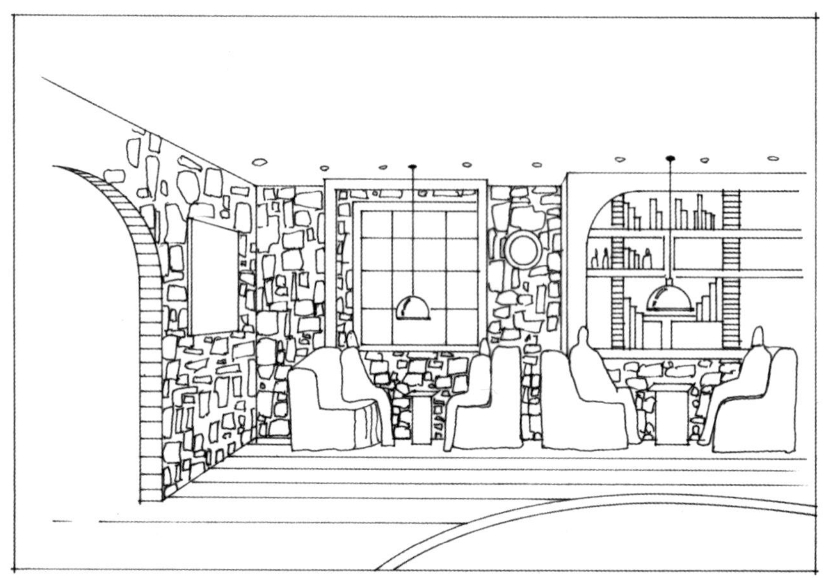

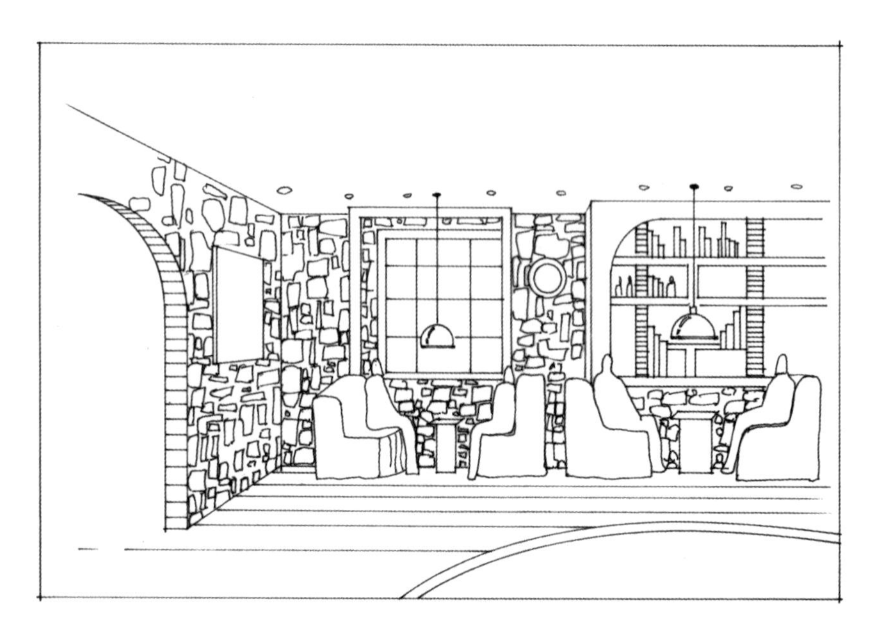

수채화에 의한 아이디어 스케치 (2)

- 프리젠테이션 방법 중 하나로 아이디어 창출 시 전체적인 분위기와 디자인을 돕기 위한 제반적인 설명 또한 중요하다.
- 여백을 두는 것이 미(美)라 하겠다.
- 전체적인 분위기에 의해 색지 선택이 중요하다.

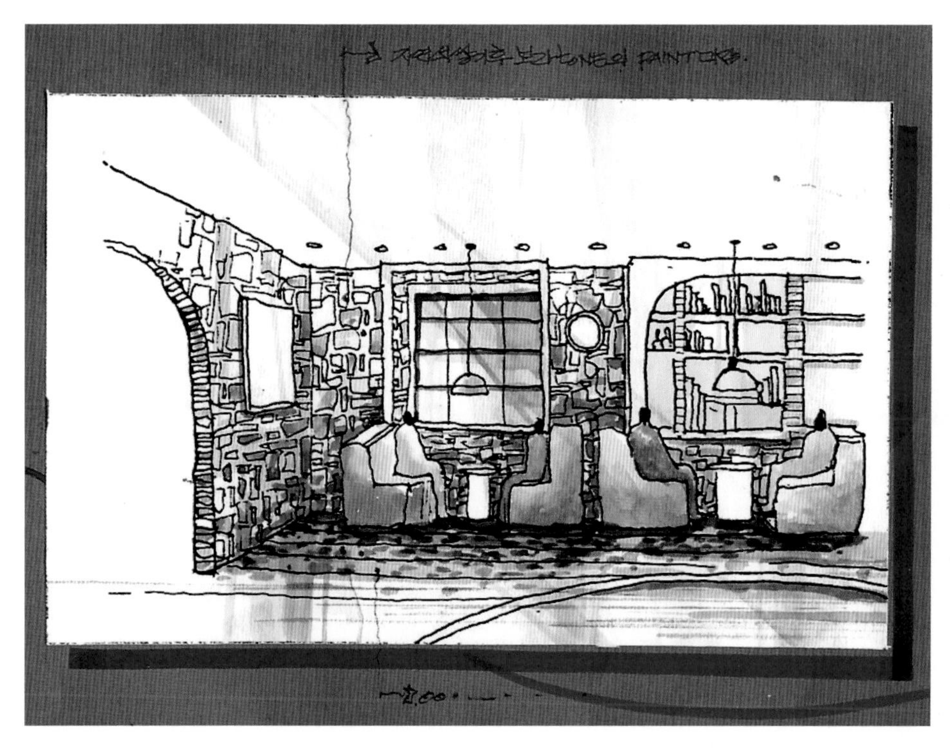

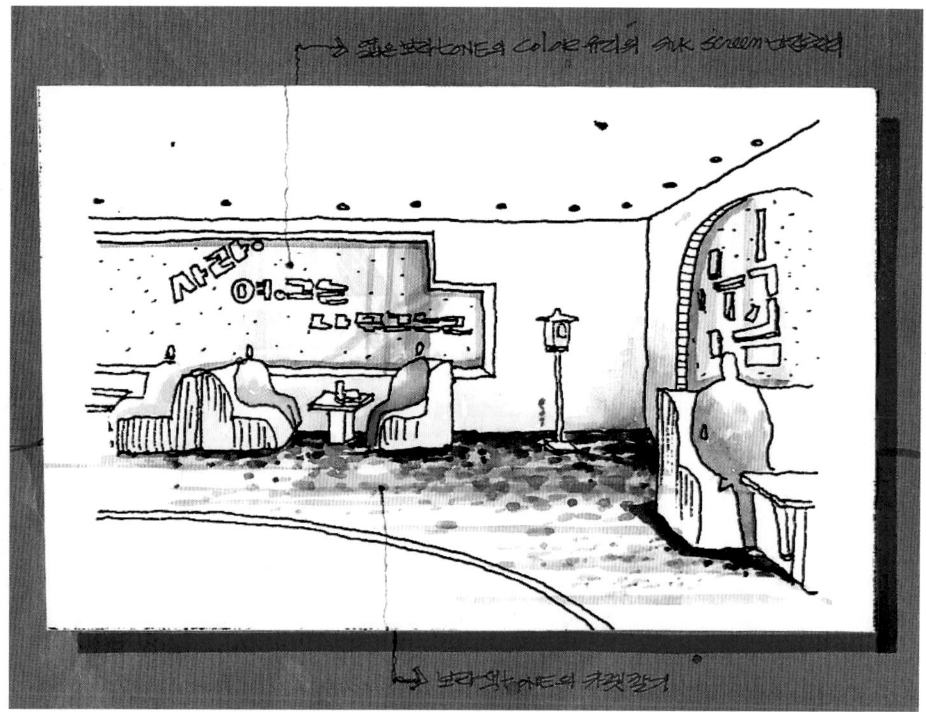

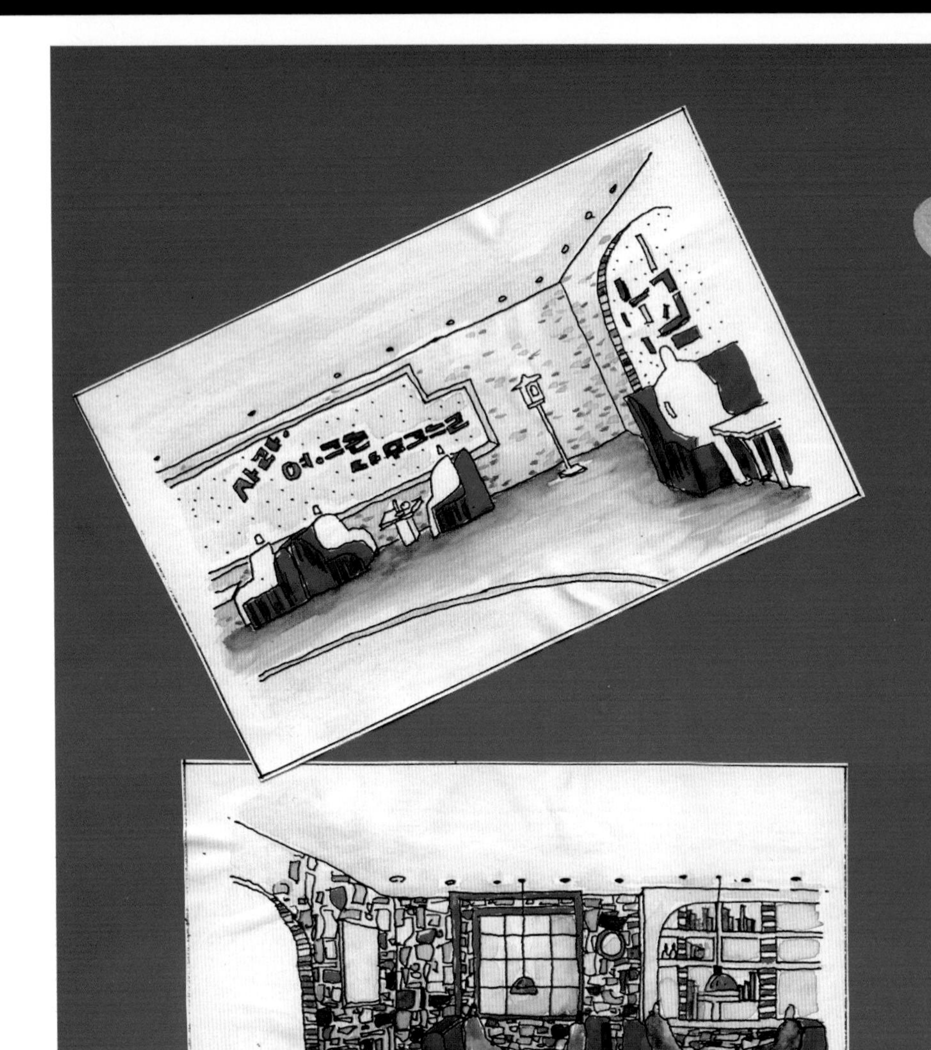

아지트

붉은색 계열로 전체적인
느낌을 아늑하게 하고
짙은 빨간색 가구로
포인트를 두어 기억에
오래 남는 공간이
되도록 하였다.

Coloring by 최은주

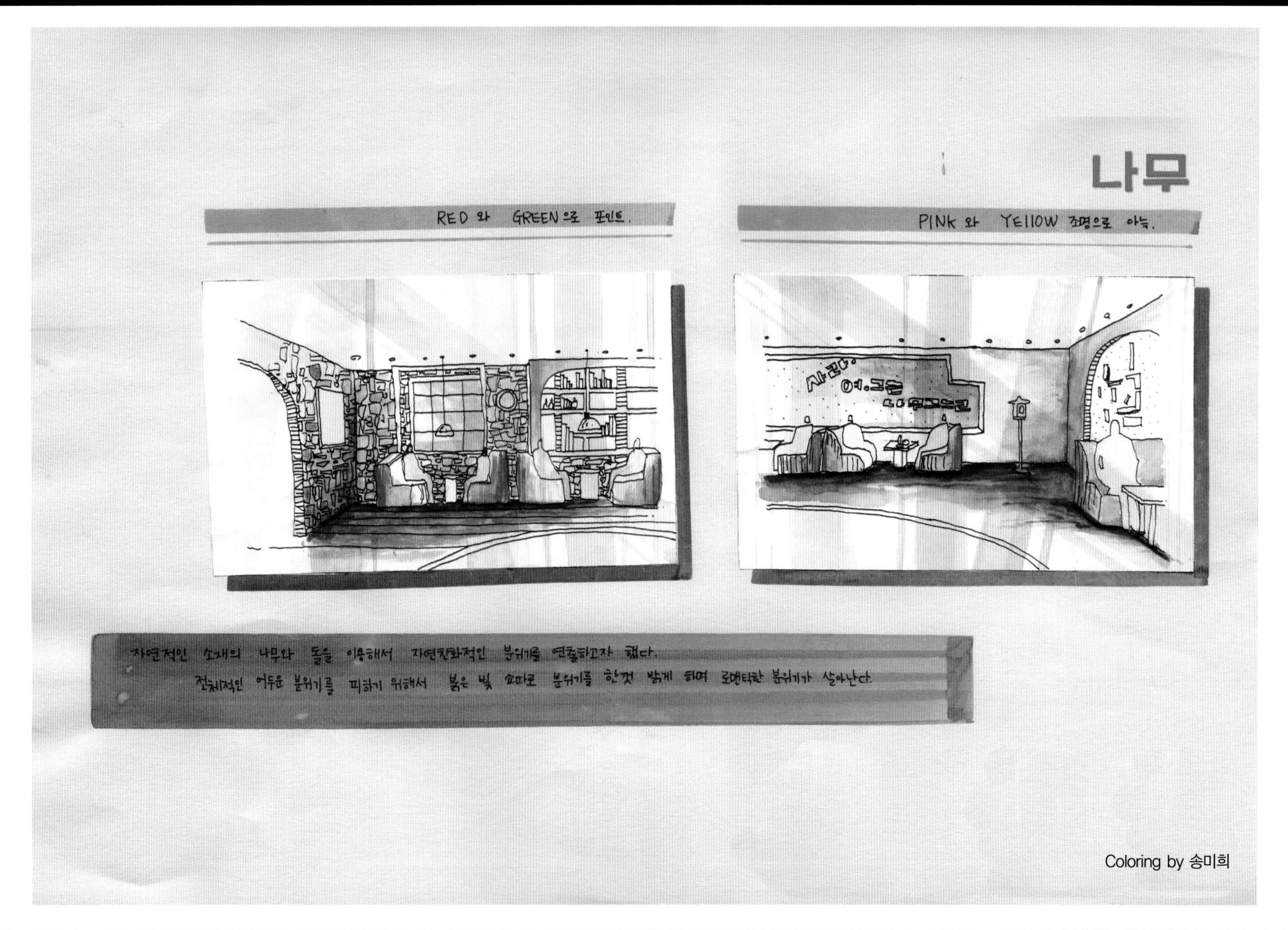
나무
RED 와 GREEN으로 포인트.
PINK 와 YEllOW 조명으로 아늑.
자연적인 소재의 나무와 돌을 이용해서 자연친화적인 분위기를 연출하고자 했다.
전체적인 어두운 분위기를 피하기 위해서 붉은 빛 쇼파로 분위기를 한껏 밝게 하며 로맨틱한 분위기가 살아난다.
Coloring by 송미희

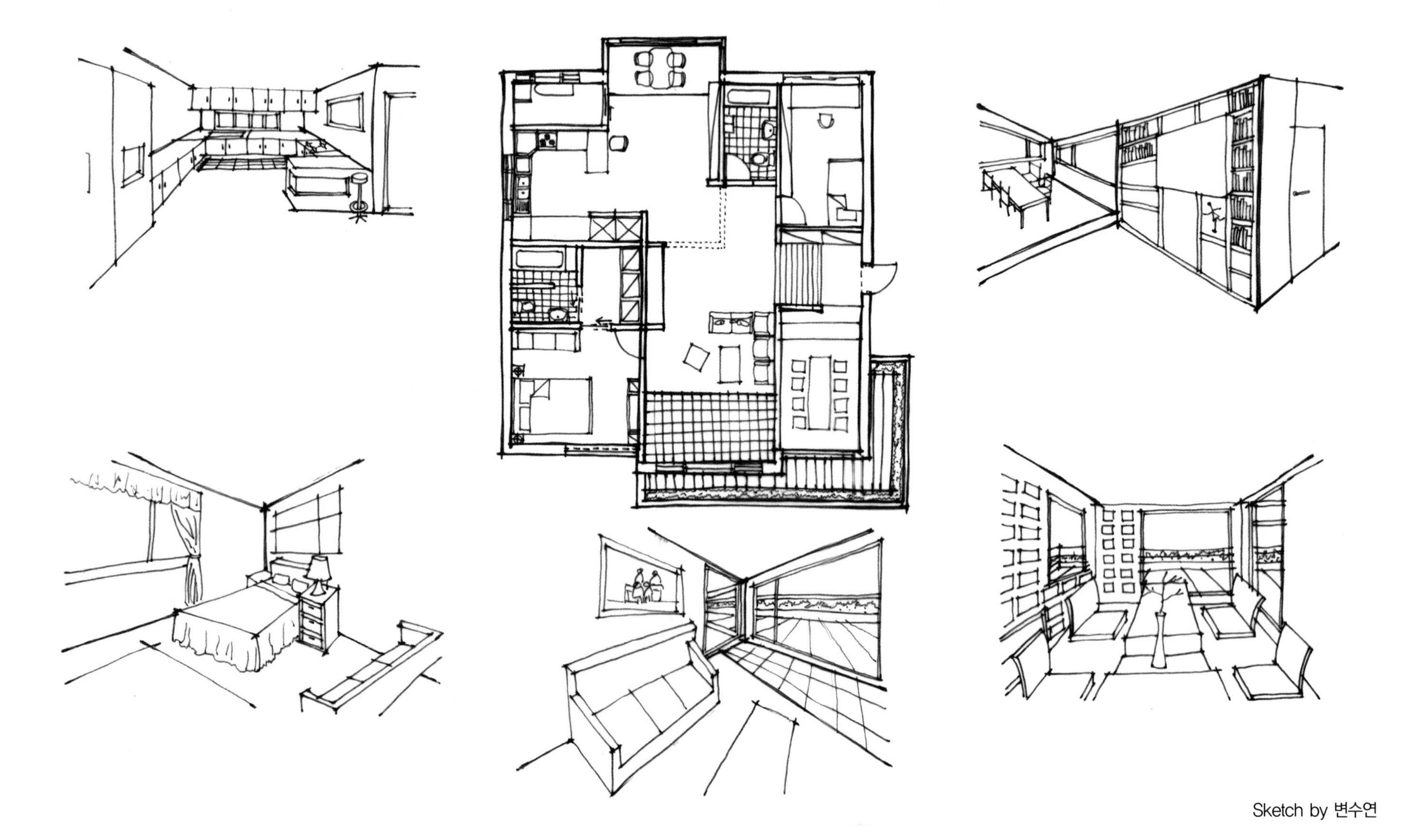

Sketch by 변수연

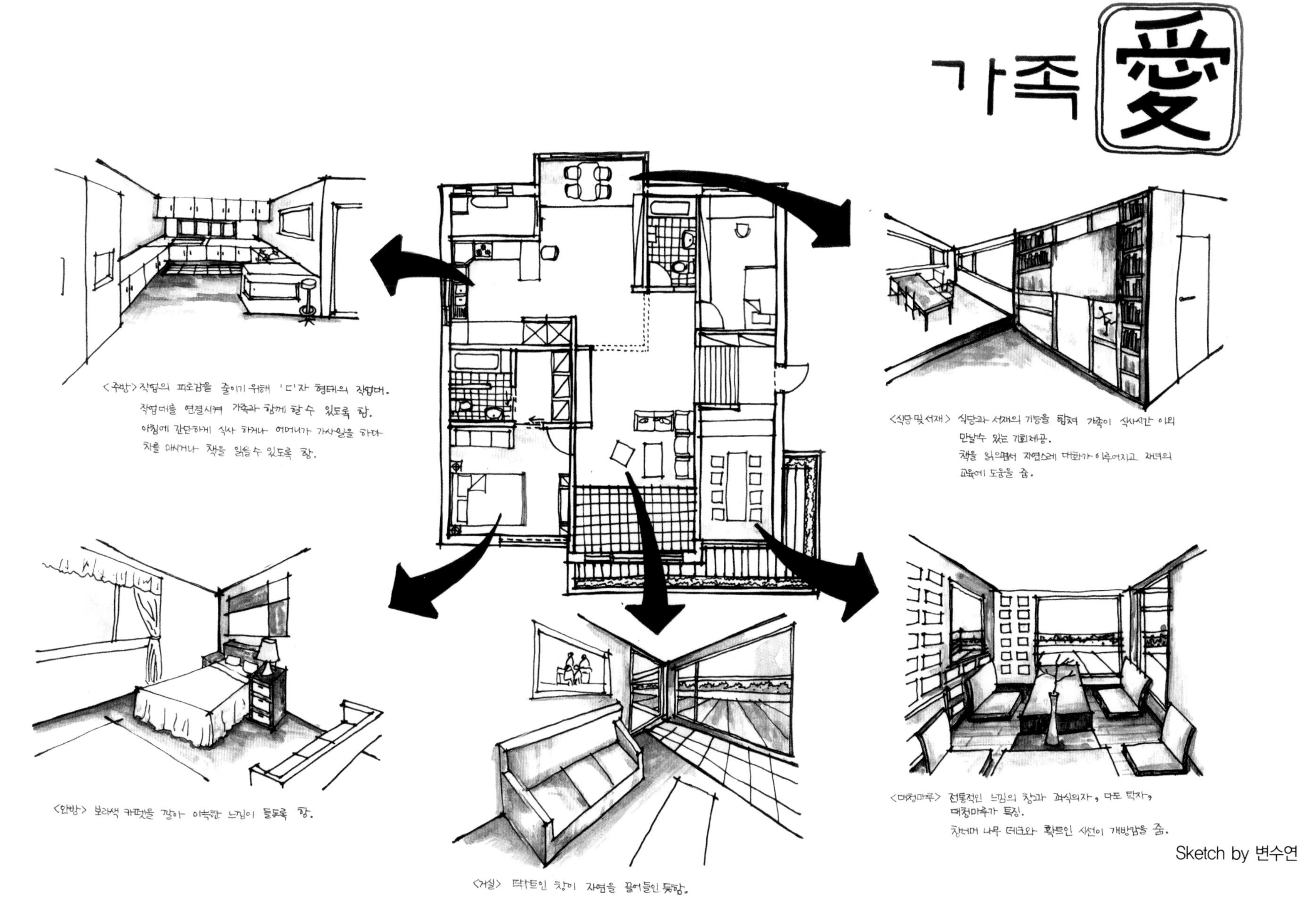

가족 愛
<주방> 작업의 피로감을 줄이기 위해 'ㄷ'자 형태의 작업대.
작업대를 연결시켜 가족과 함께 할 수 있도록 함.
아침에 간단하게 식사 하거나 어머니가 가사일을 하다
차를 마시거나 책을 읽을수 있도록 함.
<식당 및 서재> 식당과 서재의 기능을 합쳐 가족이 식사시간 이외
만날수 있는 기회제공.
책을 읽으면서 자연스레 대화가 이루어지고 자녀의
교육에 도움을 줌.
<안방> 보라색 카펫을 깔아 아늑한 느낌이 들도록 함.
<거실> 탁트인 창이 자연을 끌어들인 듯함.
<대청마루> 전통적인 느낌의 창과 좌식의자, 다도 탁자,
대청마루가 특징.
창너머 나무 데크와 확트인 시선이 개방감을 줌.
Sketch by 변수연

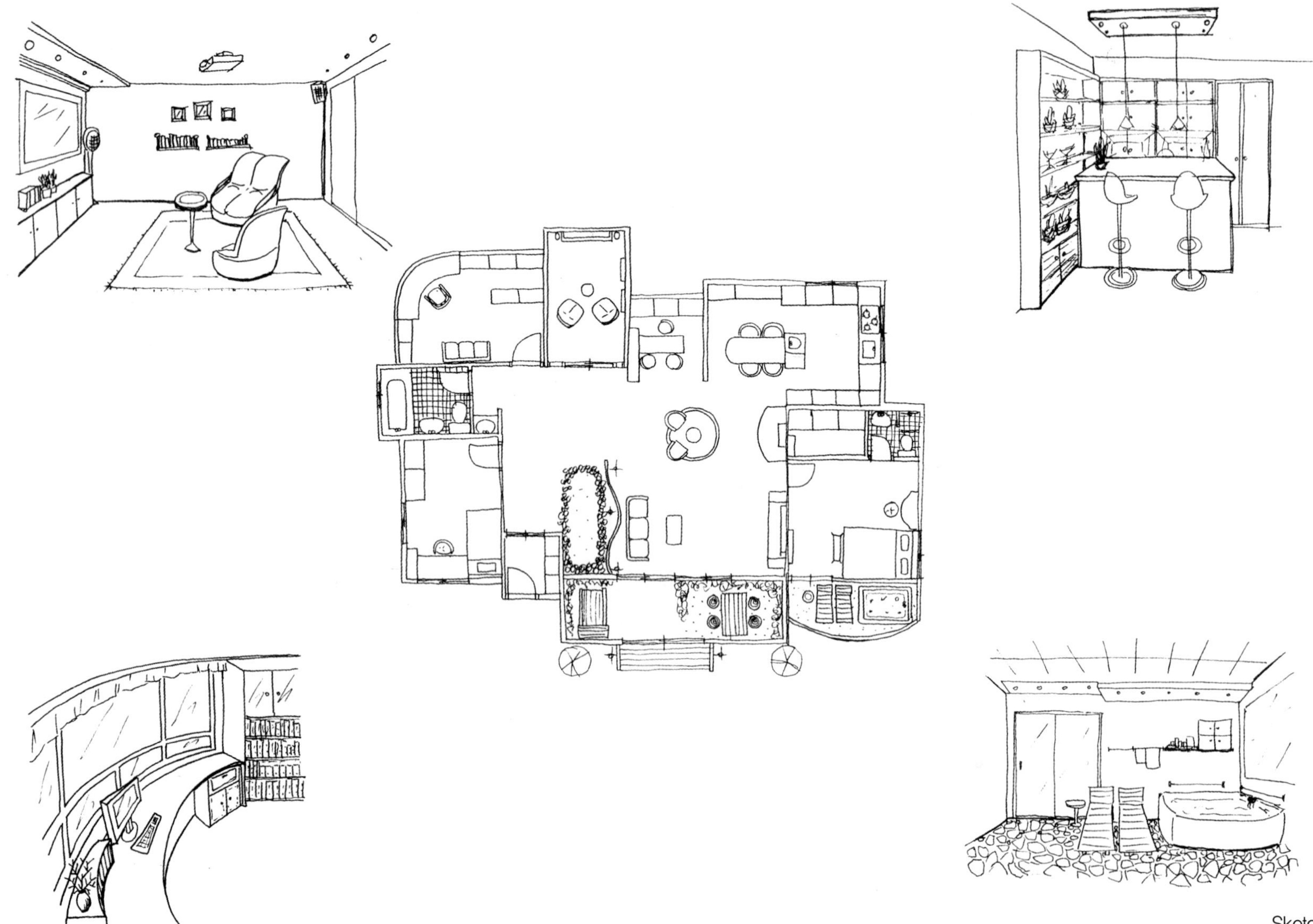

Sketch by 최은주

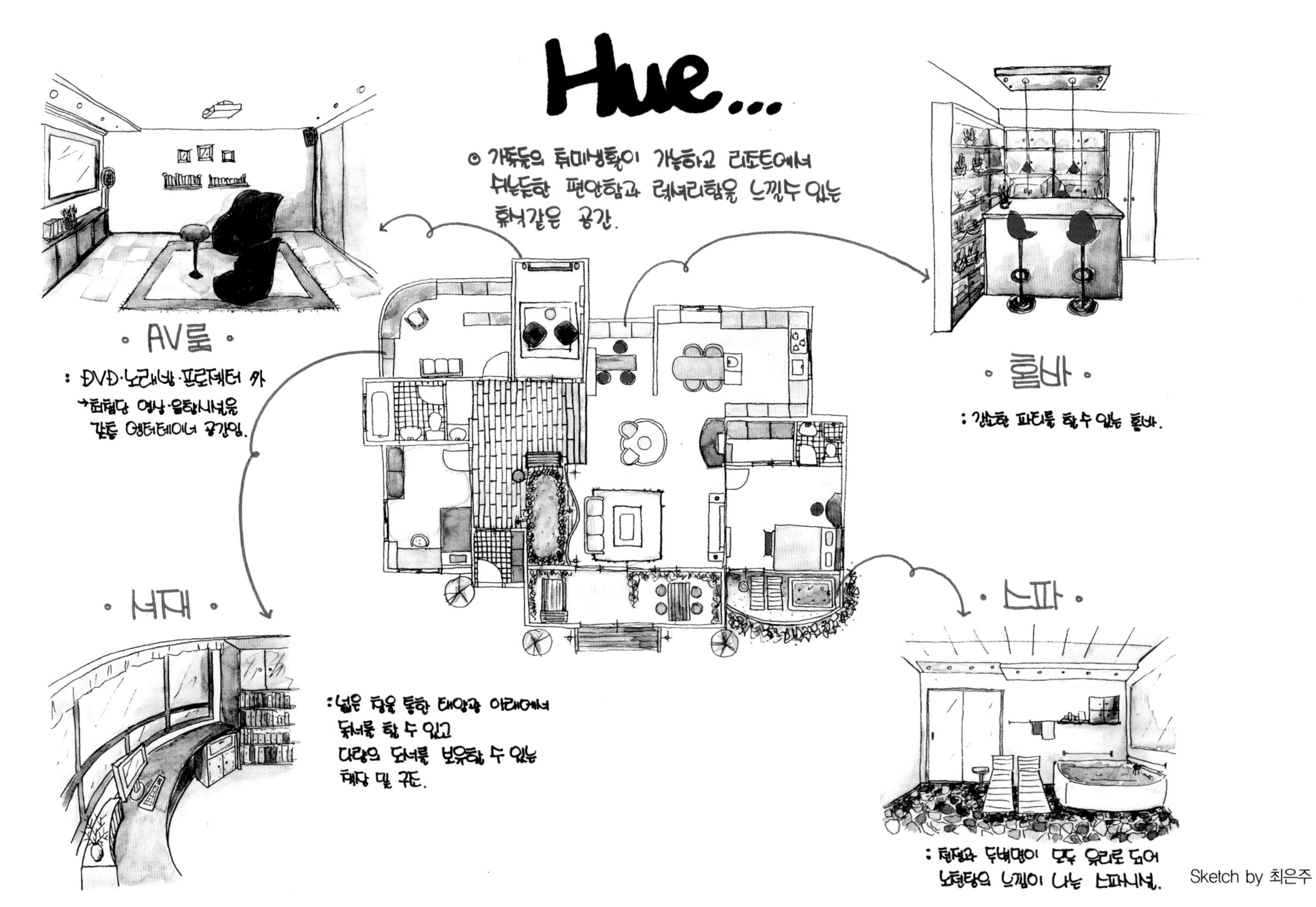

Sketch by 최은주

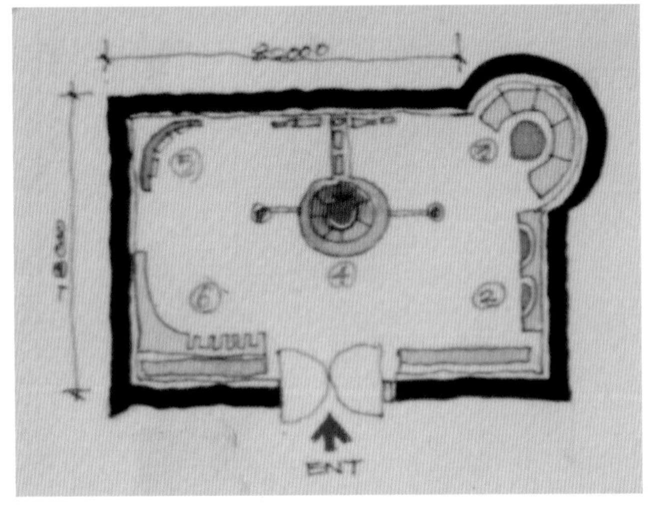

FLOOR PLAN

SPACE I

SPACE II

SPACE III

SPACE IV

SPACE V

Project 수행 시 자기의 Idea를 정리 · 브리핑하는 방식으로 수채화를 이용하여 각 공간에 대해 이해를 돕기 위한 표현기법이다.

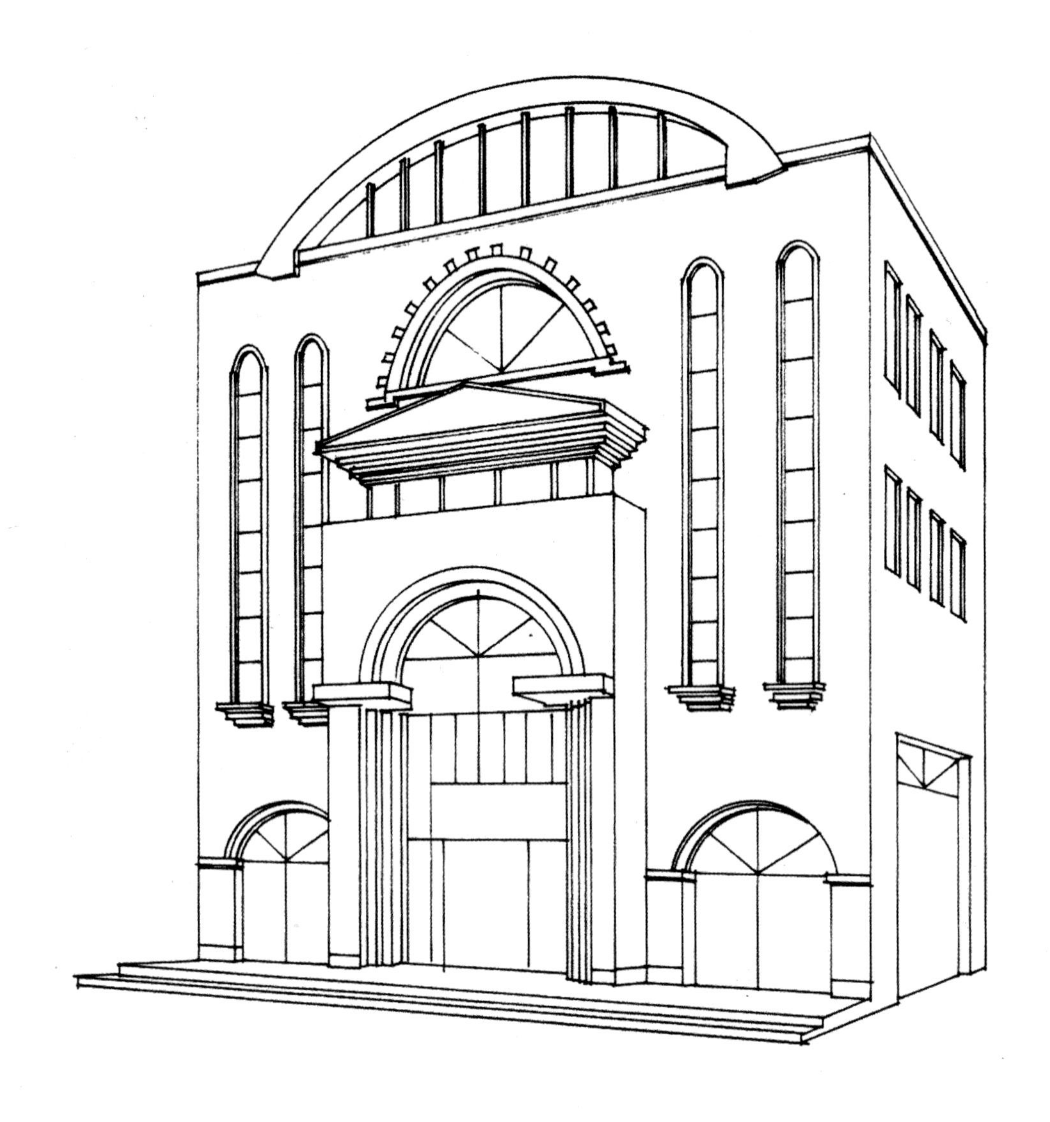

- 복사지 위의 수채화임에도 지면의 굴곡이 심하지 않음을 볼 수 있다.
- 프리젠테이션 단계에서의 시각적인 효과를 꾀하고 여러 가지 분위기 콘셉트를 할 수 있다.
- 재료에 대한 표현기법을 함으로써 분위기를 한층 높일 수 있다.

• 화강석 분위기의 수채화 터치

• 벽돌 분위기의 수채화 터치

Coloring by 이현지

- 손을 대면 댄 만큼 효과를 볼 수 있으나, 한곳에 중점을 두는 것은 피하는 것이 좋다. 전체적인 분위기 위주의 터치가 필요하다.
- 포인트 색은 강하게 칠해도 무방하나 아이디어 스케치 단계이므로 전체적인 분위기에 중점을 두어야 한다.
- 아이디어 스케치는 재료의 컬러에 상관없이 변화를 줄 수 있지만, 같은 톤에서 변화를 주는 것이 필요하다(자세한 재료표현은 피하는 것이 좋다).
- 라인이 예뻐야 한다. 즉 선에 강약을 줌으로써 공간감을 강조할 수 있다.
- 뒤집어서 칠하고 그라데이션(gradation)은 휴지로 문질러준다.

■ 잉킹 시 주의사항

- 선의 시각 점에 힘을 주어 선의 강약을 주어 원근감 효과를 줄 수 있게 한다.
- 바닥 경계에 굵은 라인을 주어 바닥과 벽을 구별하여 준다.

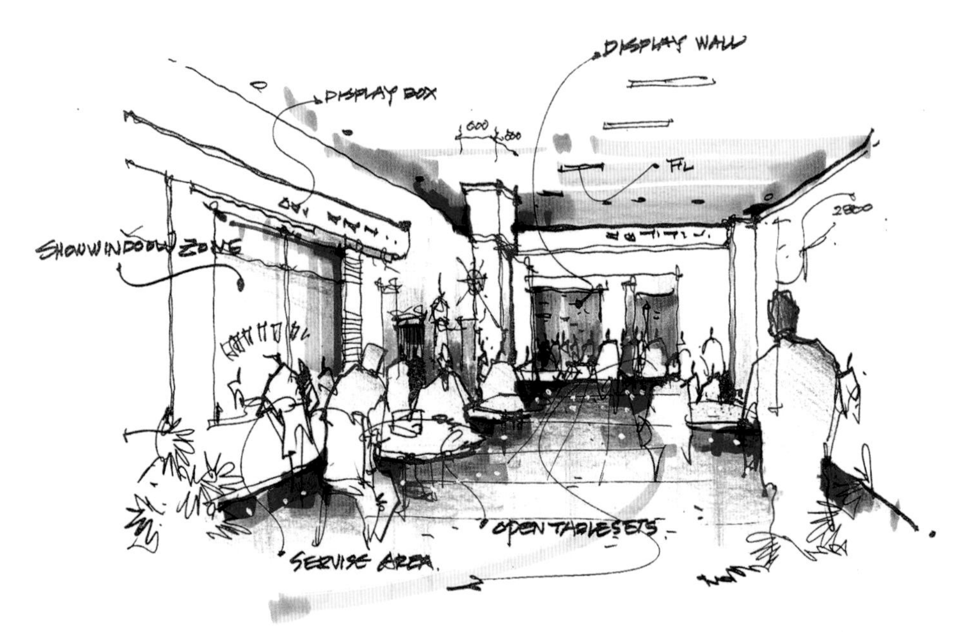

벽돌 · 신한마카 101, 104, 92 / WG3, WG5, 92 / 103, 21, 94

색의 조화가 이루어지도록 마카를 원하는 부분에 칠한다. 흰색 색연필과 갈색 색연필로 벽돌의 표면을 칠해준다. 이때 모든 면에 색연필을 칠하기보다는 일부만 표현해주는 것이 좋다. 검은색 색연필로 줄눈에 생길 그림자를 칠해준다.

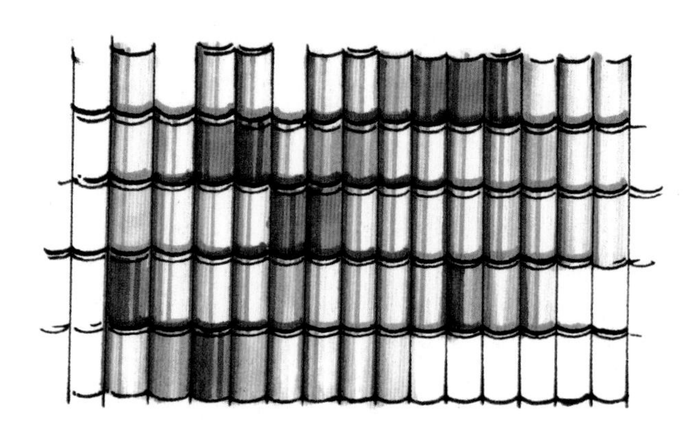

기와 · 신한마카 97, 103, 21, 94

빛의 방향을 설정한 후 가장 밝은색 마카(97)로 여백을 남기며 칠해준다. 103, 21, 94번 마카를 차례대로 칠하며 그라데이션을 만들어준다. 그림자가 생길 부분에 짙은색 마카를 한번 더 칠해준다.

콘크리트 · 신한마카 CG1, CG3, CG5, CG7

빛의 방향을 설정한 후 가장 밝은색 마카(CG1)로 부비는 느낌으로 칠해준다. 이때 마카가 마르기 전에 중간 명암의 마카(CG3)로 칠해주고 다시 밝은색으로 칠하면서 부드럽게 만들어준다. 서서히 명암을 완성해 나간다.

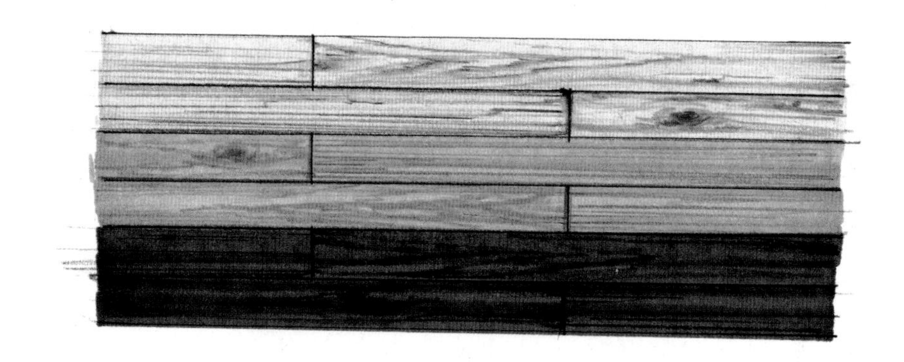

우드 · 신한마카 104, 103, 92

마카를 전체적으로 칠해주고 갈색 색연필로 우드의 곧은결, 무늬결과 옹이 표현을 해준다. 이때 마카 0번을 이용하여 색연필을 녹여주면 훨씬 자연스러운 우드결을 만들 수 있다.

돌 · 신한마카 WG3, WG5, CG5, 1, 41, 43

색의 조화가 이루어지도록 마카를 원하는 부분에 칠한다. 빛의 방향을 설정한 후에 흰색 색연필과 검은색 색연필을이용하여 입체적으로 만들어준다. 부분적으로 검은색 색연필을 전체적으로 칠한 돌을 섞어 자연스럽게 만들어준다. 그 후 돌과 돌 사이에 펜으로 틈을 만들어준다.

흙벽돌 · 신한마카 107, 97, WG2, WG6

107, 97을 이용하여 색의 조화가 이루어지도록 칠해준다. 이때 WG2를 중간중간 넣어주어 변화를 준다. 종이 밑에 사포를 깔고 연한 갈색 색연필로 칠해주어 자연스러운 질감을 표현한다. WG6번을 이용하여 줄눈을 표현해준다.

대리석(청) · 신한마카 BG7, CG7

BG7번 마카를 이용하여 전체적으로 칠해주고 사선으로 3~5개의 선을 만들어준다. 흰색 색연필과 검은색 색연필로 대리석의 무늬를 자연스럽게 만들어준다. CG7번으로 대리석의 메지를 칠해준다.

대리석(적) · 프리즈마카 97, 94

97, 94번 마카를 이용하여 전체적으로 사선으로 칠해준다. 94번 마카를 이용하여 대리석의 무늬를 표현해준다. 그 위에 흰색 색연필과 검은색 색연필로 대리석의 무늬를 자연스럽게 만들어준다.

김영미

김영미

김영미

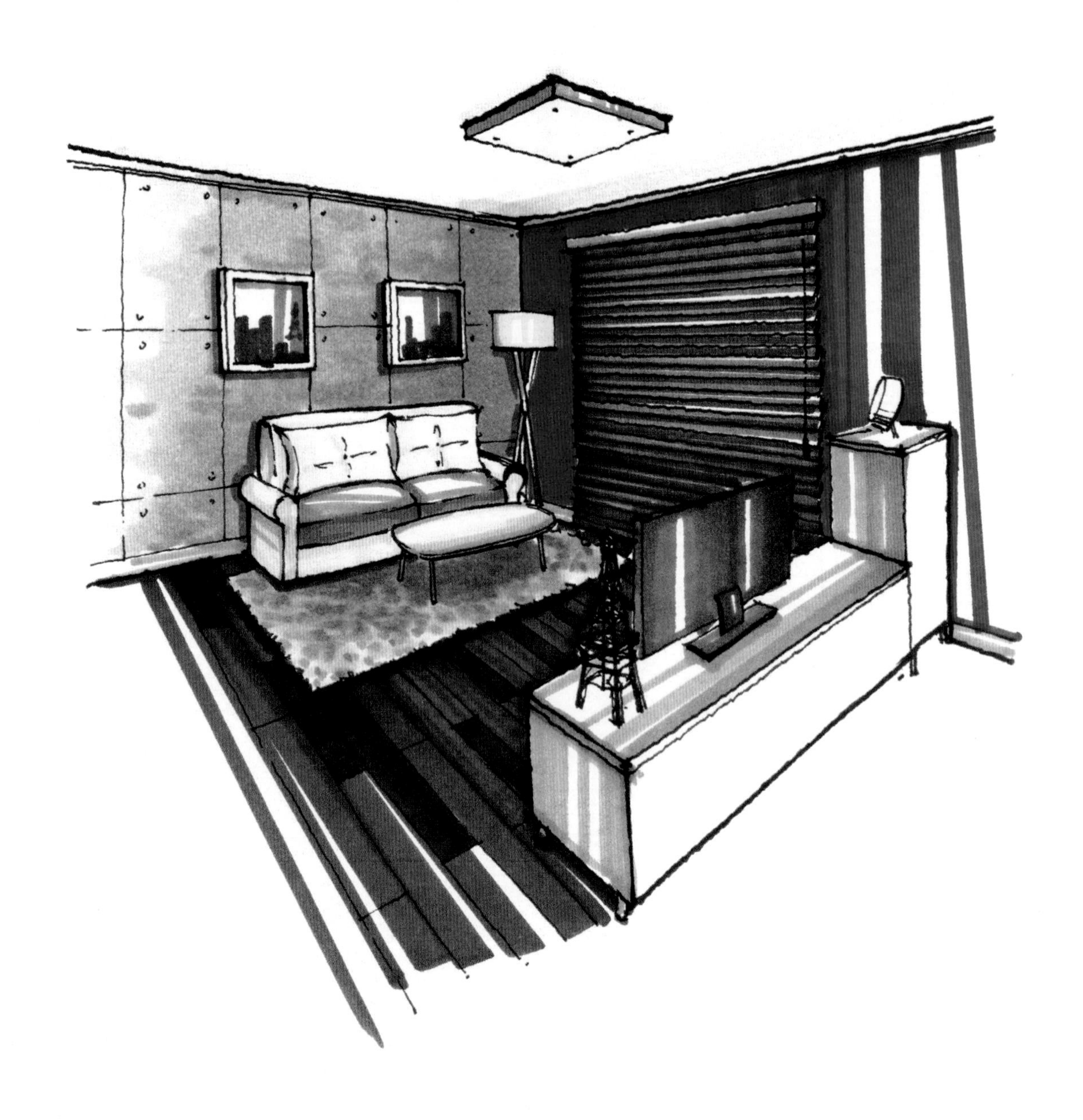

김영미

김영미

김영미

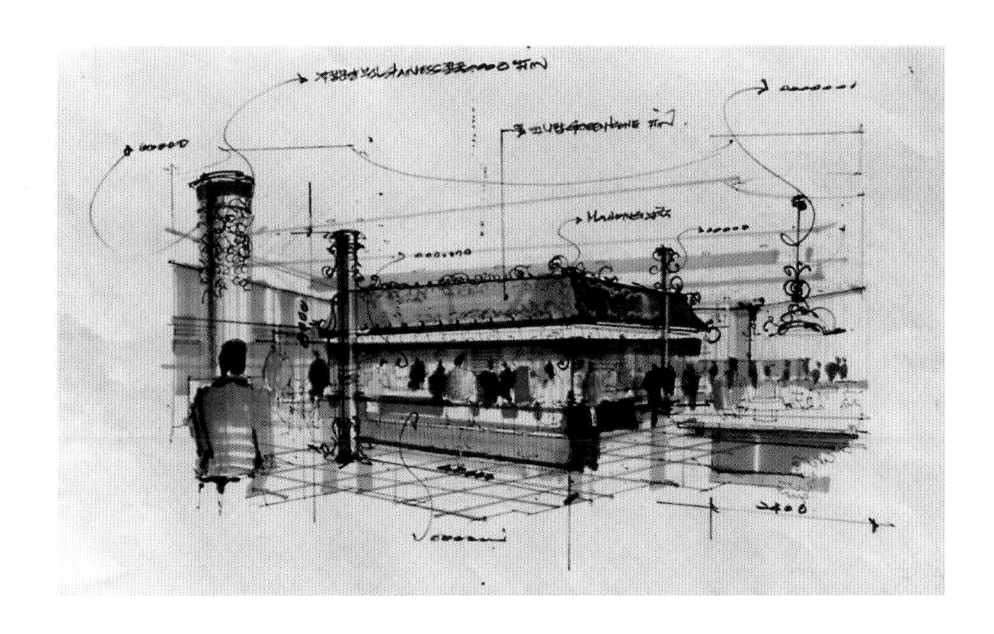

- 공간 디자인 단계에서 전체적인 분위기와 재료선정을 위해 마카를 사용해 터치를 해보는 과정이다.
- 계획 단계에서 클라이언트와의 협의를 위해 2D 도면만으로는 이해가 힘든 분위기 연출을 3D 스케치에 의함으로써 구조적인 측면까지도 쉽게 이해를 구할 수 있다.

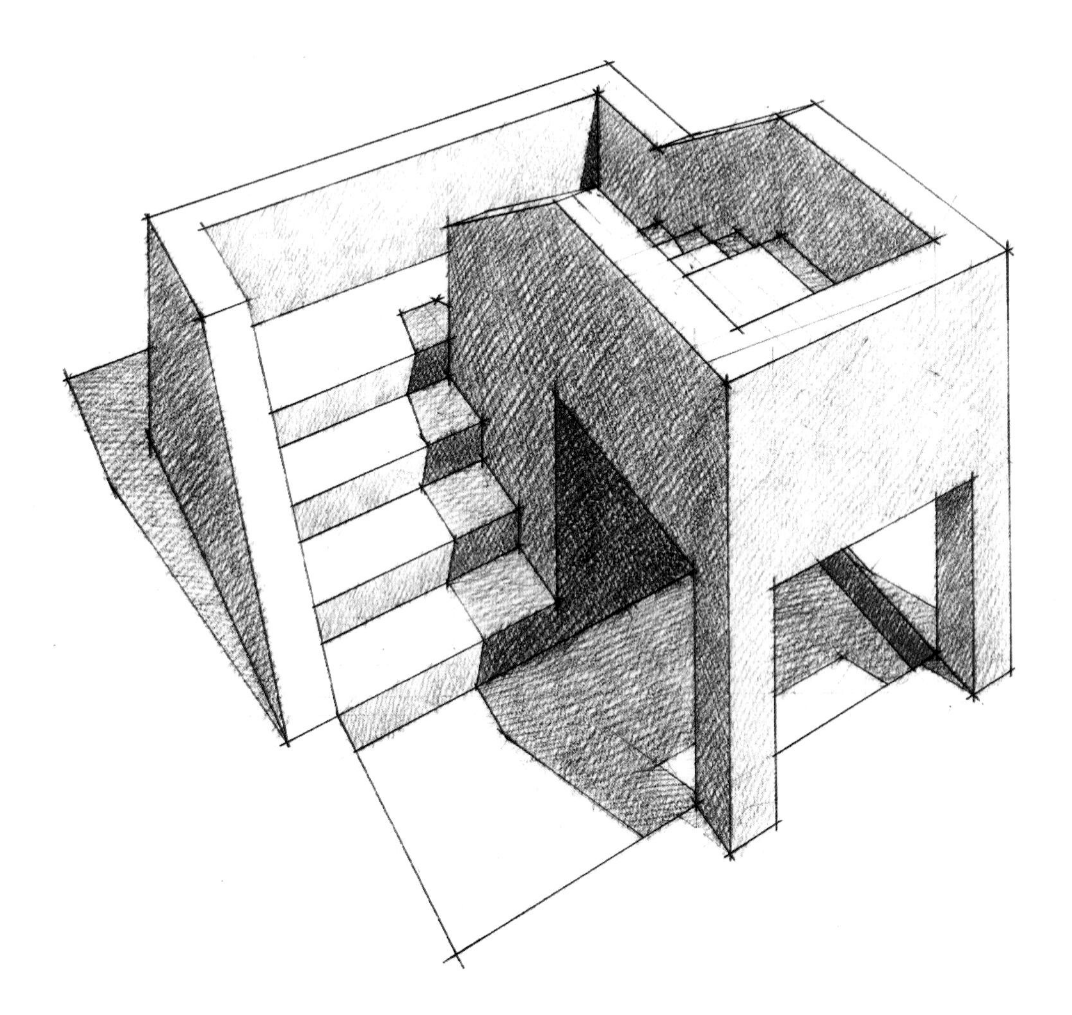

- 색연필 화는 이제 단순한 어린이들의 그림놀이 분야도 아니고 본격적인 작품의 준비 단계인 보조적인 수단으로 간단한 스케치도 아니다.
- 표현기법의 한 도구로써 디자인 의도와 표현 하고자하는 재질에서 칼라까지 다양하게 표현되고 있다. 특히 패키지일러스트레이션의 분야에 중요시되고 있어 아이디어스케치 도구로는 편리하긴 하나 시간이 걸린다는 단점이 있다.
- 이에 대응하는 장점은 심 끝의 초점이 쉬우므로 세밀한 부분까지도 정확하게 표현할 수 있고 휴대와 보관이 용이하다는 데 있다. 딱딱한 심과 부드러운 심에 따라 가늘고 부드러운 선 또는 굵고 거친 선이 그어진다.

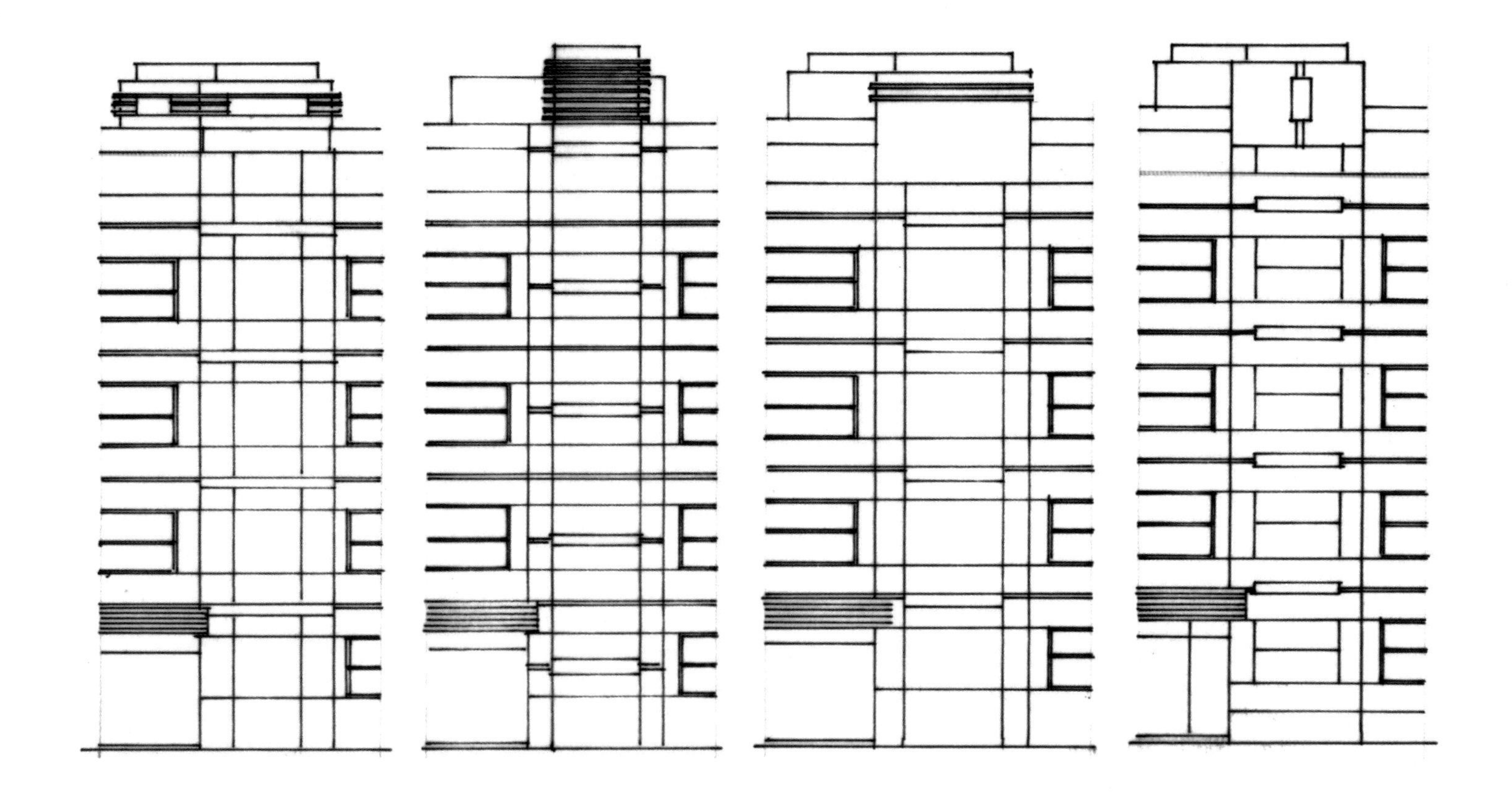

Coloring by 김정우

Coloring by 최은주

- 투시도 전문가들이 가장 선호하는 기법이다.

- 다소 시간은 걸리지만 덧칠의 장점과 재료표현이 용이하다. 디자인 변경 시 수정 또한 용이하다. 홈자를 이용해 붓으로 마무리할 수 있어 정교함을 더할 수 있다.

- 전체적인 분위기로 하늘, 바다, 산, 건물에 동일 색이 고루 분포되어서 자연스러움을 자아낸다.

표현기법의 한 방법으로 컴프레서가 장착된 피스 도구에 의해 붓 작업 없이 자연스러운 그라데이션과 조명 효과를 내고 유리 질감의 표현을 한층 높일 수 있다. 피스 테이프를 이용하여 필요한 부분은 덧칠할 수도 있는 장점이 있고 나아가 자연스러움과 은은한 분위기의 톤을 연출하고자 하는 작업 시 유리하다.

Water Color

Air Brush

Poster Color

Maker & Color Pencil

- 창문은 표현기법 시 가장 기본적인 중요한 부분이다.

- 사람의 눈높이에서의 내부공간의 원근법과 그라데이션에 주목할 필요가 있다. 이 표현기법에서 중요시되는 것은 무엇보다 스케일이라 하겠다.

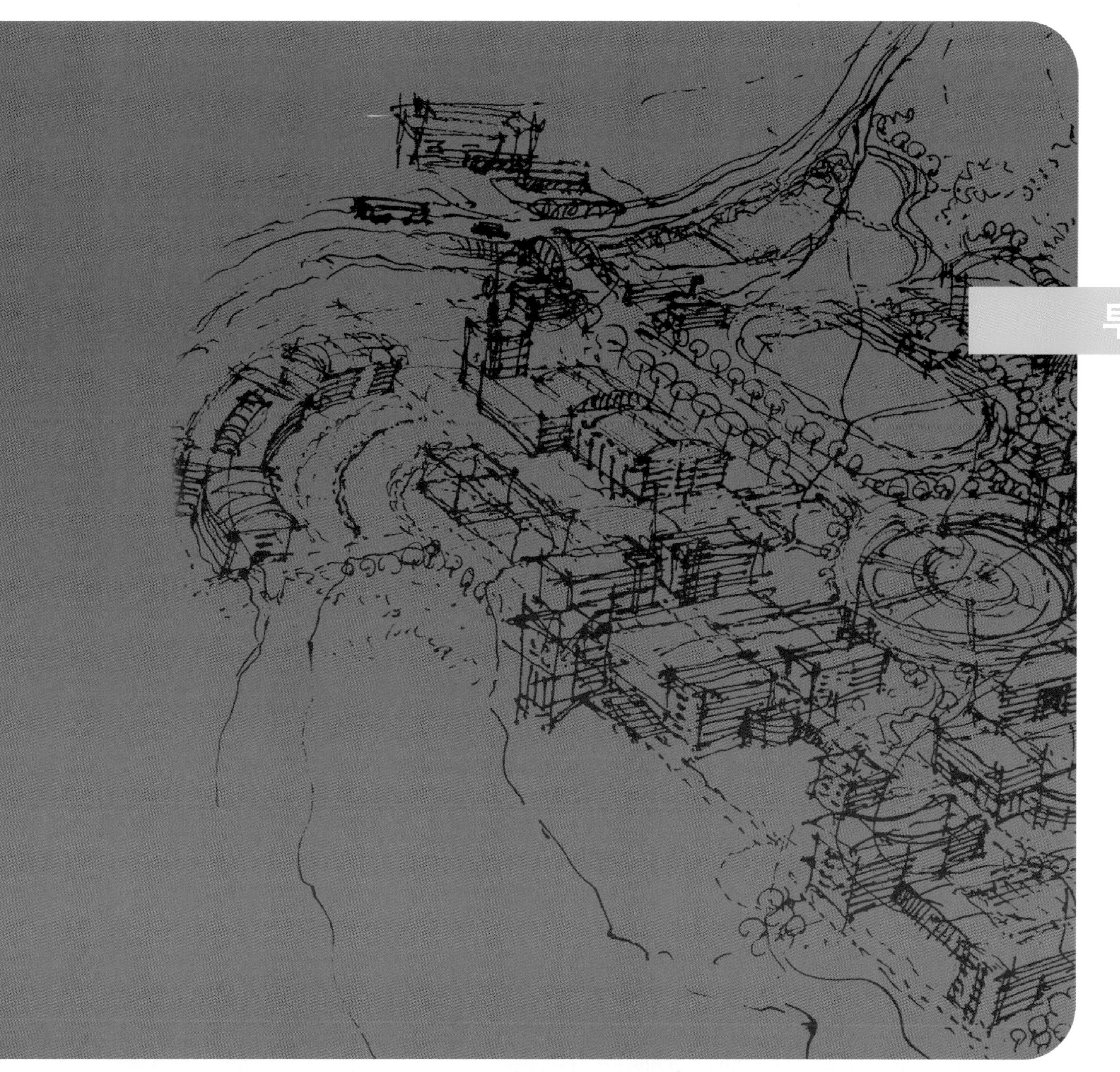

07

투시도 표현기법 사례

작품 사례

LG금속 증설공장 조감도

YMCA
YMCA

한전 광양지점사옥 신축공사
종합건축사사무소 신신

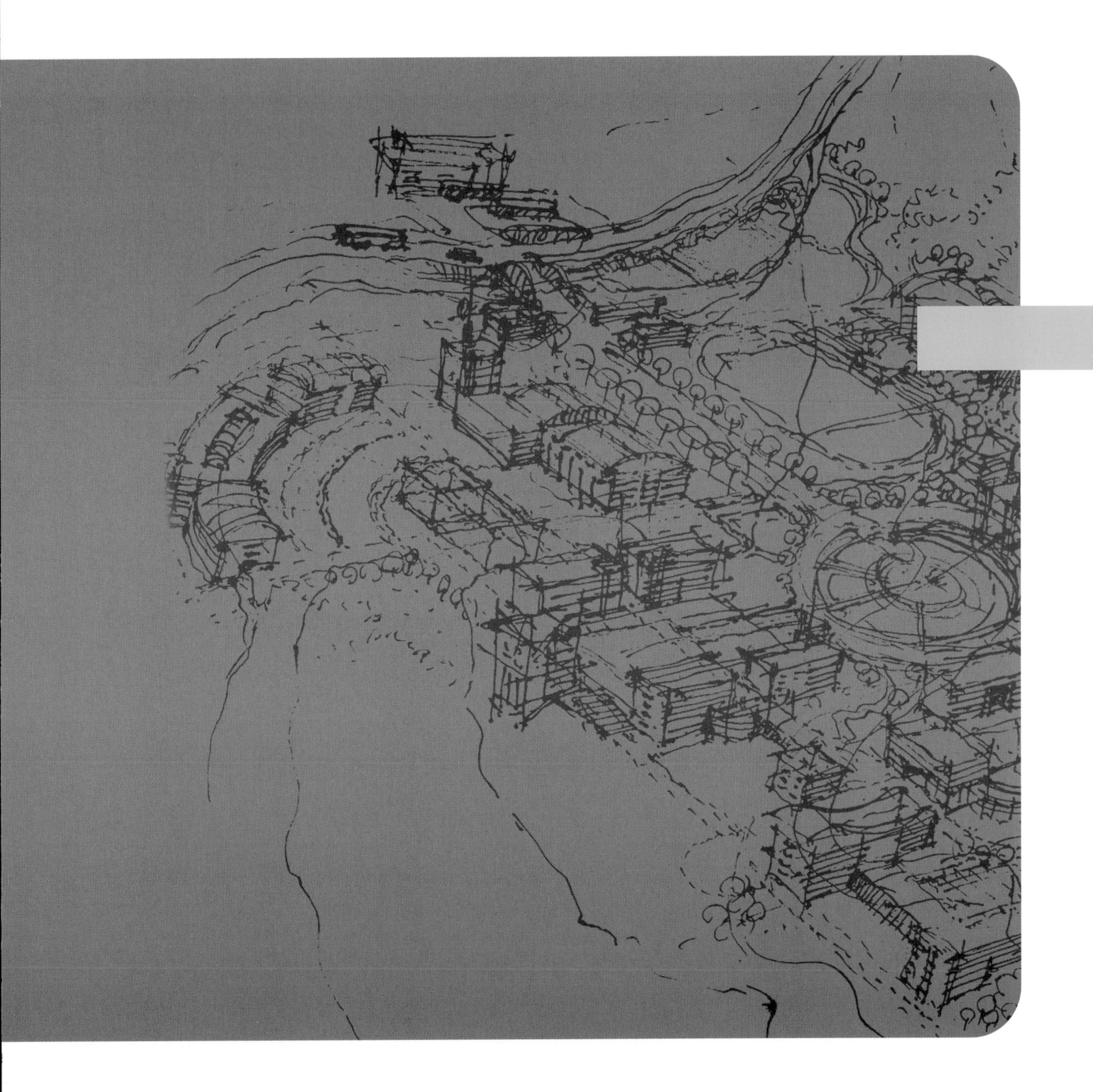

08

선문대학교 2학년 설계 스튜디오

한남동 주택(장애인 배려)

파주 헤이리 갤러리(문화적 맥락)

etc

COURSE INFORMATION

■ 강의개요

□ 건축설계Ⅲ

본 강의는 미국의 NCARB에서 제시한 설계교육기준의 단계별 교육내용을 참고하여 수립한 [선문대 단계별 설계 기준(v.1)] 중 디자인 레벨 Ⅱ단계의 첫번째 단계에 해당되며, 학부과정 설계 수업의 첫 번째 단계로 설계 입문과정에 해당한다. 그 주제로는 심플빌딩의 level 1 과정에 해당된다. 심플빌딩을 대상으로 설계 관련 자료들을 조사, 분석하는 능력을 배양하고 기본적인 설계 과정과 방법을 체득하여 이후의 심화된 설계 과제들의 수행을 준비하는 것을 본 수업의 목적으로 한다. 특히, 건축 선례의 비평과 활용, 노약자 및 장애인등을 포함한 다양한 건물사용자의 요구를 고려하여 설계할 수 있는 능력을 배양함을 그 목적으로 한다.

PROJECT SYNOPSIS

■ 프로젝트명: 한남동 주택 설계

■ 주제: 노약자 및 장애인을 포함하는 거주 공간 설계

■ 부지: 용산구 이태원동 135-20,-21
용산구 한남동746-8,-9
용산구 한남동737-41

■ 한남동 단독주택지에 장애인이 가족구성원인 가족을 위한 주택을 설계하며 설계 요구사항은 다음과 같다.

- 연면적 : 연면적은 330m²(100평) 이하로 함
- 층수 : 3층 이하
- 건축주 세대구성 및 성향은 개별로 추정하여 공간 성격을 규정함
- 장애인을 위한 무장애 공간 설계

PROJECT SITE

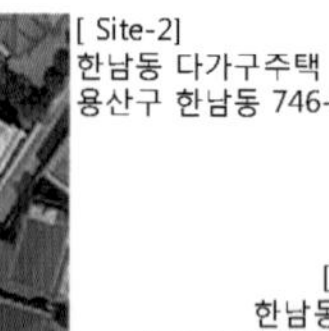

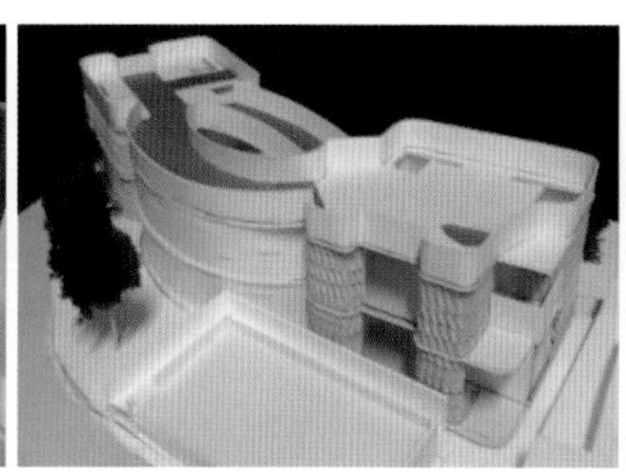

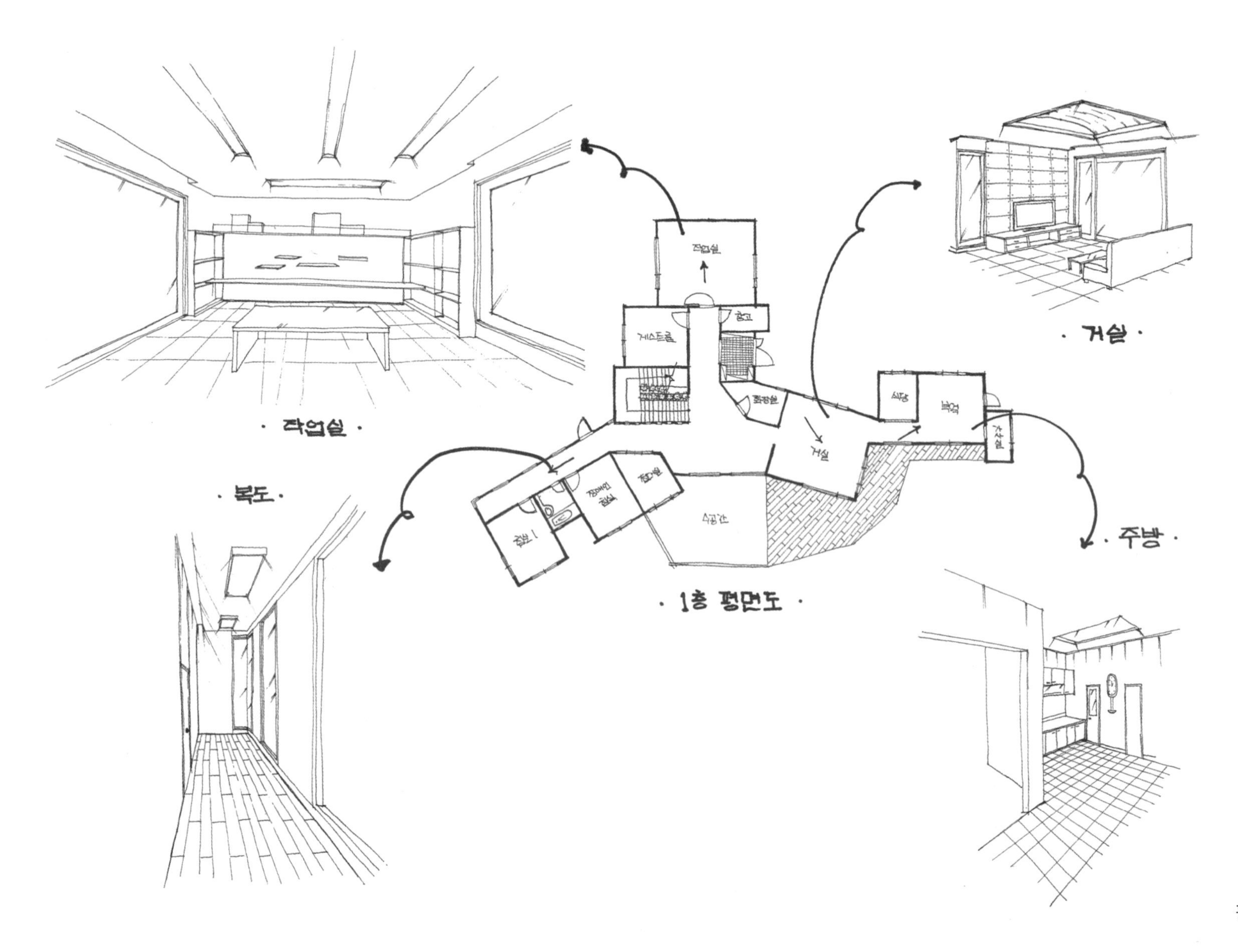

평면도 08 백승만

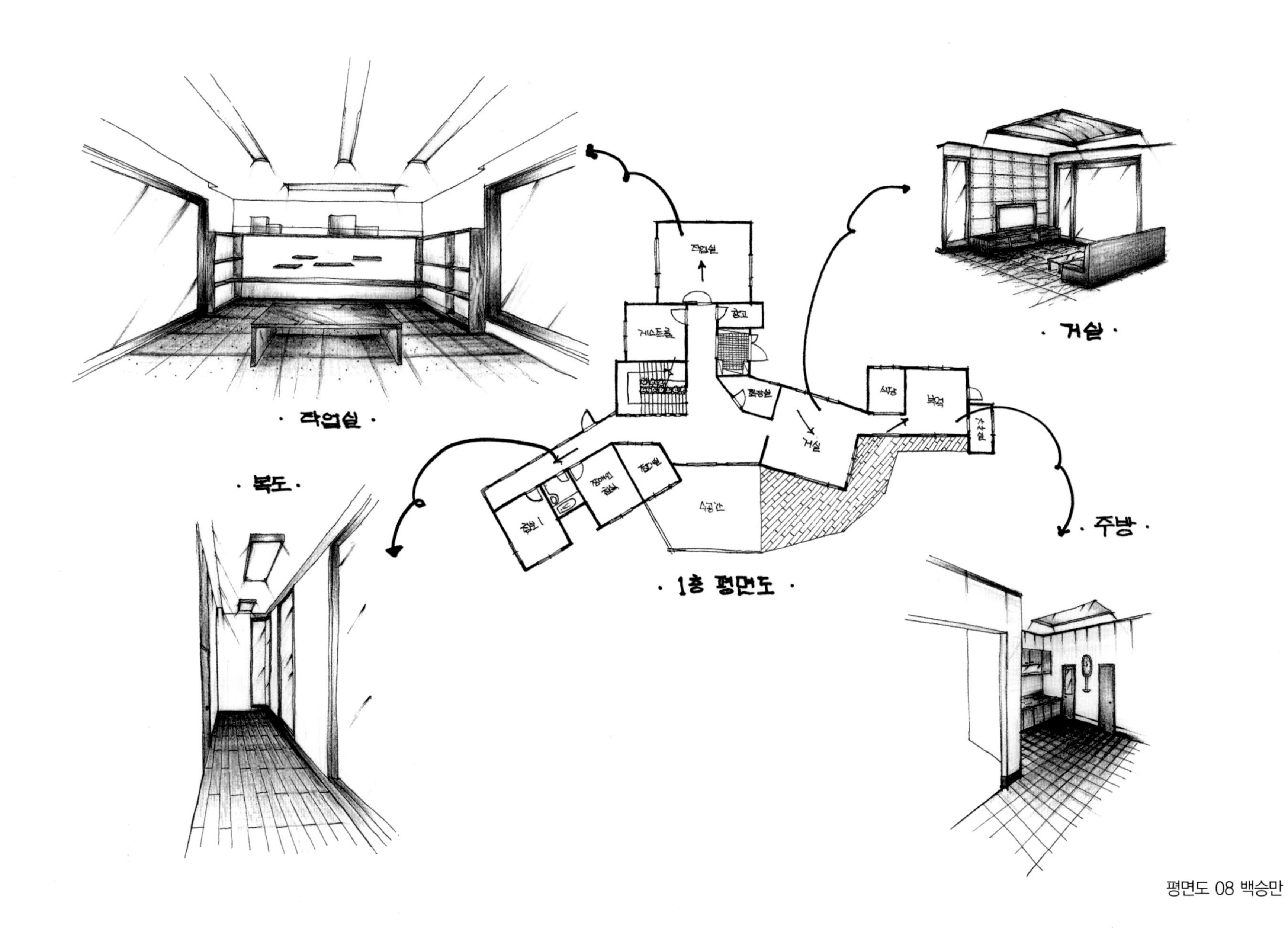

평면도 08 백승만

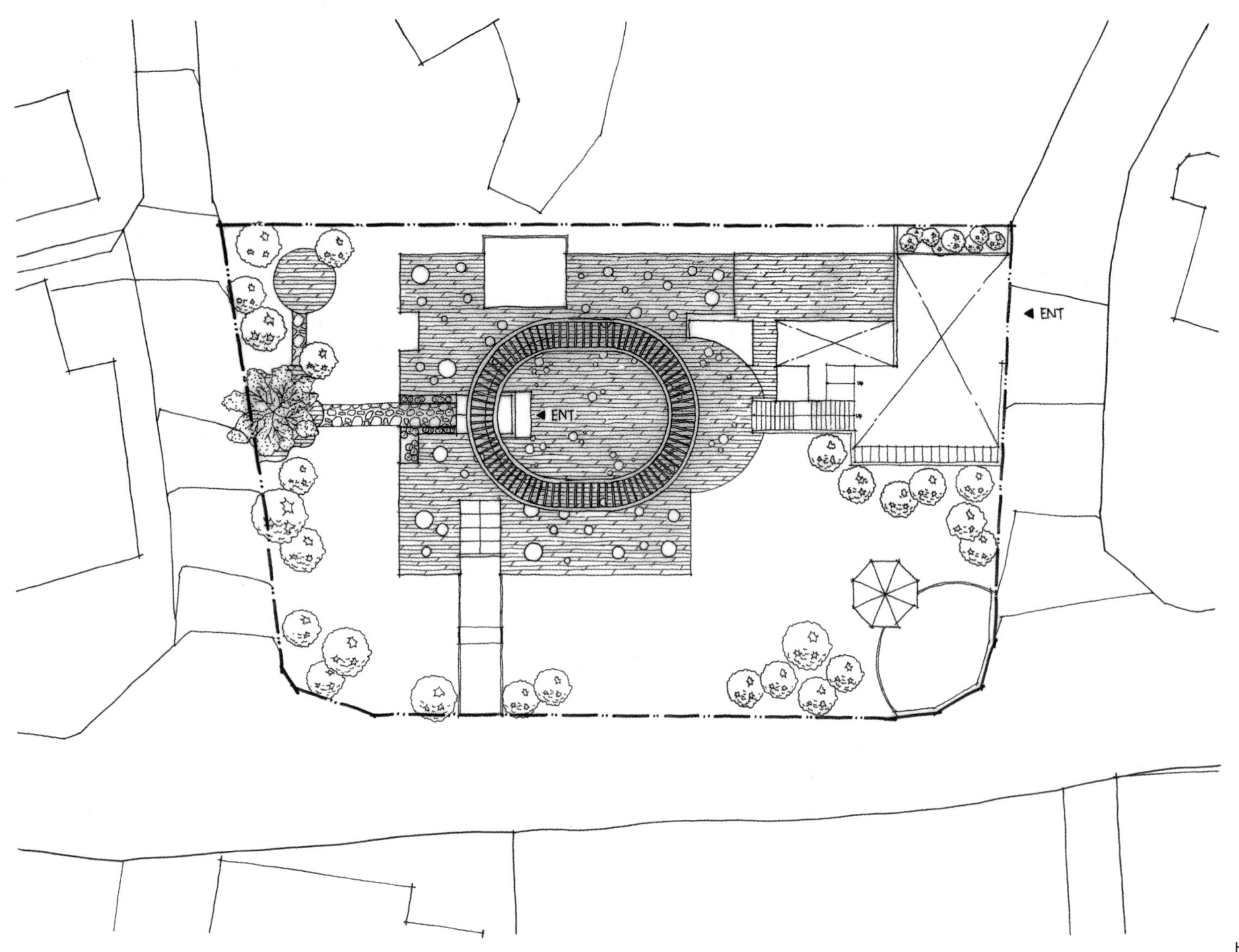

배치도 08 백승만

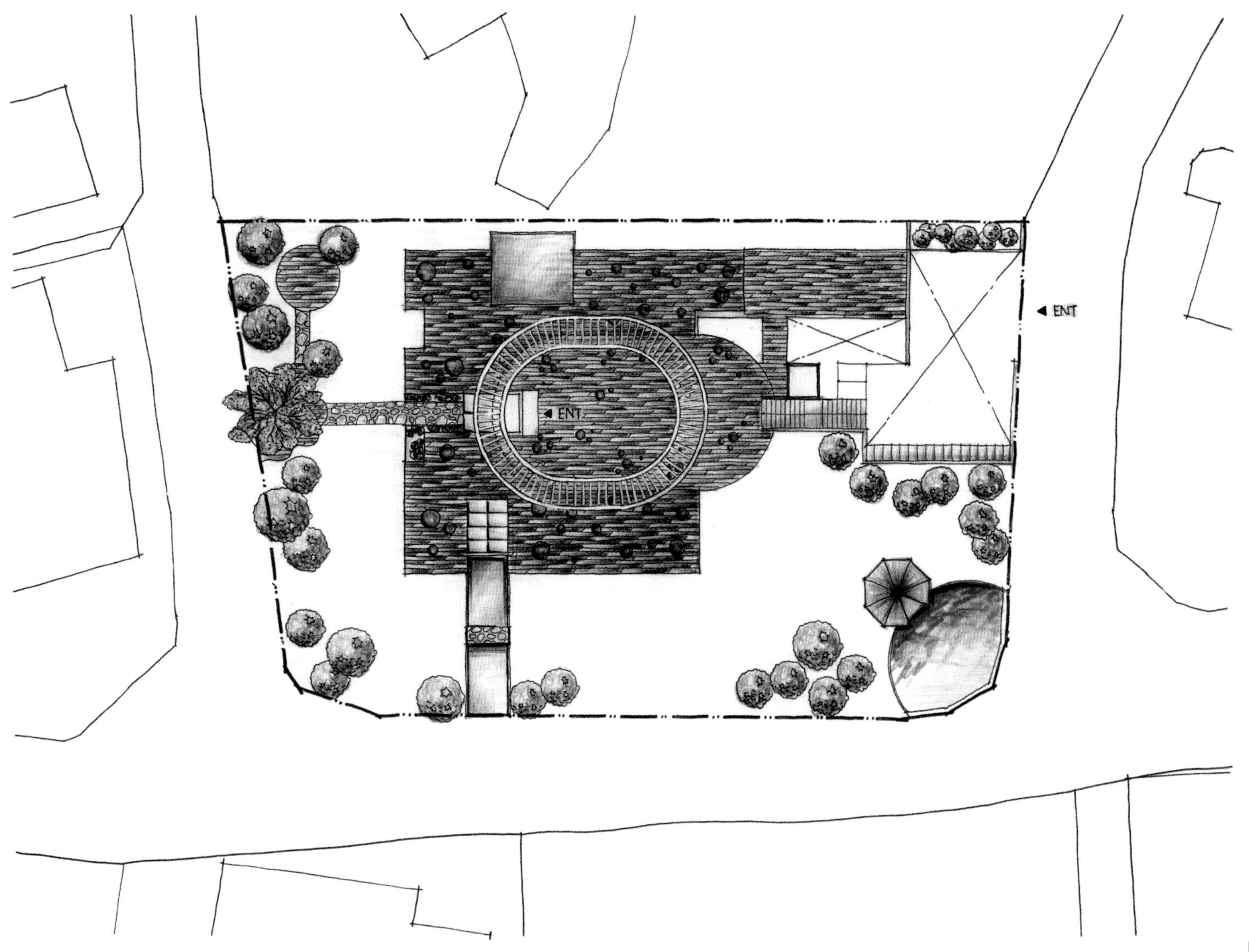

배치도 08 백승만

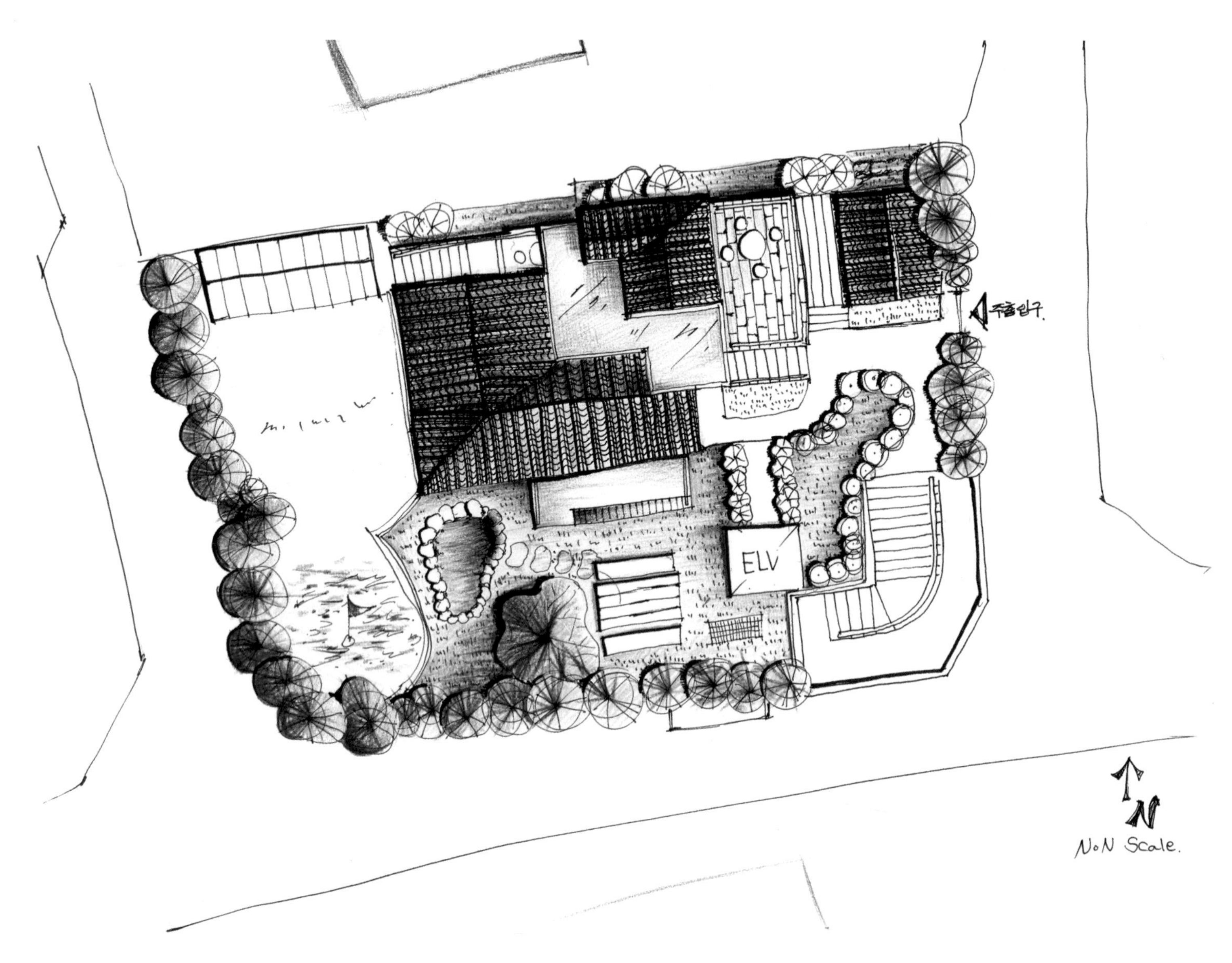

배치도 05 유무호

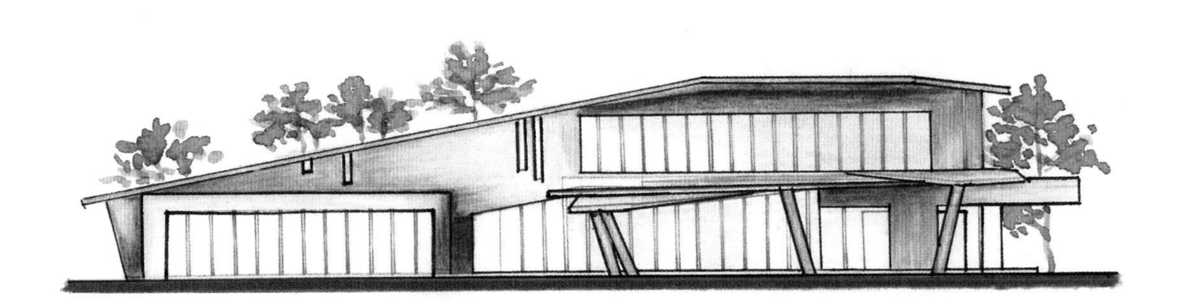

입면도 12 최완영

입면도 07 오익재

투시도 07 고상식

투시도 05 유무호

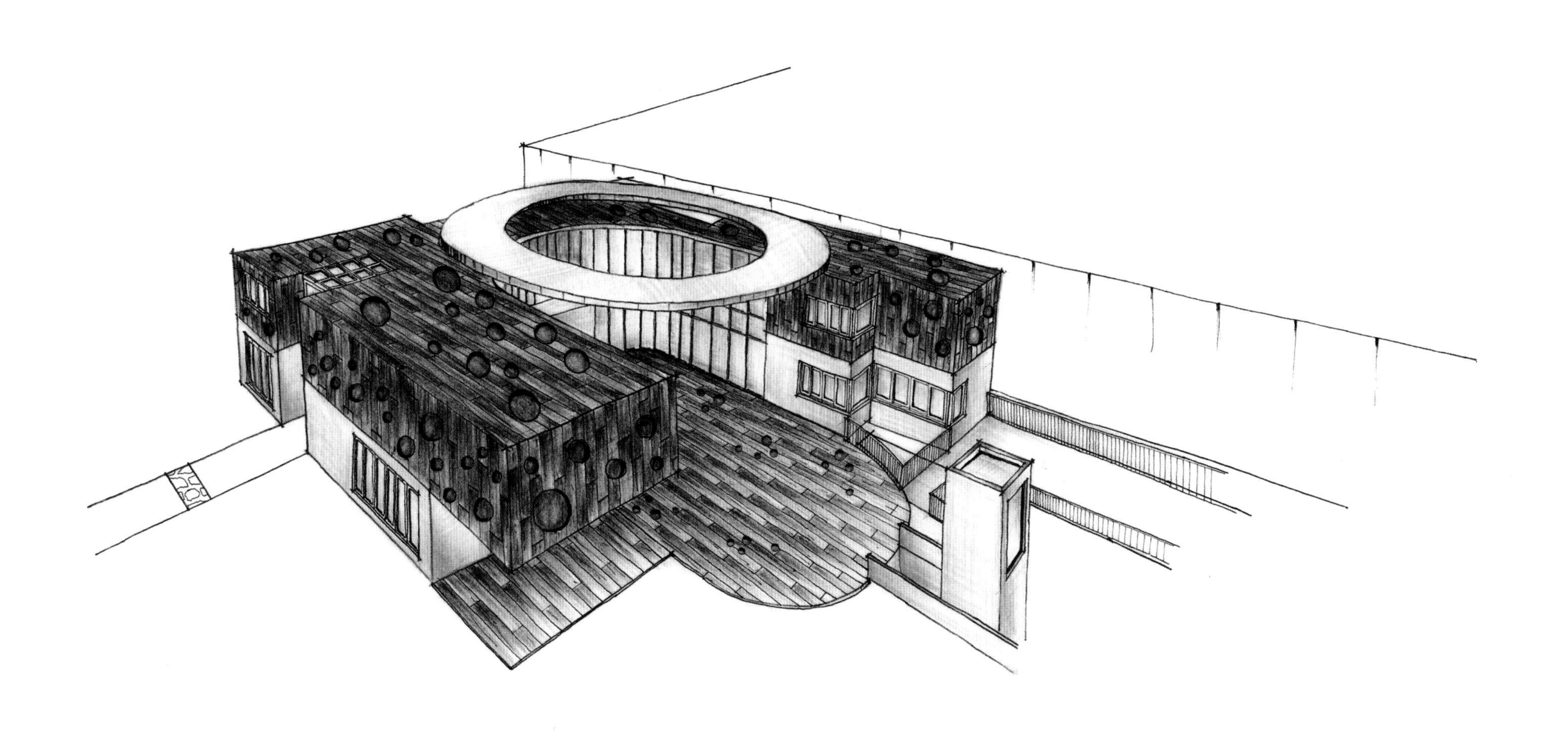

조감도 08 백승만

조감도 07 오익재

조감도 07 오익재

| 파주 헤이리 갤러리(문화적 맥락) |

PROJECT SYNOPSIS

헤이리는 다양한 장르의 문화예술인들이 문화예술에 관한 담론(談論)과 창작(創作) 활동을 하기 위해 이룬 공동체마을(Art Village)로서 문화예술의 창작, 전시, 공연, 축제, 교육, 국제교류, 주거공간 등의 문화예술공간으로 이루어져 미술관, 박물관, 갤러리, 공연장, 주거시설, 작업실 등의 건물로 구성되어 있다.
이러한 문화예술 마을의 G 필지 자연공원 주변의 경사지에 헤이리 마을 방문객과 예술가들을 위한 Gallery와 Tea House를 설계한다.

PROJECT SITE

- 프로젝트명: Heyri Project G 문화시설

- 주제: 경사지를 활용한 Gallery & Tea House (문화시설) 설계

- 부지: 경기도 파주시 탄현면 헤이리 마을 G필지

- 주어진 대지는 경사지로서 주어진 대지를 어떻게 해석하고 이용할 것인지를 충분히 숙지하여 건물의 배치, 공간의 층별 용도 설정이나 동선 계획에 주어진 경사지가 활용되어 효율적인 설계가 되도록 한다.
  - 최소 2개층, 필요에 따라 3개층까지 허용
  - 건폐율 50% 이내
  - Gallery와 Tea House의 층 배치는 각 부지의 위치와 경사지의 조건을 고려하여 결정
  - Gallery 전시가능항목 : 상설전시 및 기획전시, 소품전시 및 아트샵가능
  - 본인이 문화예술 프로그램을 제안하여도 무방

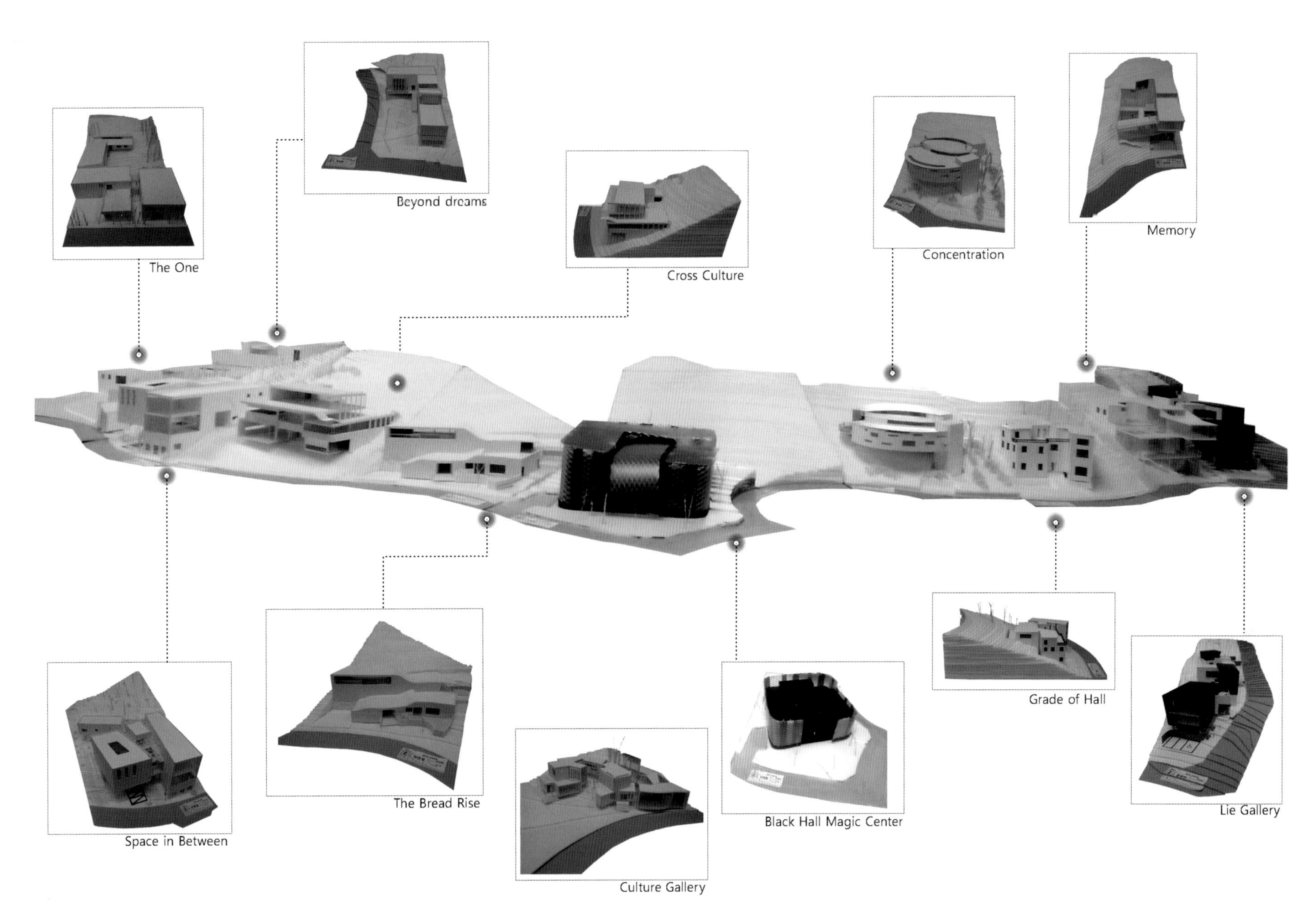
The One
Beyond dreams
Cross Culture
Concentration
Memory
Space in Between
The Bread Rise
Culture Gallery
Black Hall Magic Center
Grade of Hall
Lie Gallery

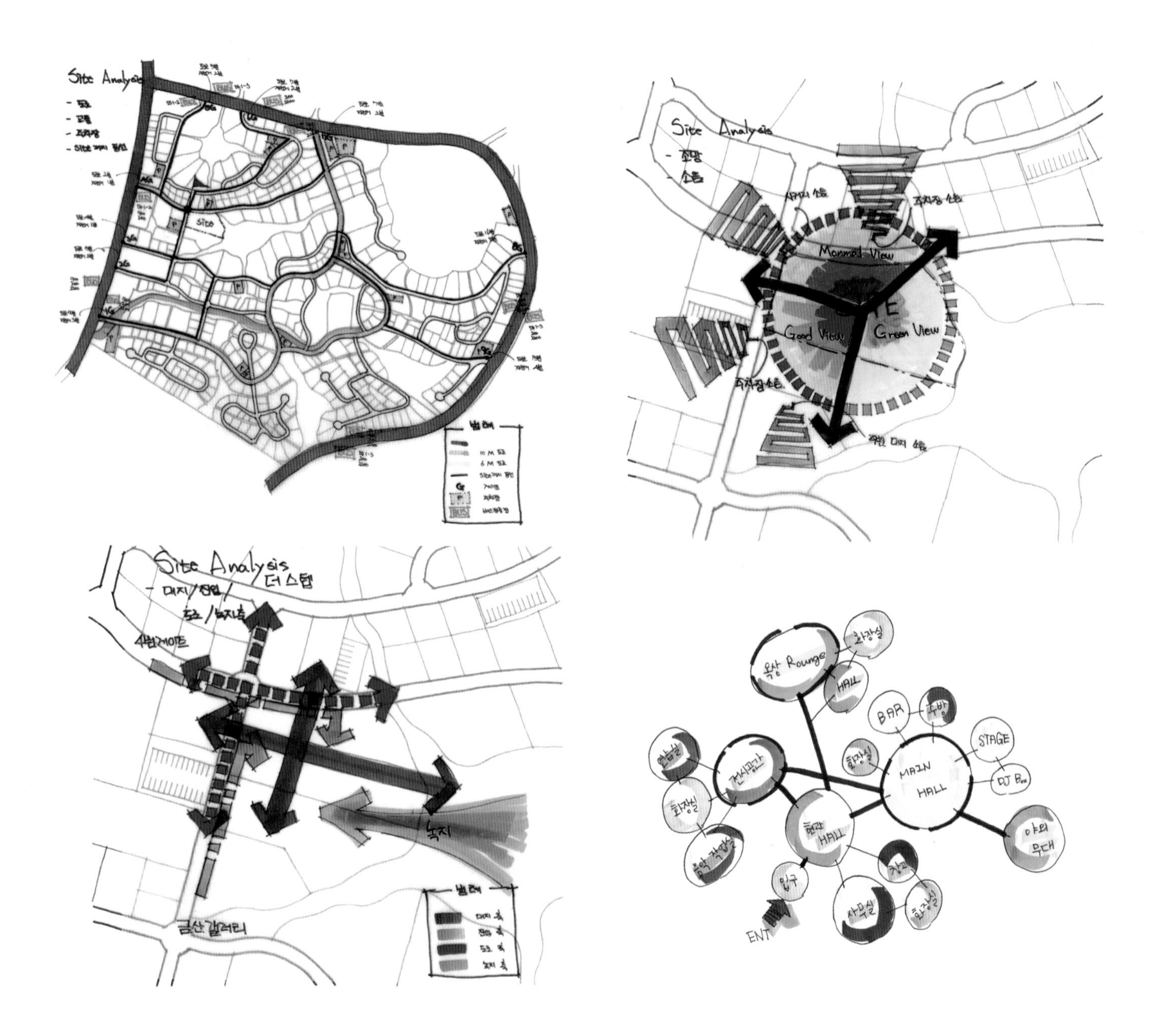
Site Analysis
Site Analysis
Good View
Green View
Site Analysis
금산갤러리
녹지
옥상 Rounge
HALL
BAR
STAGE
MAIN HALL
DJ Box
야외 무대
전시공간
입구
사무실
ENT

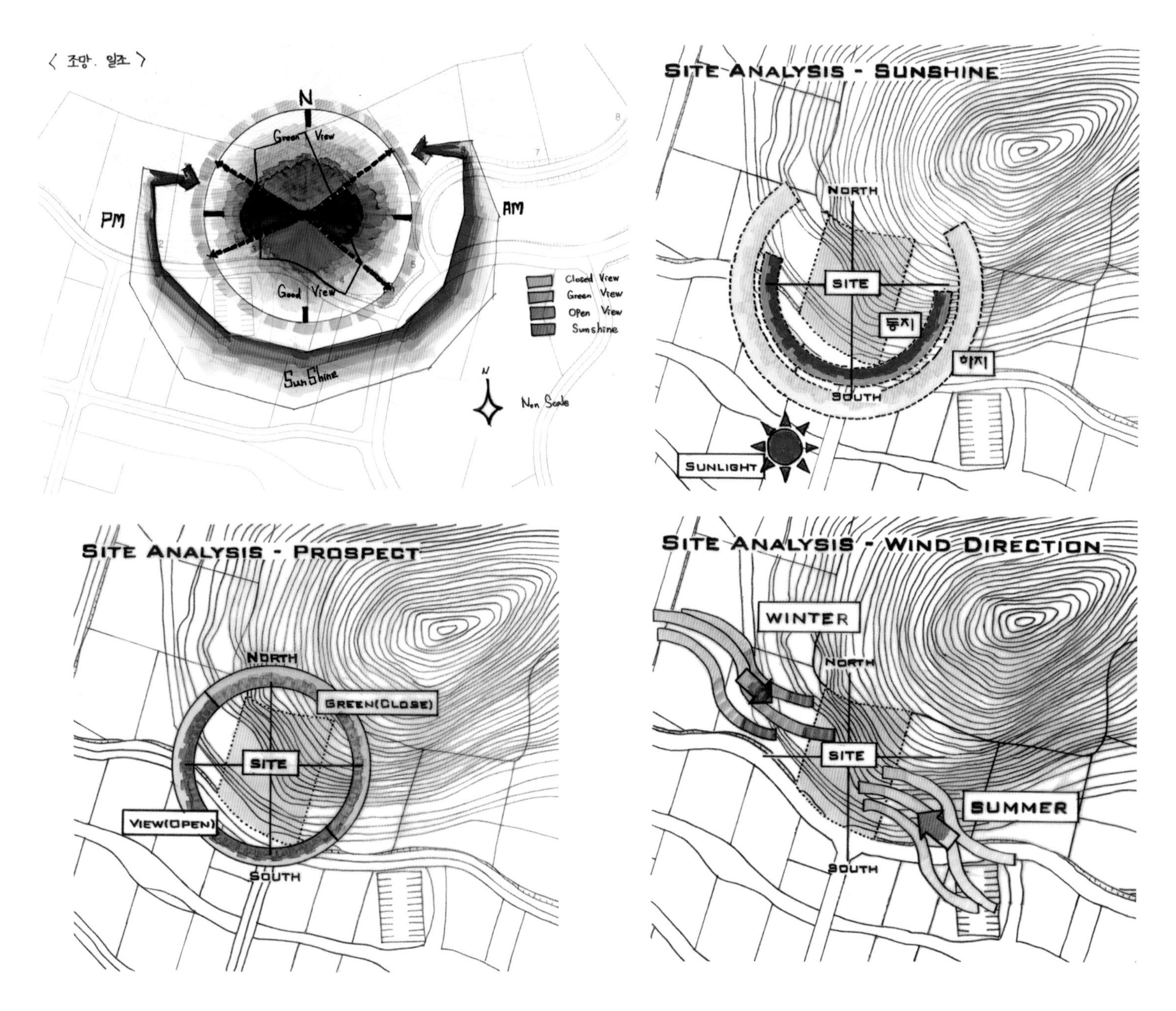
〈 조망. 일조 〉
N
Green View
Good View
PM
AM
SunShine
Closed View
Green View
Open View
Sunshine
Non Scale
SITE ANALYSIS - SUNSHINE
NORTH
SITE
동지
하지
SOUTH
SUNLIGHT
SITE ANALYSIS - PROSPECT
NORTH
GREEN(CLOSE)
SITE
VIEW(OPEN)
SOUTH
SITE ANALYSIS - WIND DIRECTION
WINTER
NORTH
SITE
SUMMER
SOUTH

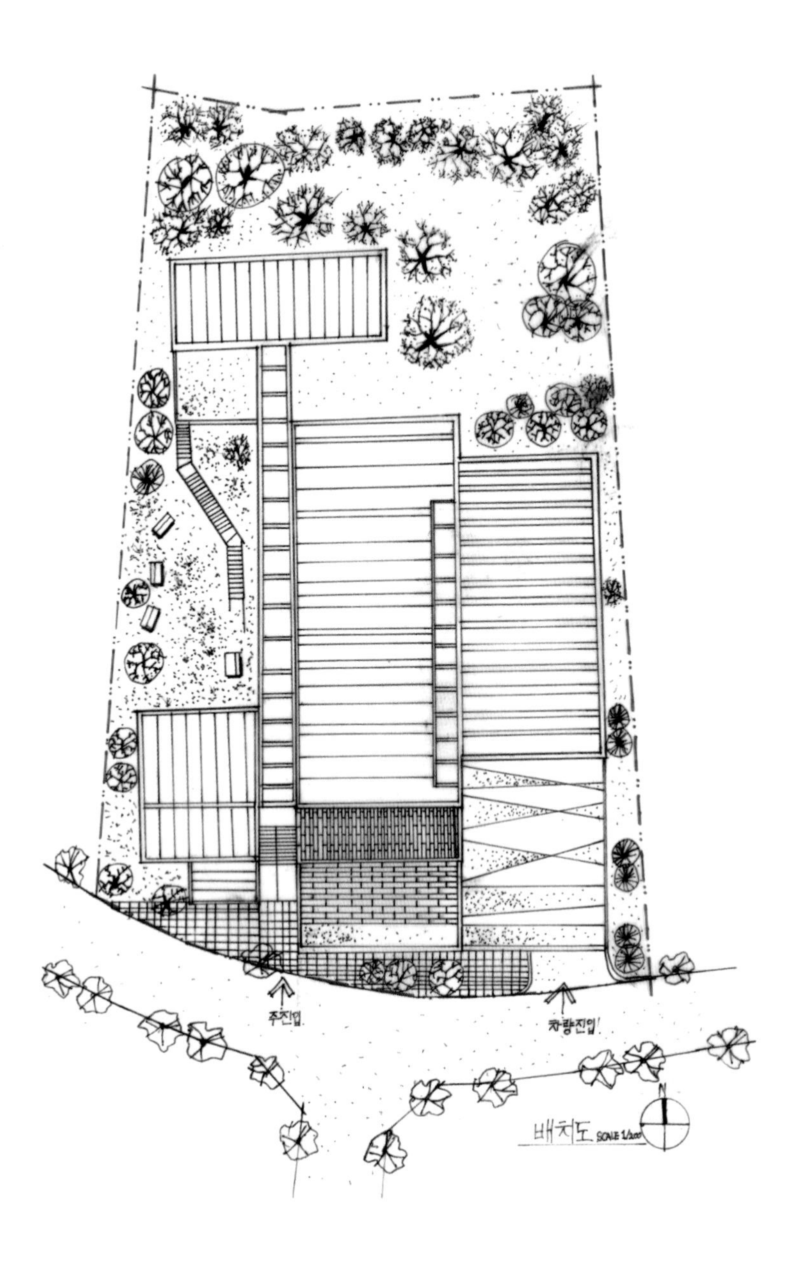

배치도 11 이봉근

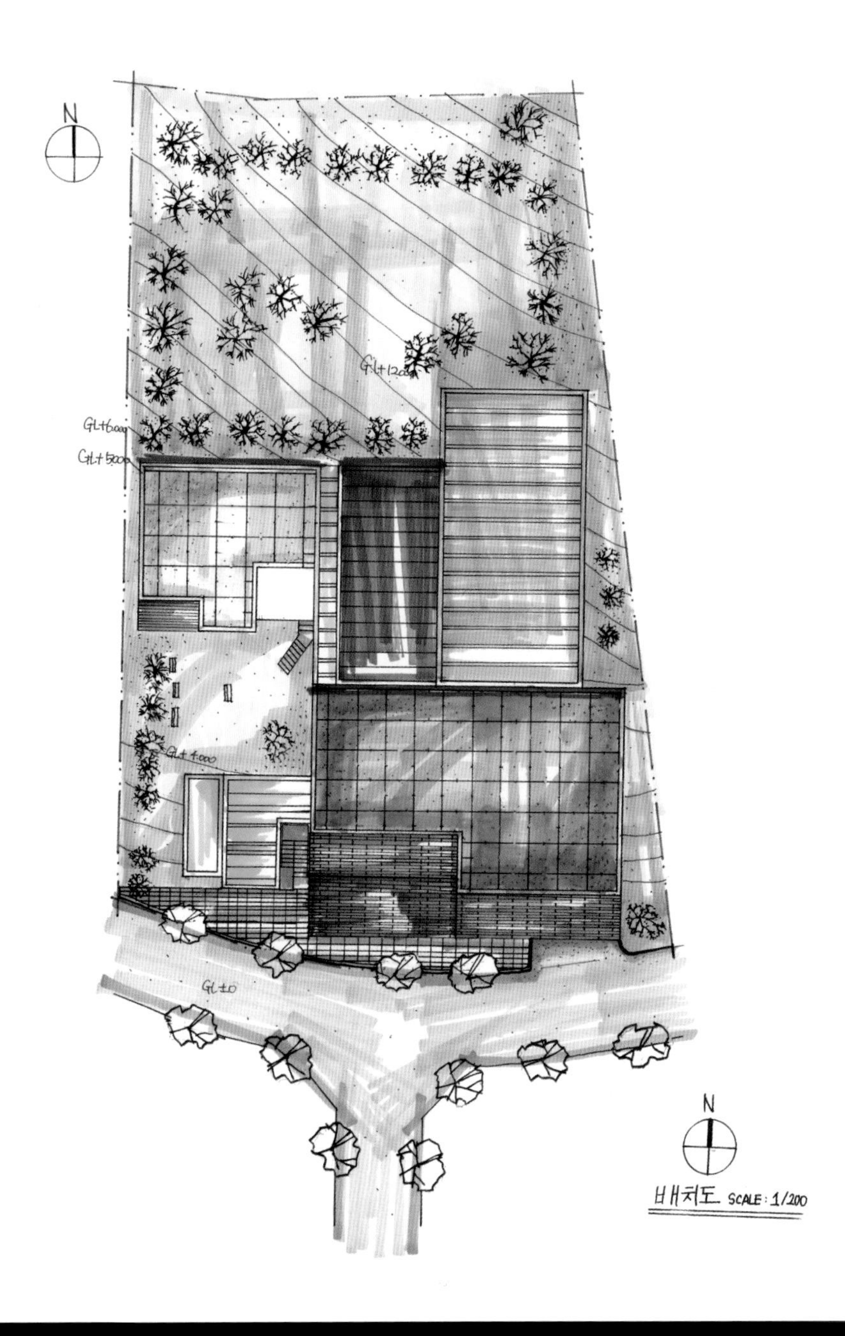

배치도 11 이봉근

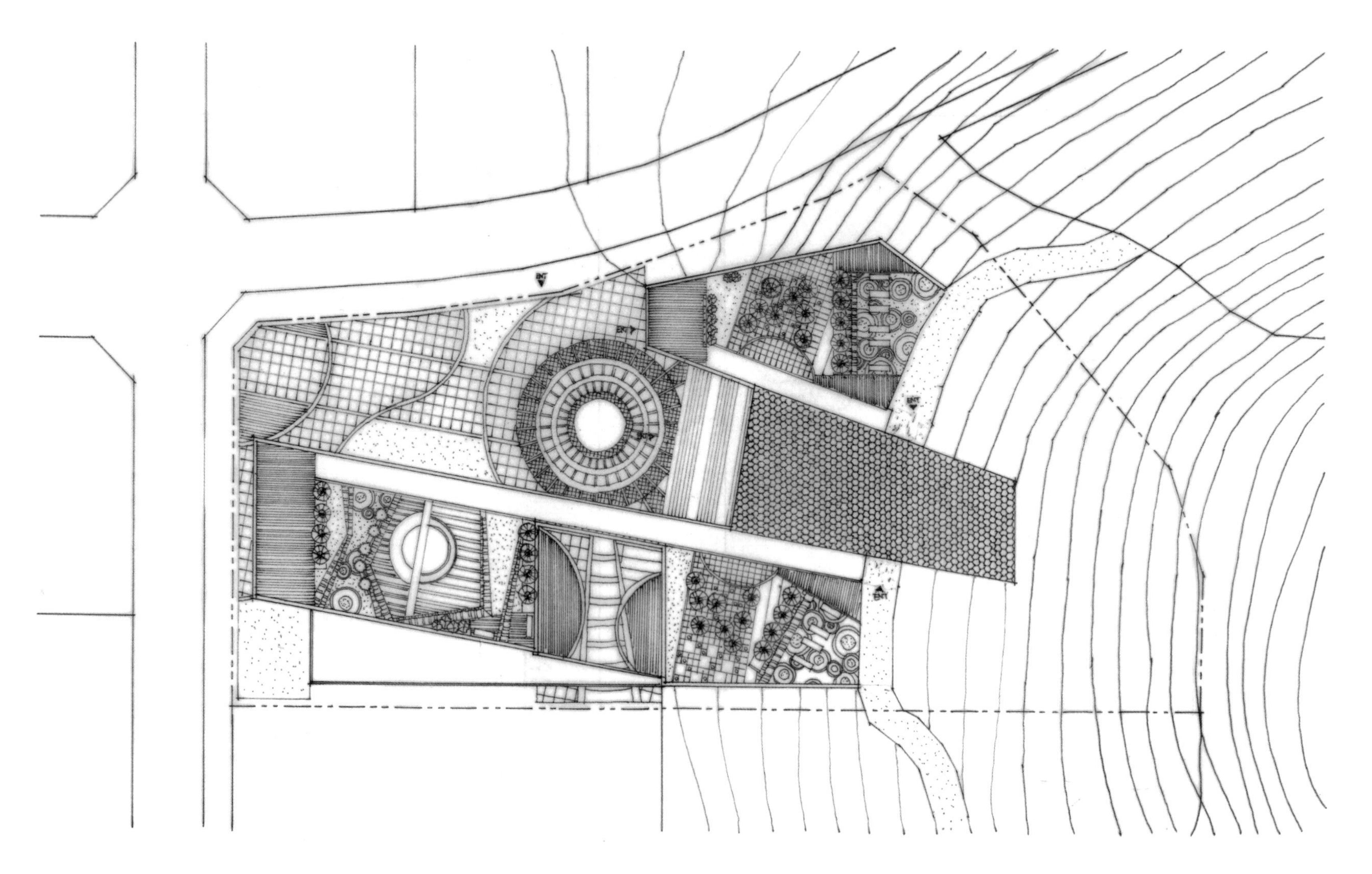

배치도 08 백승만

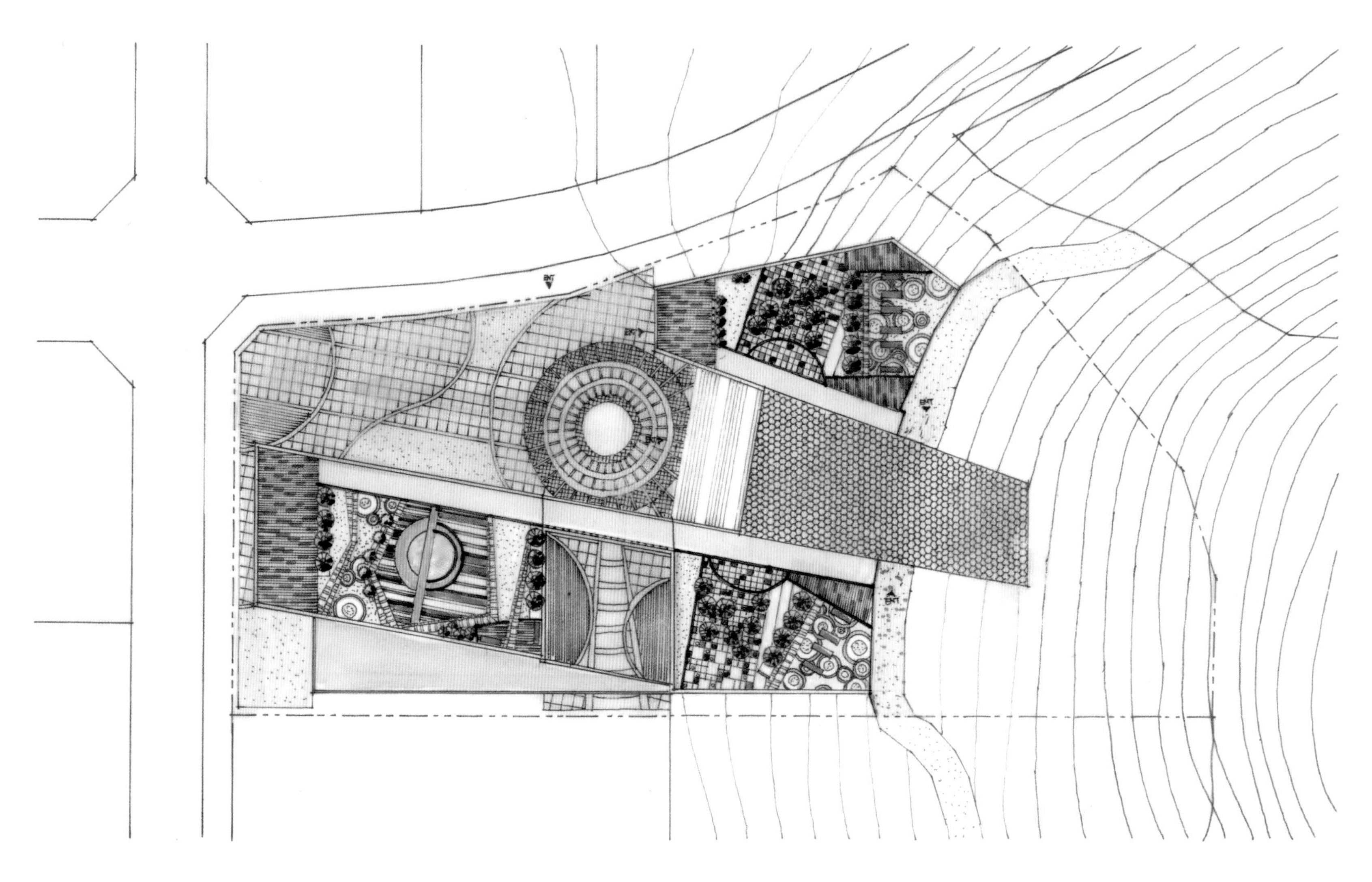

배치도 08 백승만

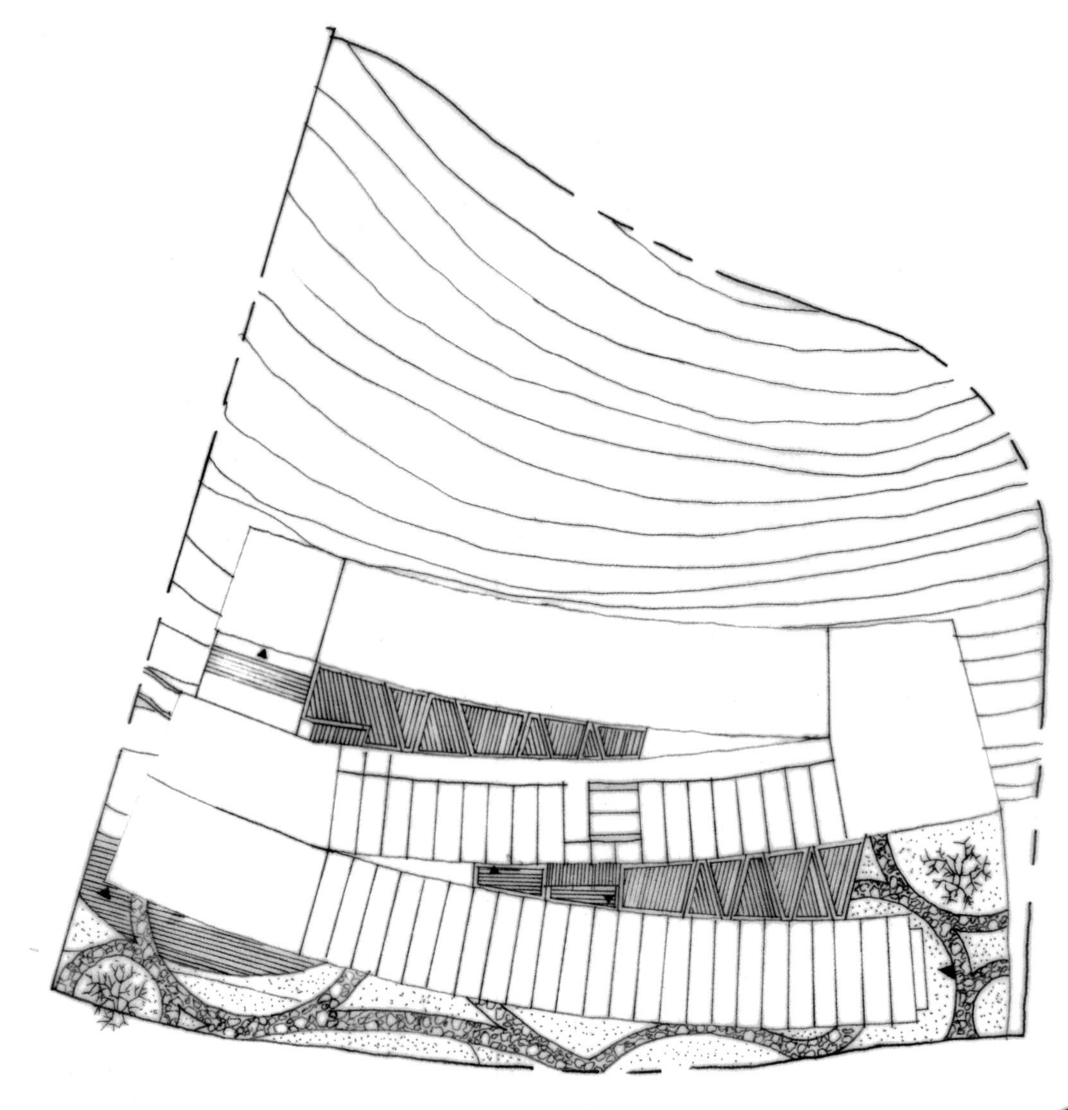

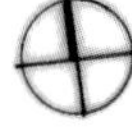

배치도 06 이종호

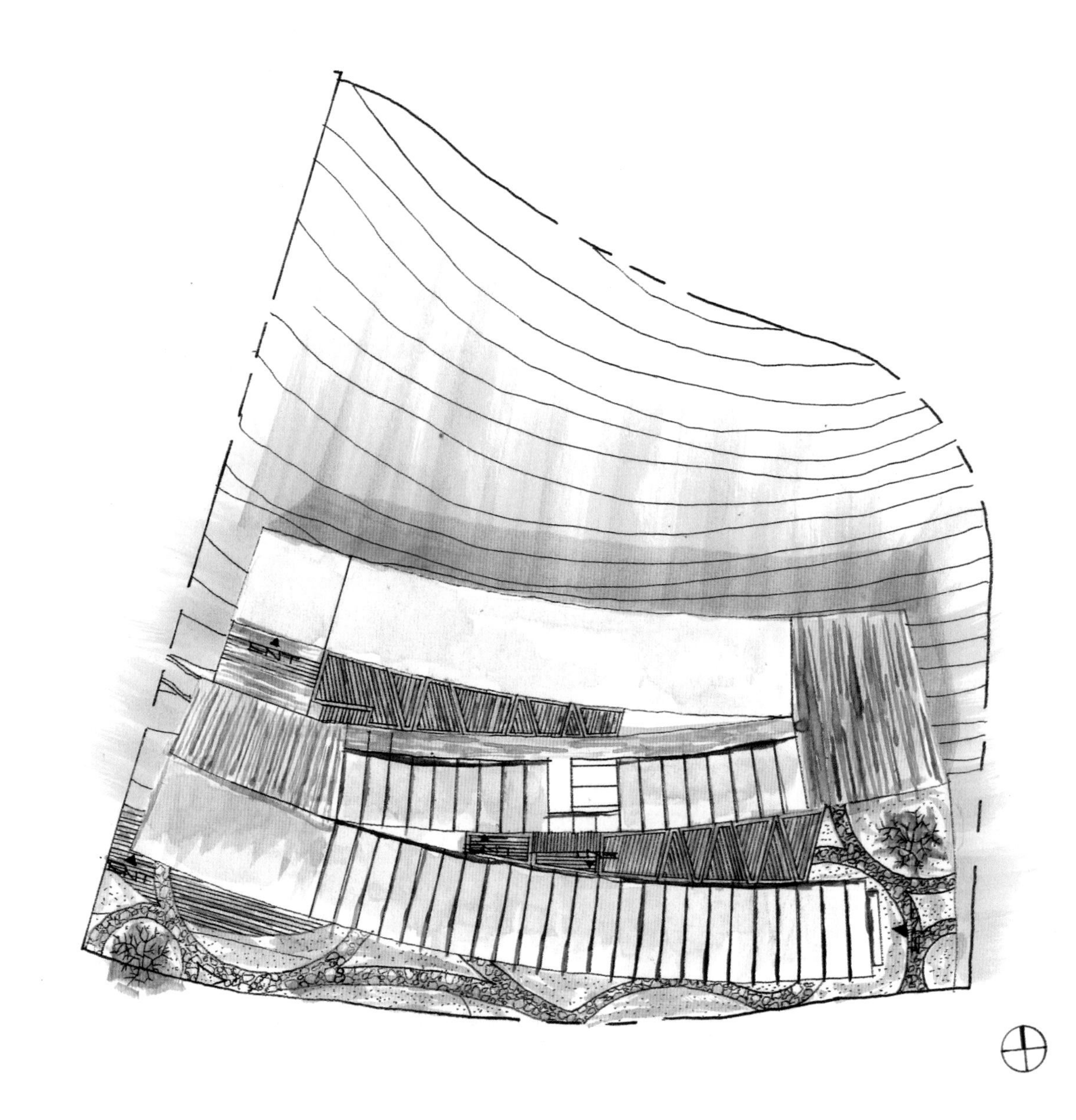

배치도 06 이종호

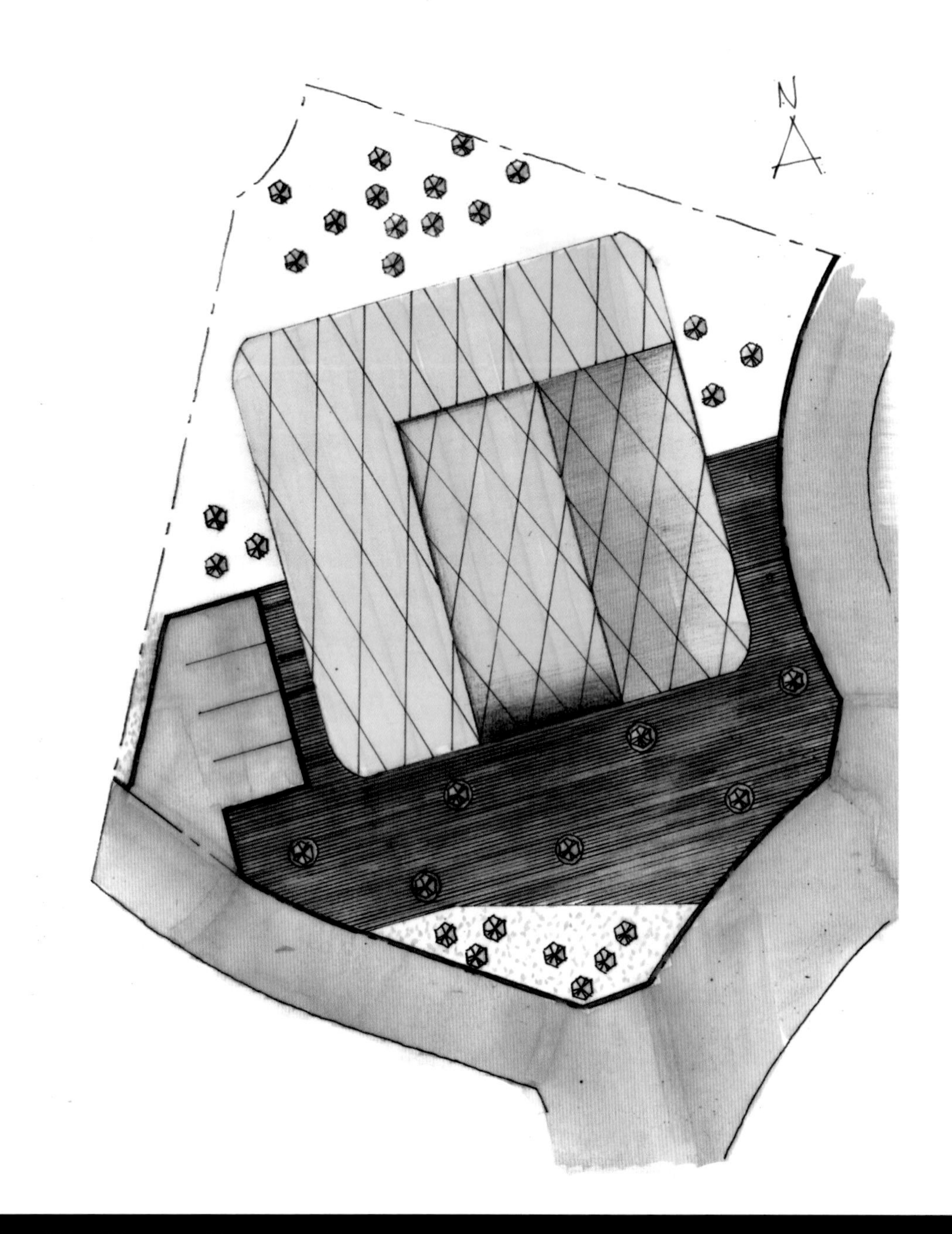

배치도 10 이태원

배치도 12 장서인

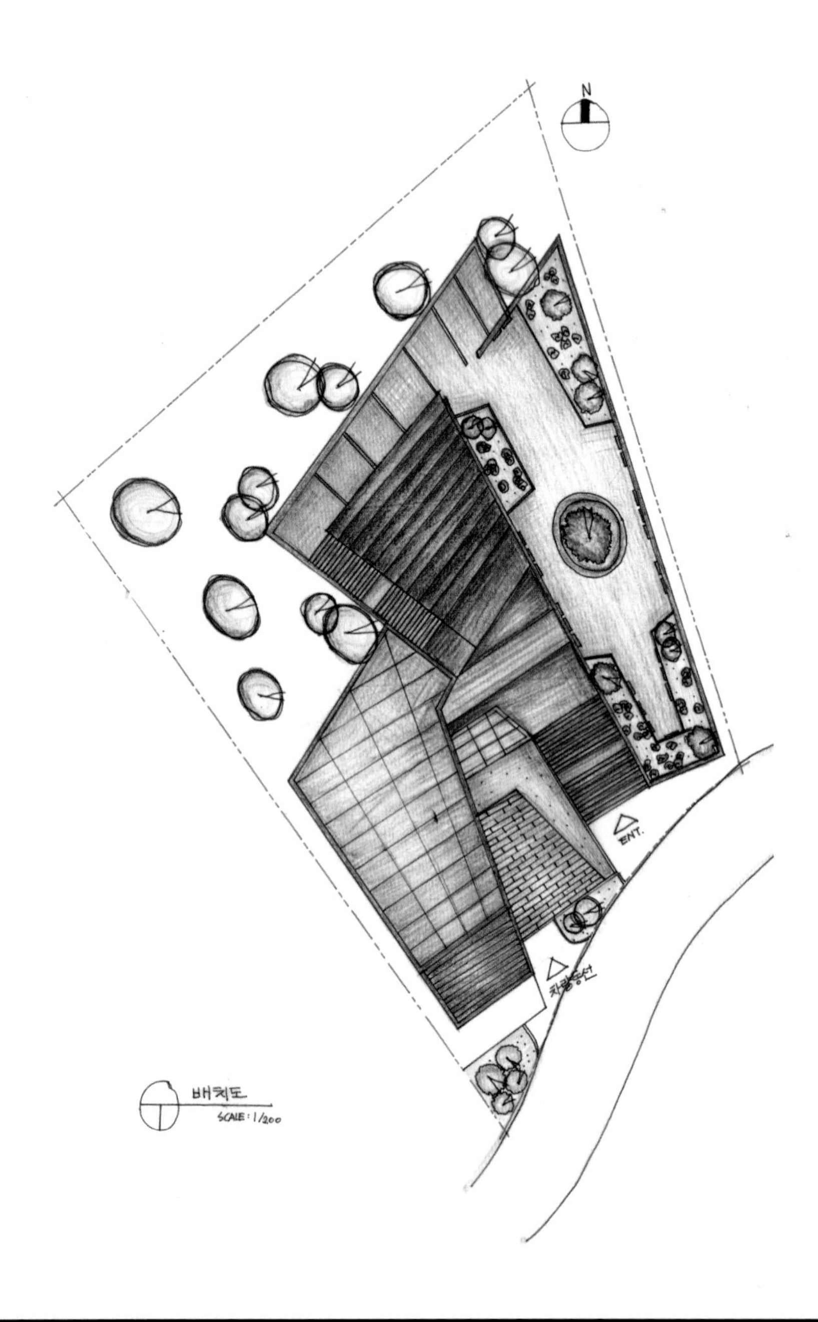

배치도 11 양희주

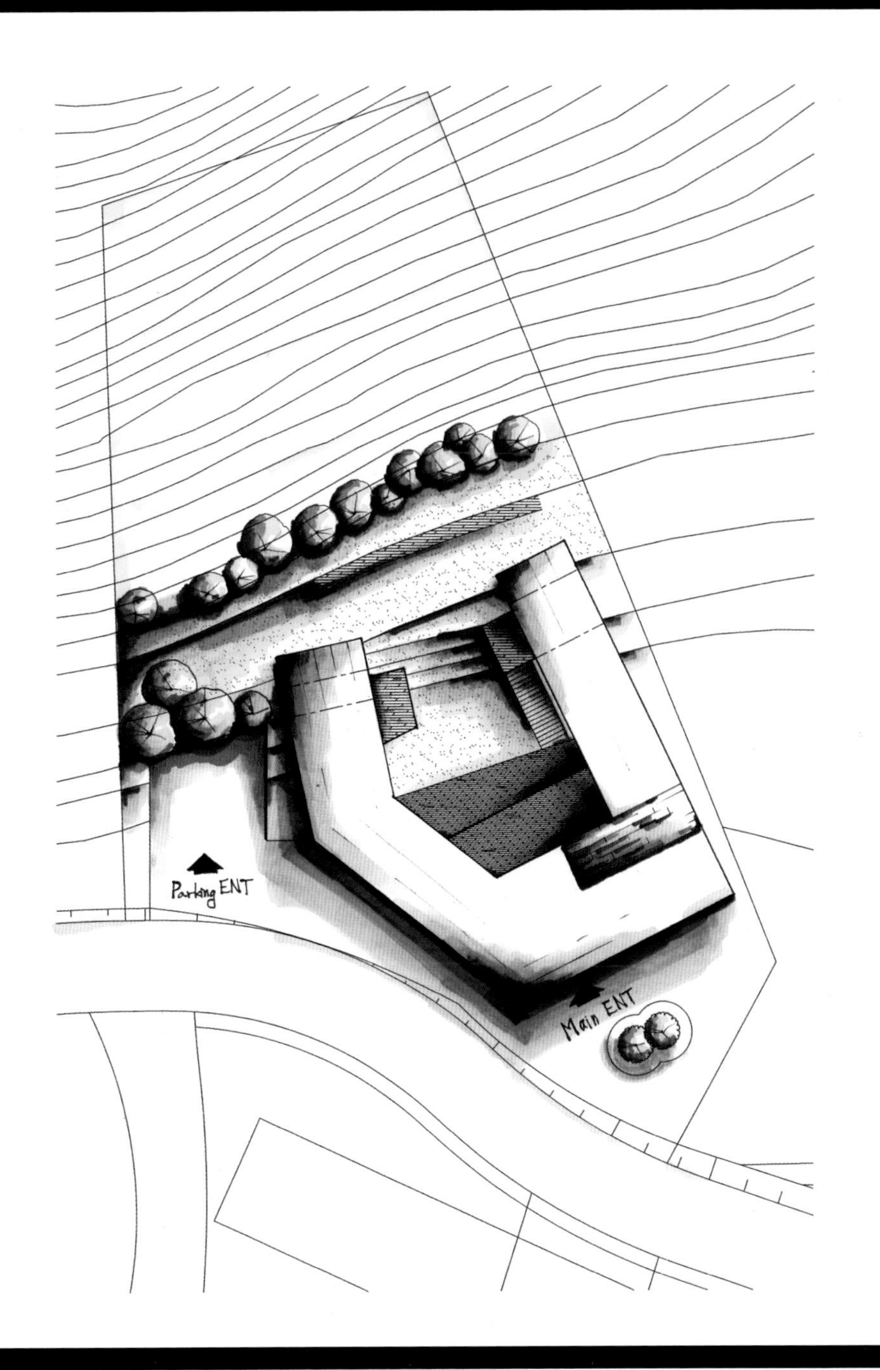

배치도 09 정진욱

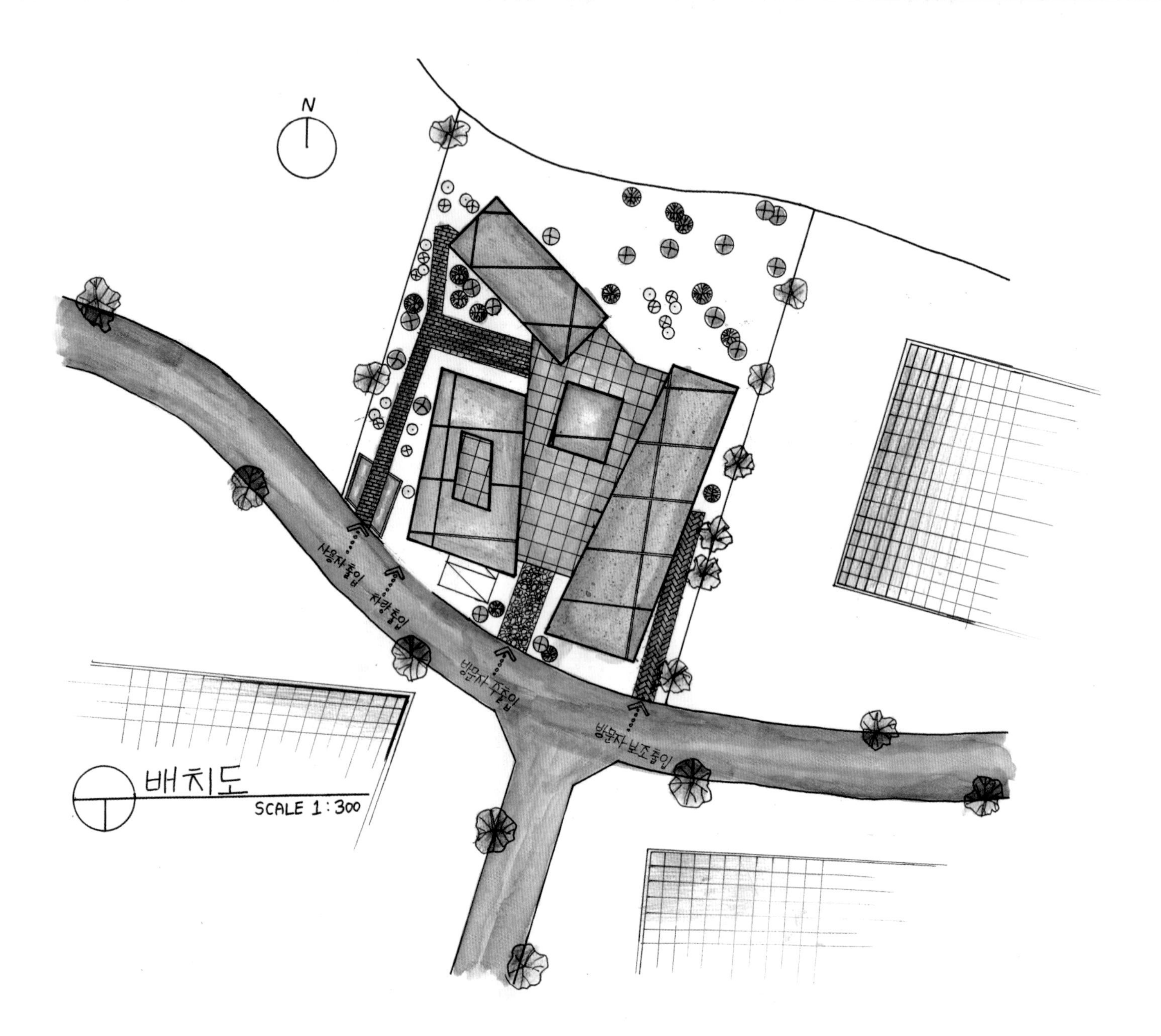

배치도 09 이동찬

배치도 10 박봉규

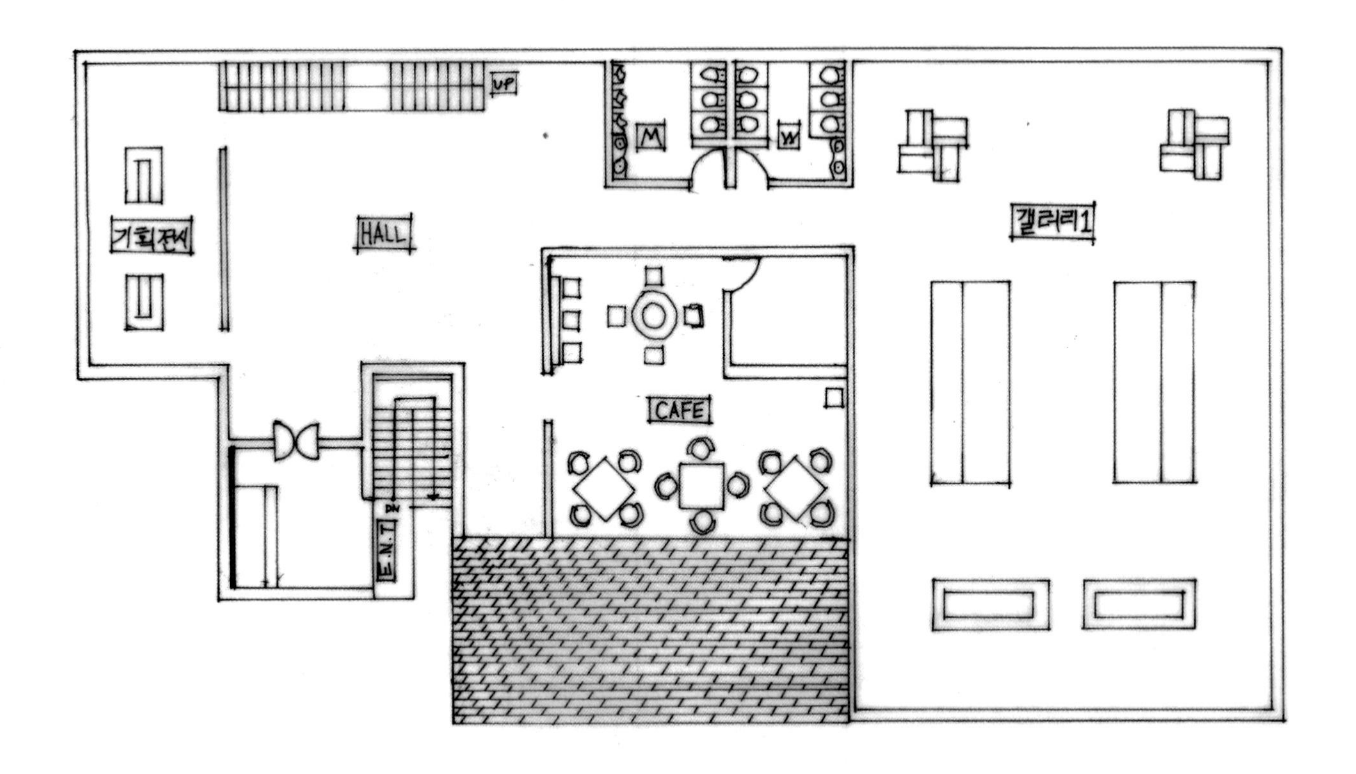

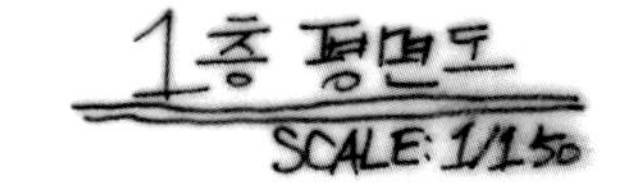

평면도 11 이봉근

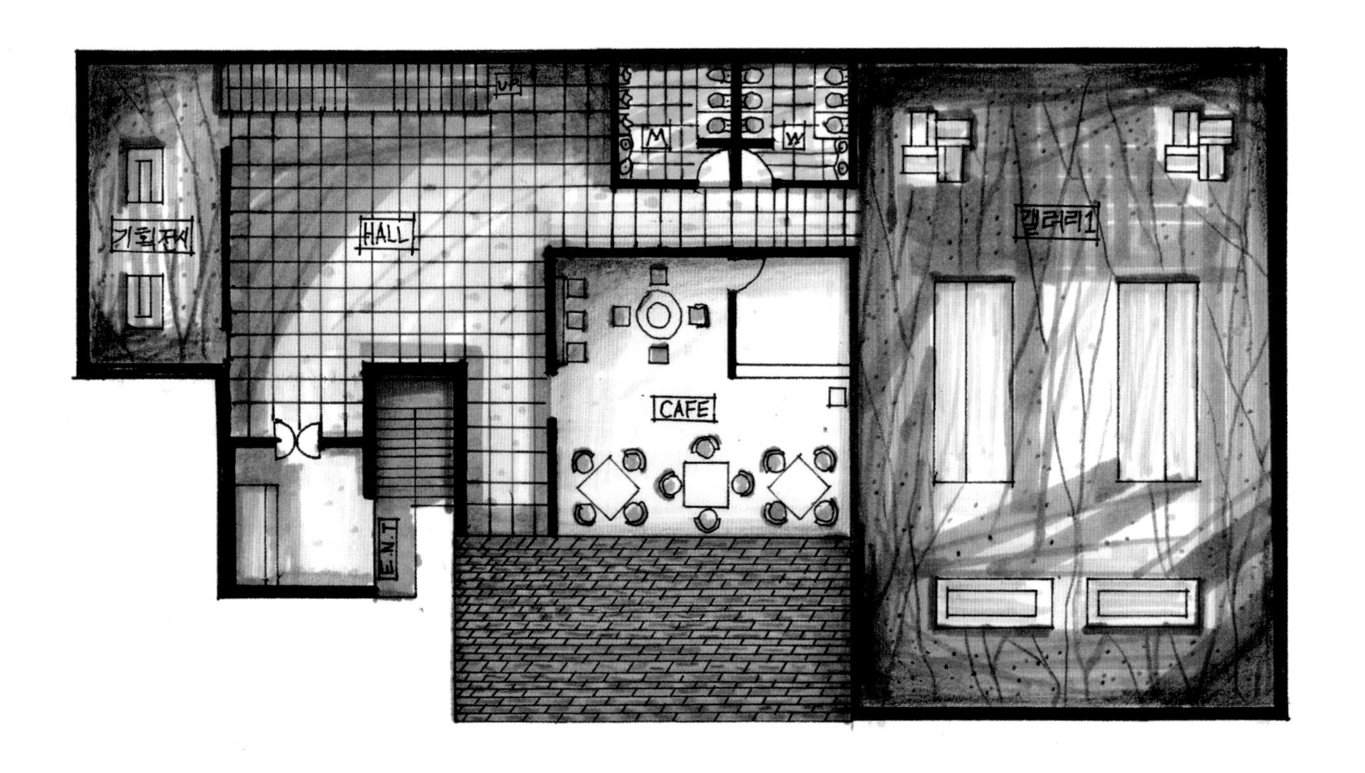

평면도 11 이봉근

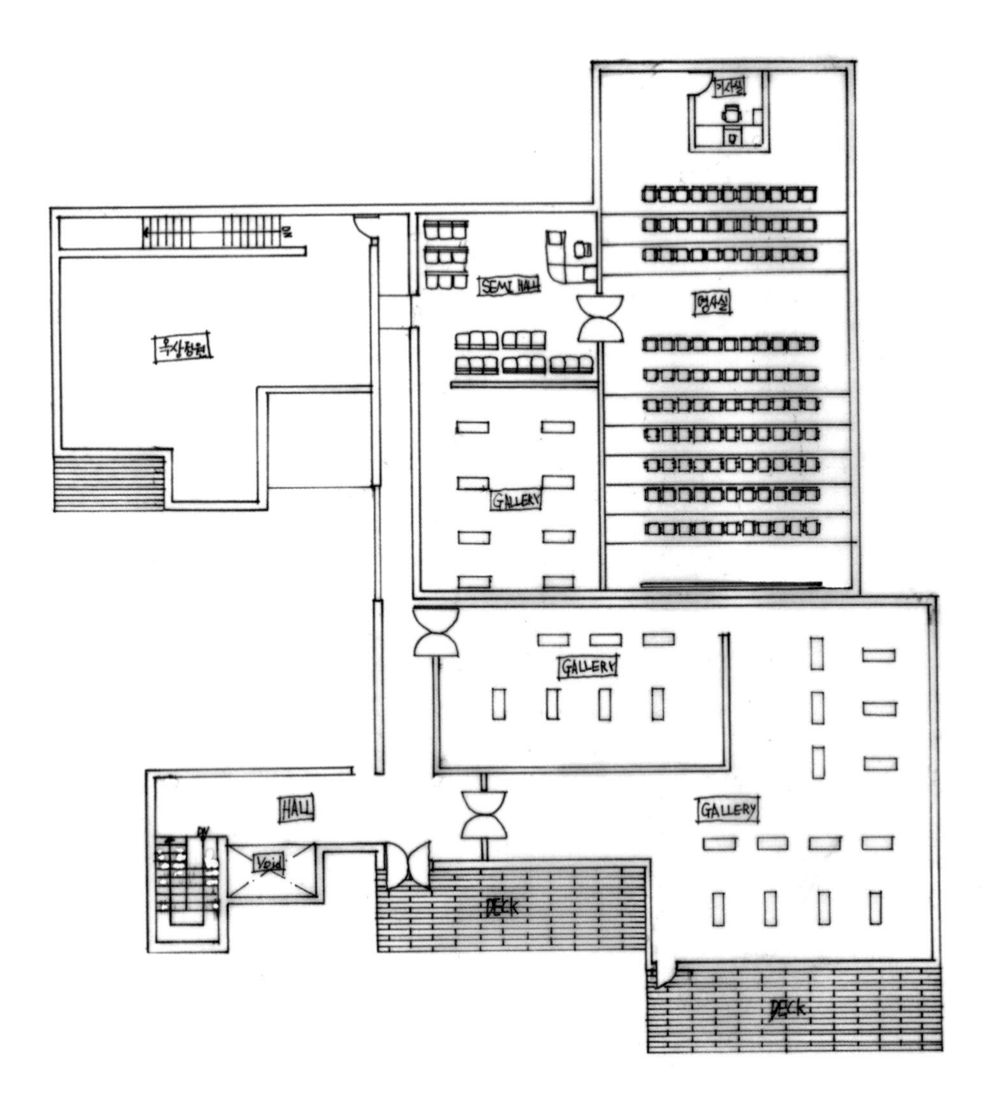
기사실
영사실
SEMI HALL
우상정원
GALLERY
GALLERY
HALL
Void
GALLERY
DECK
DECK

평면도 11 이봉근

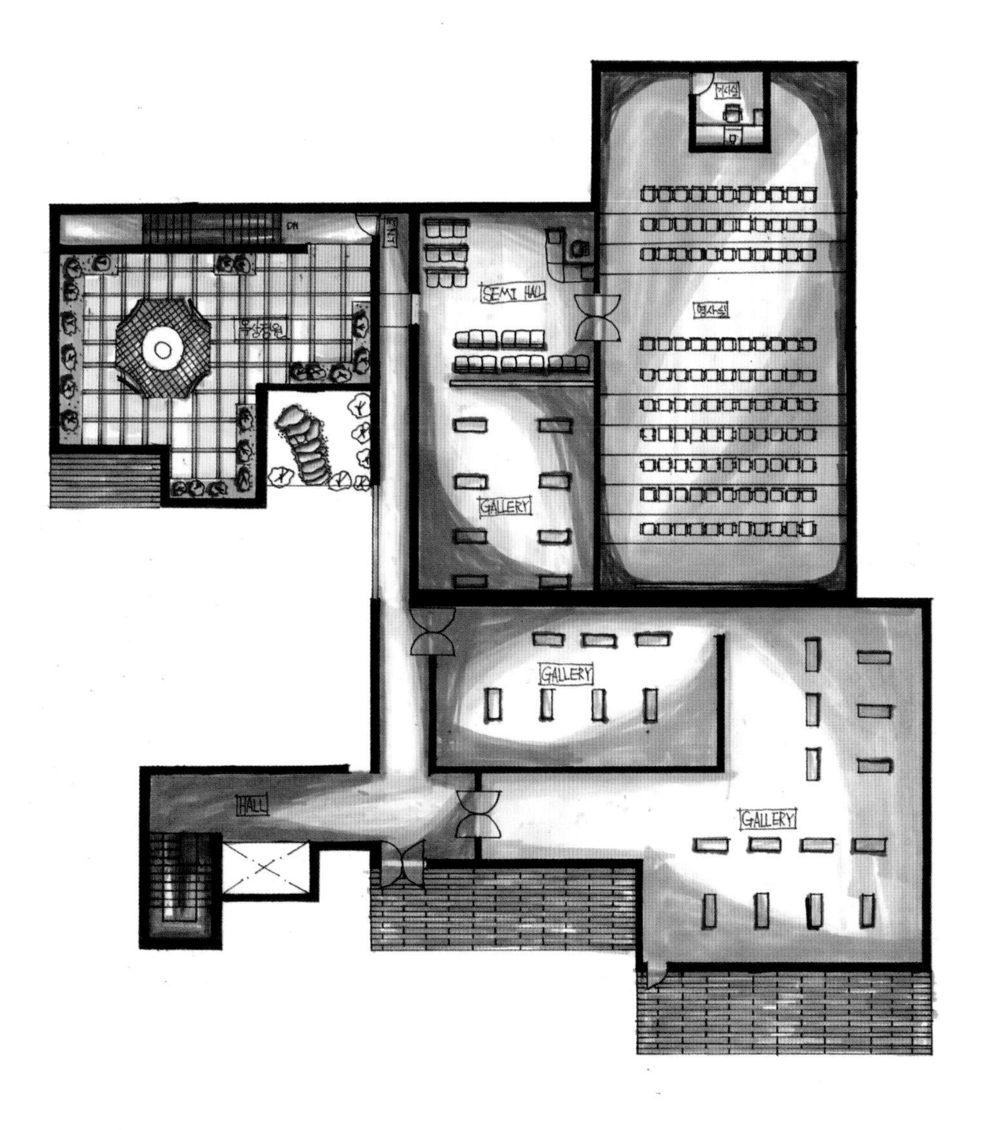

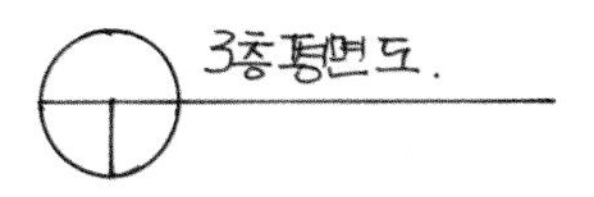

평면도 11 이봉근

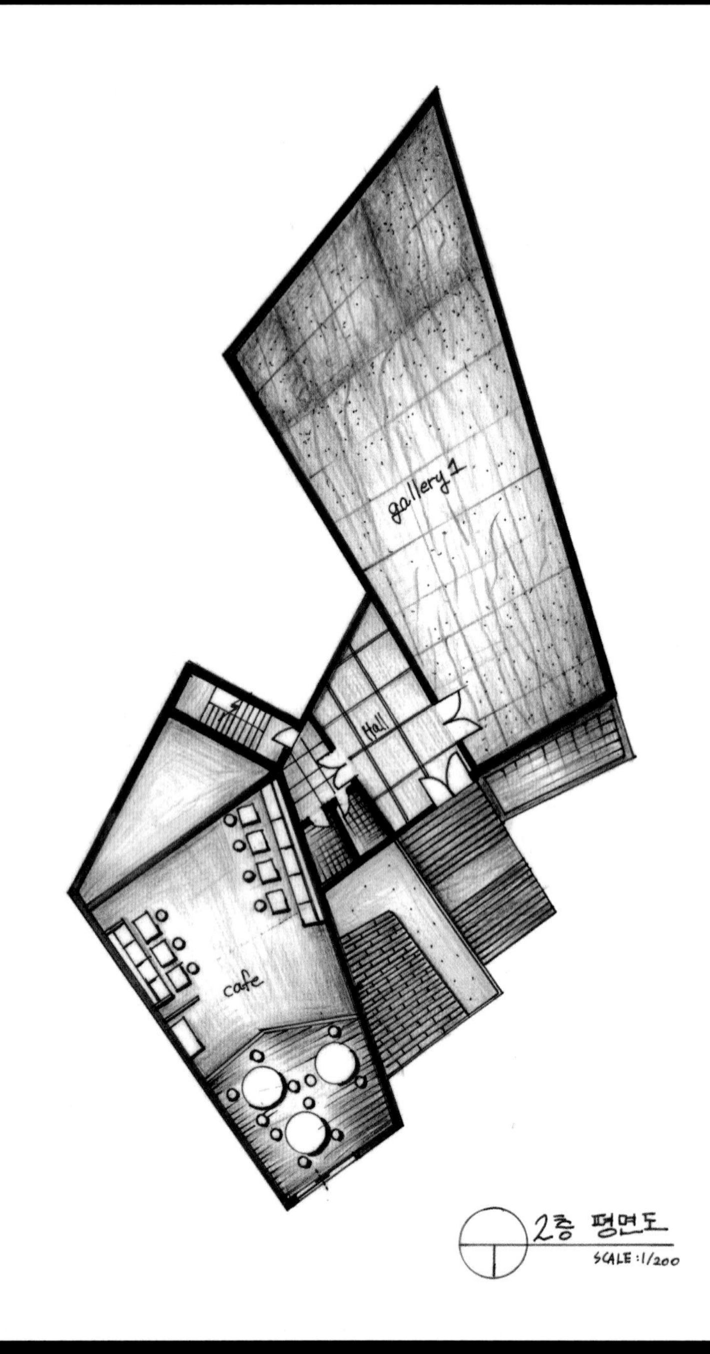

평면도 11 양희주

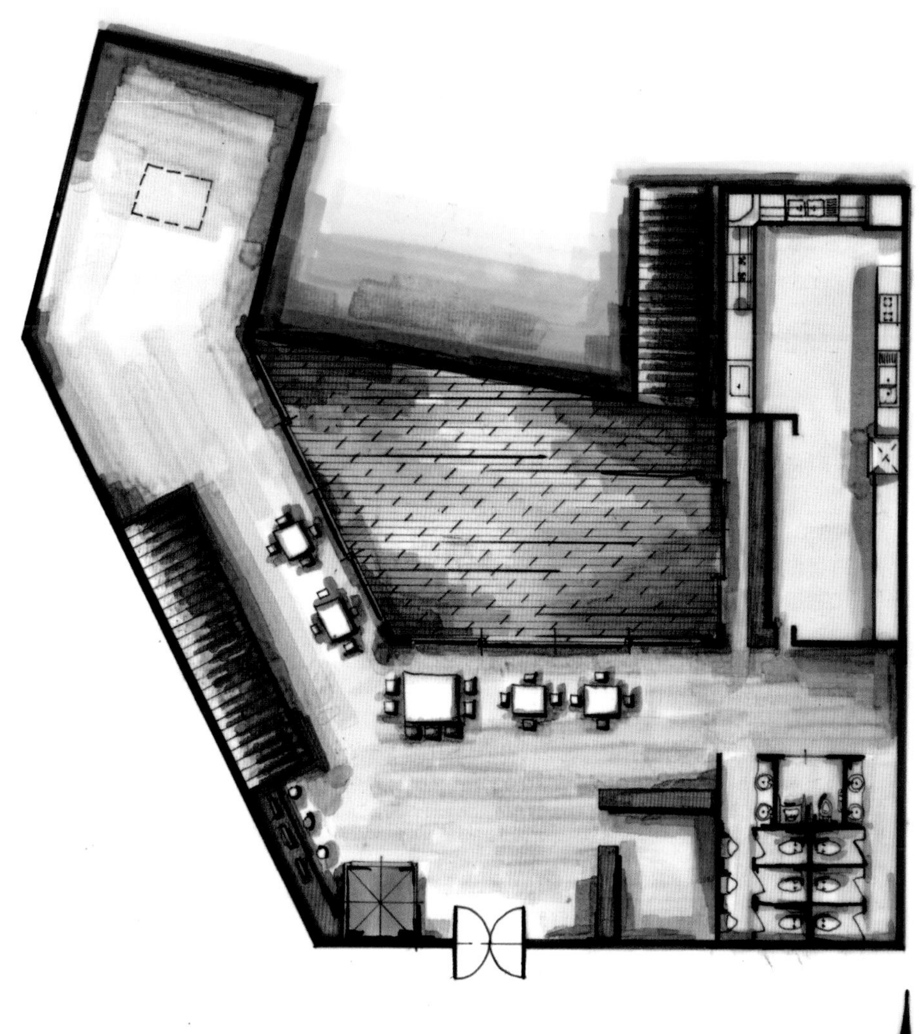

평면도 09 정진욱

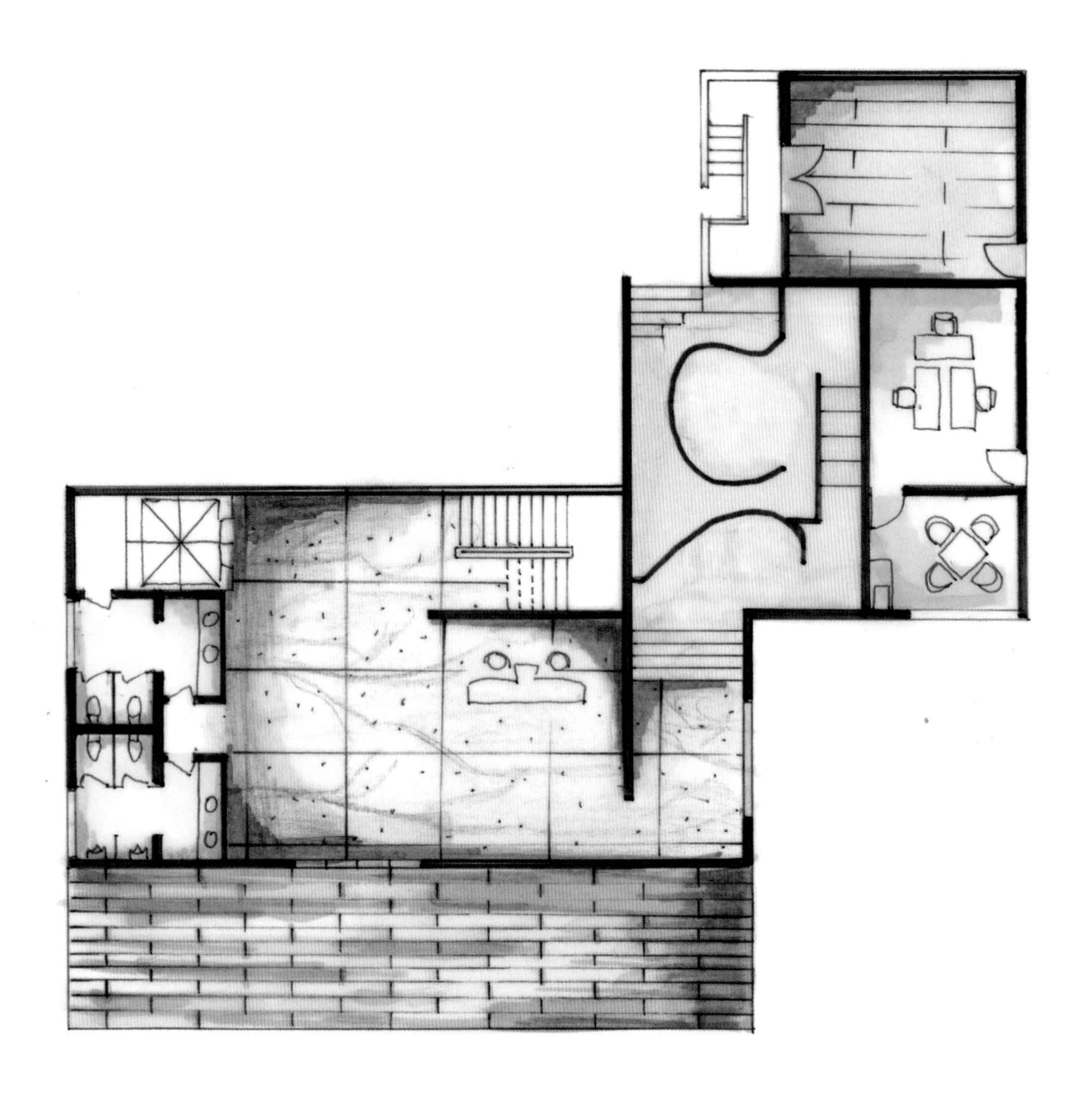

평면도 11 정보람

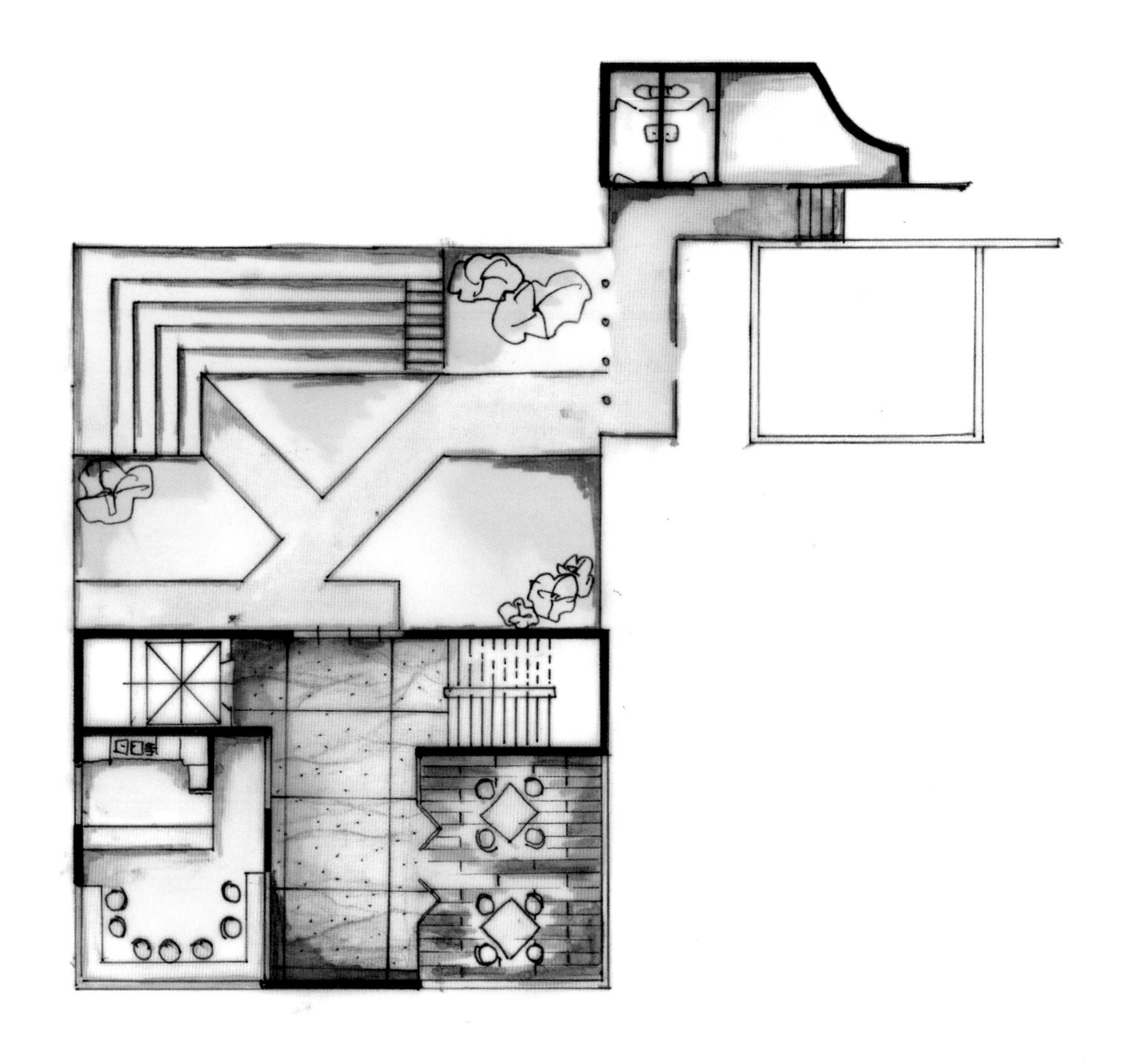

평면도 11 정보람

입면도 11 조민지

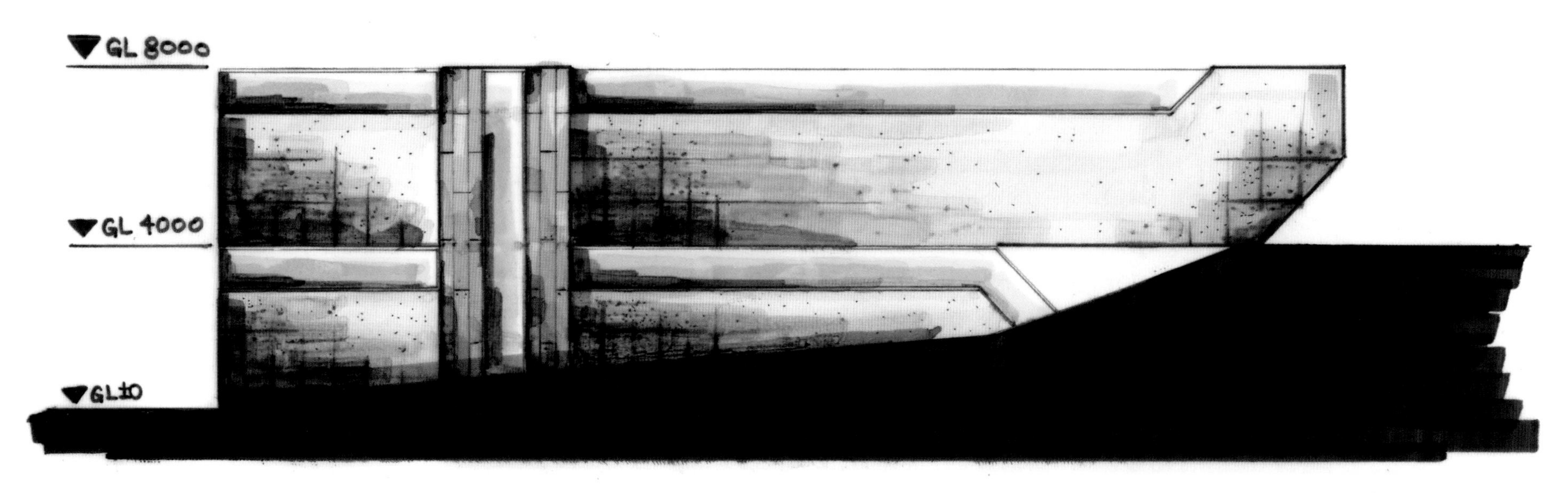

입면도 09 정진욱

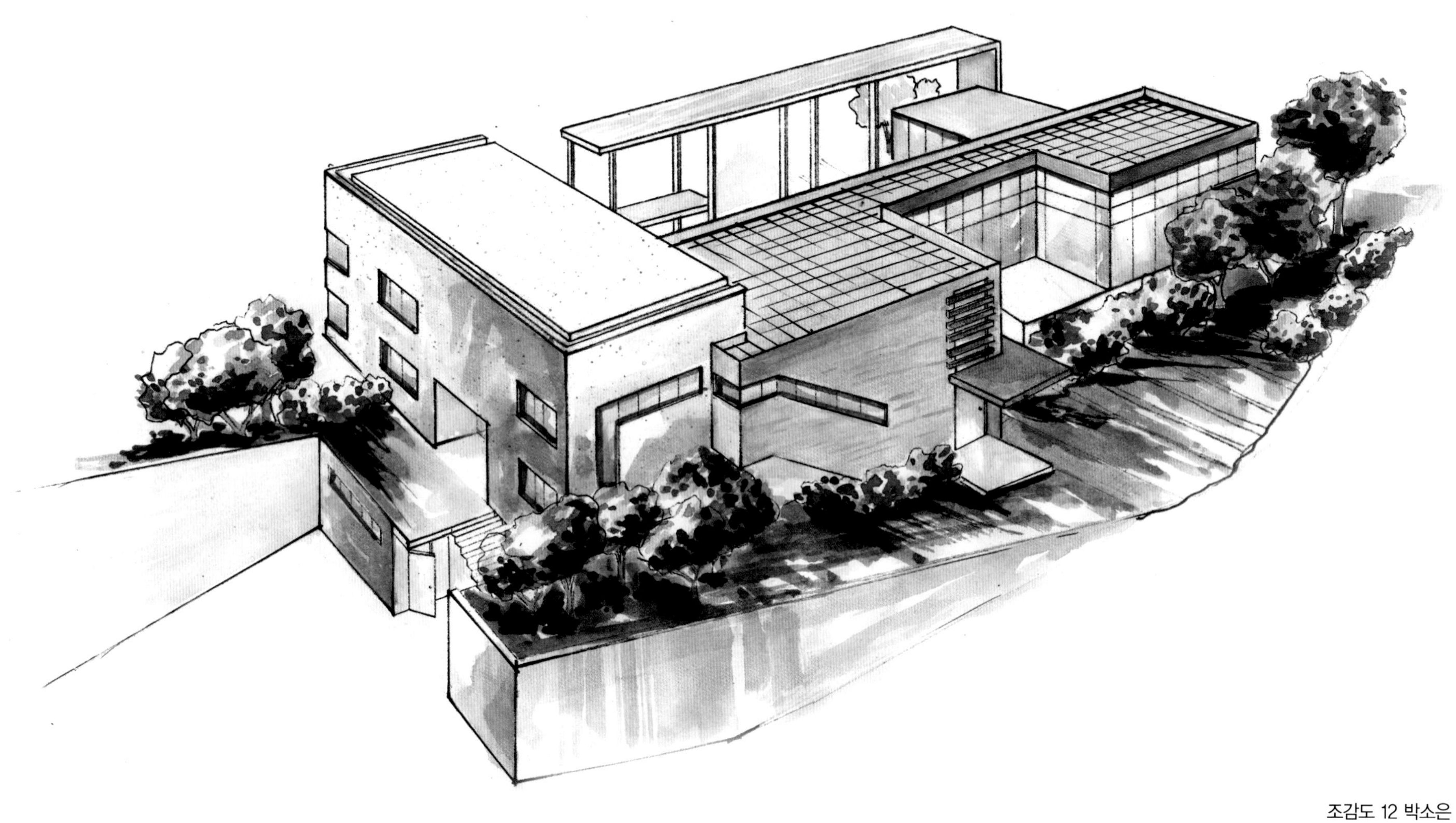

조감도 12 박소은

투시도 09 정진욱

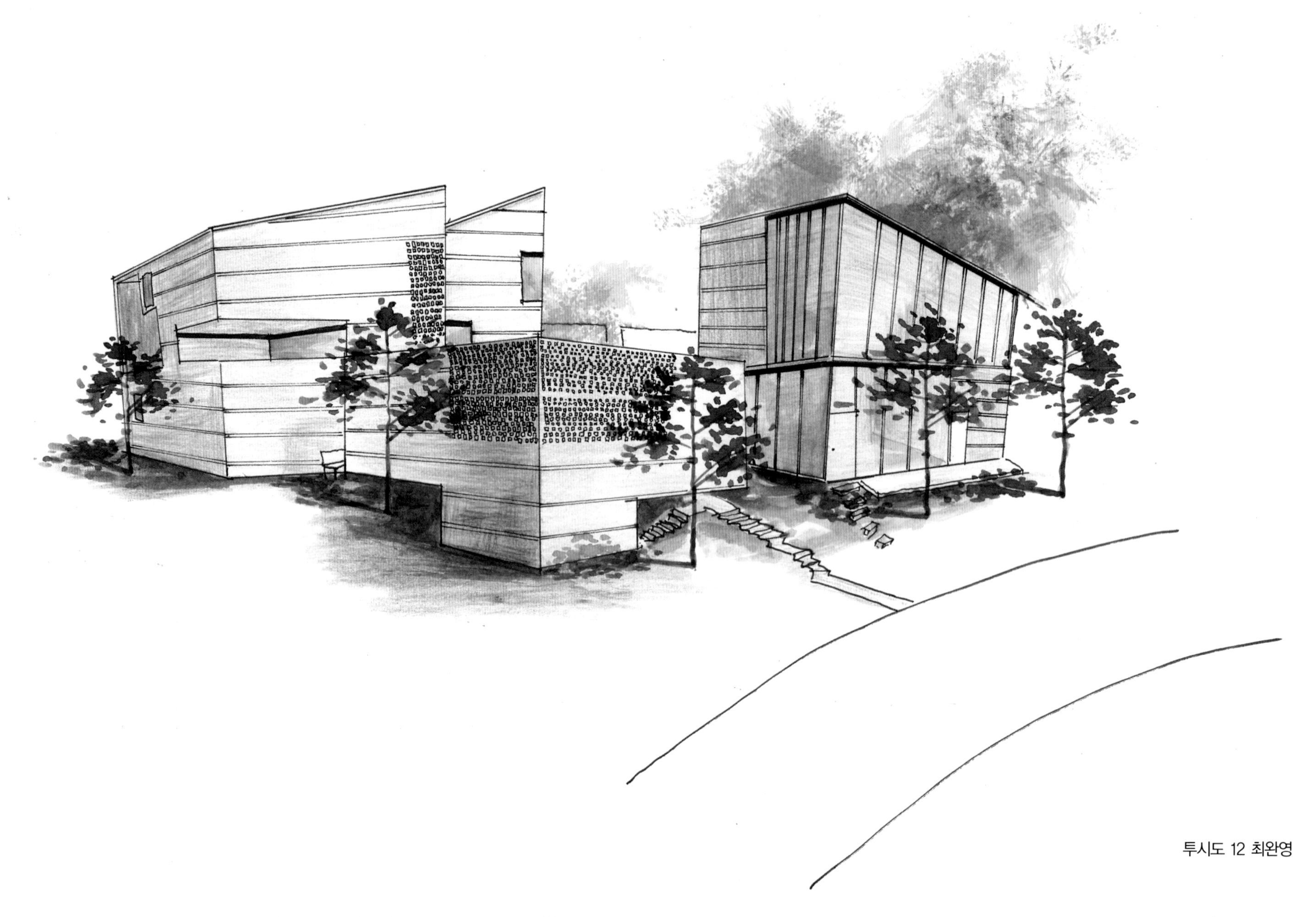

투시도 12 최완영

투시도 10 김하슬

투시도 12 권그림애

투시도 08 김두겸

etc

: 한남동 주택, 파주 헤이리 갤러리 외에 쉼터설계, 기존 건물표현 작품 모음

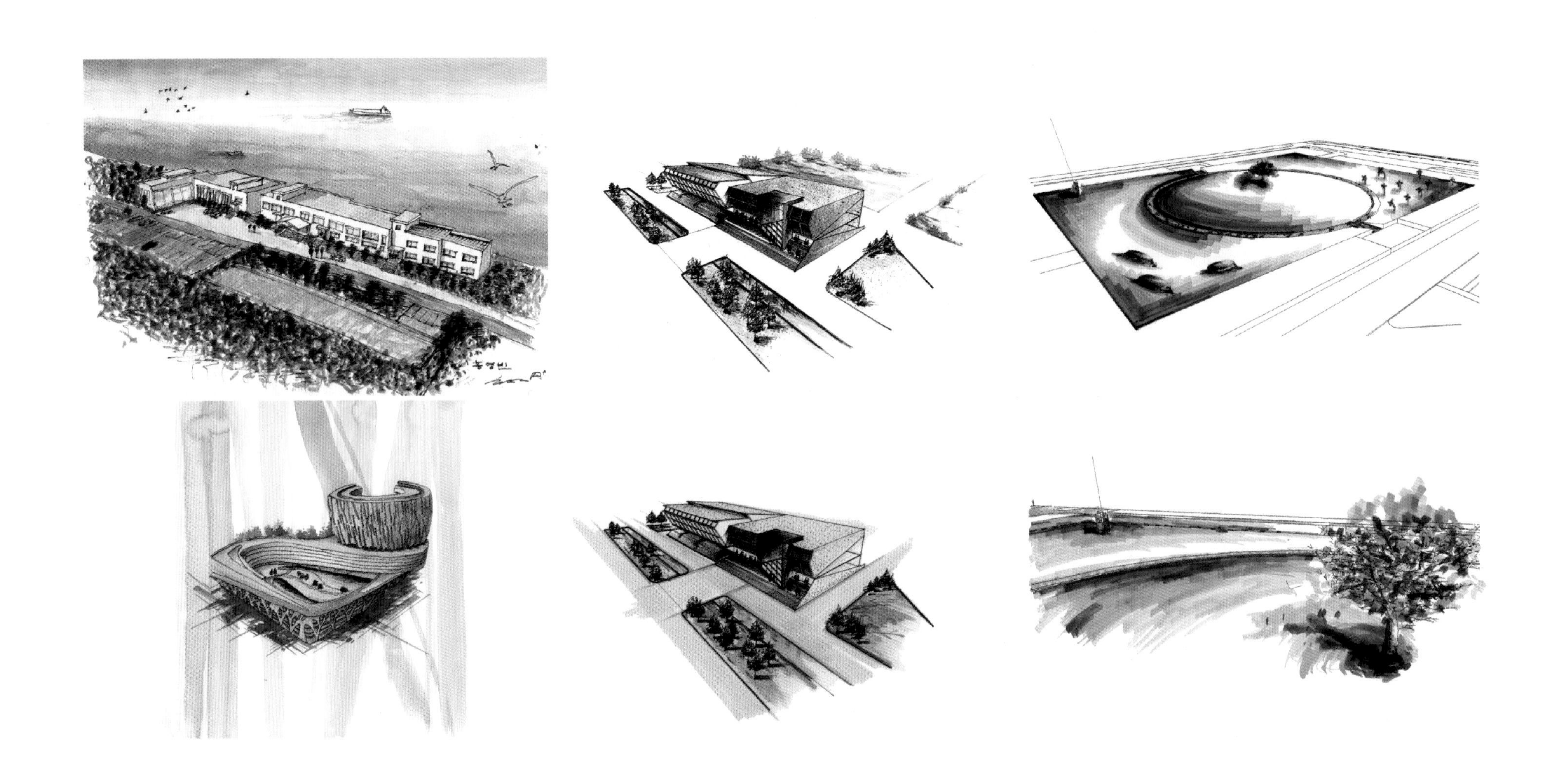

11 정보람

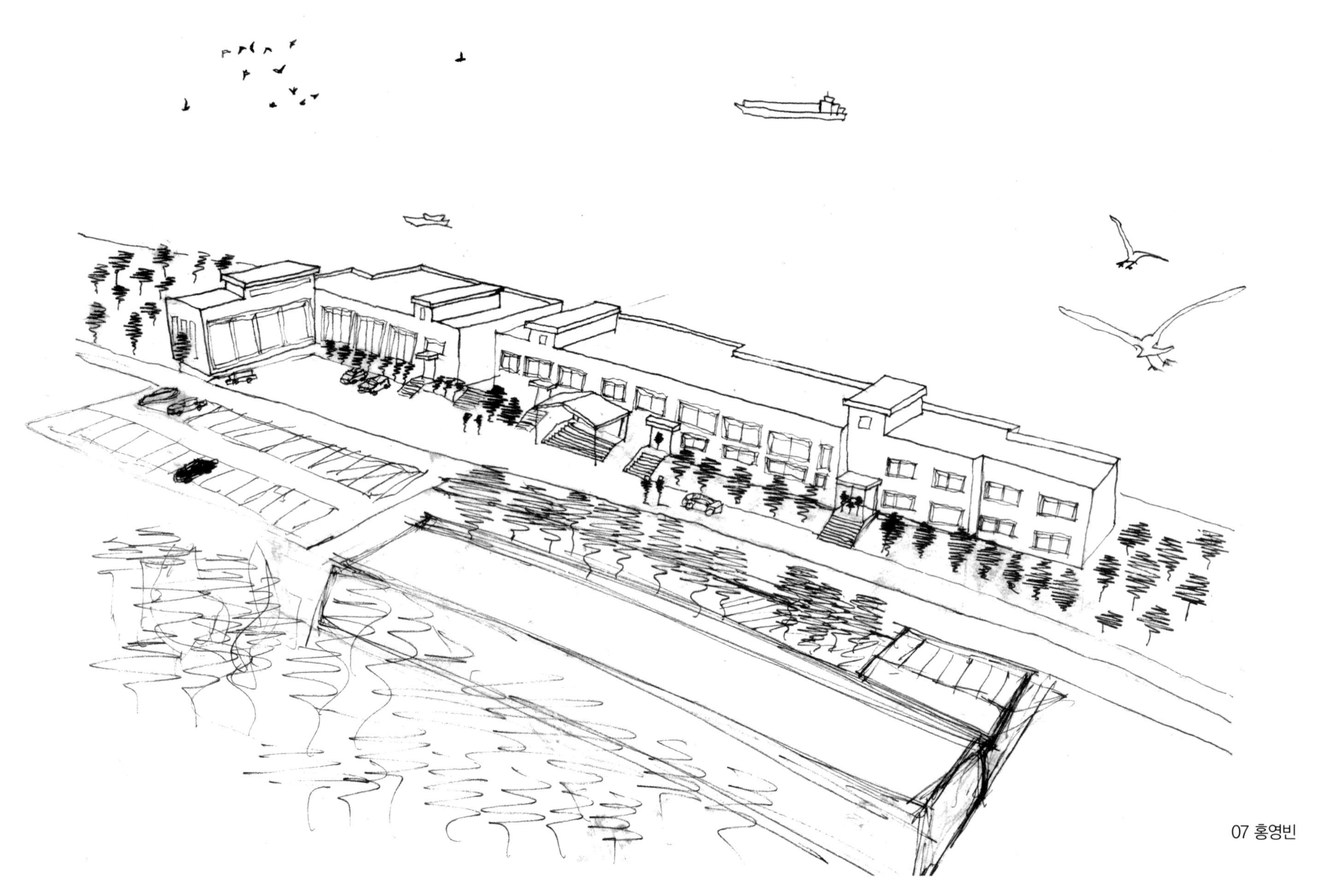

07 홍영빈

07 홍영빈

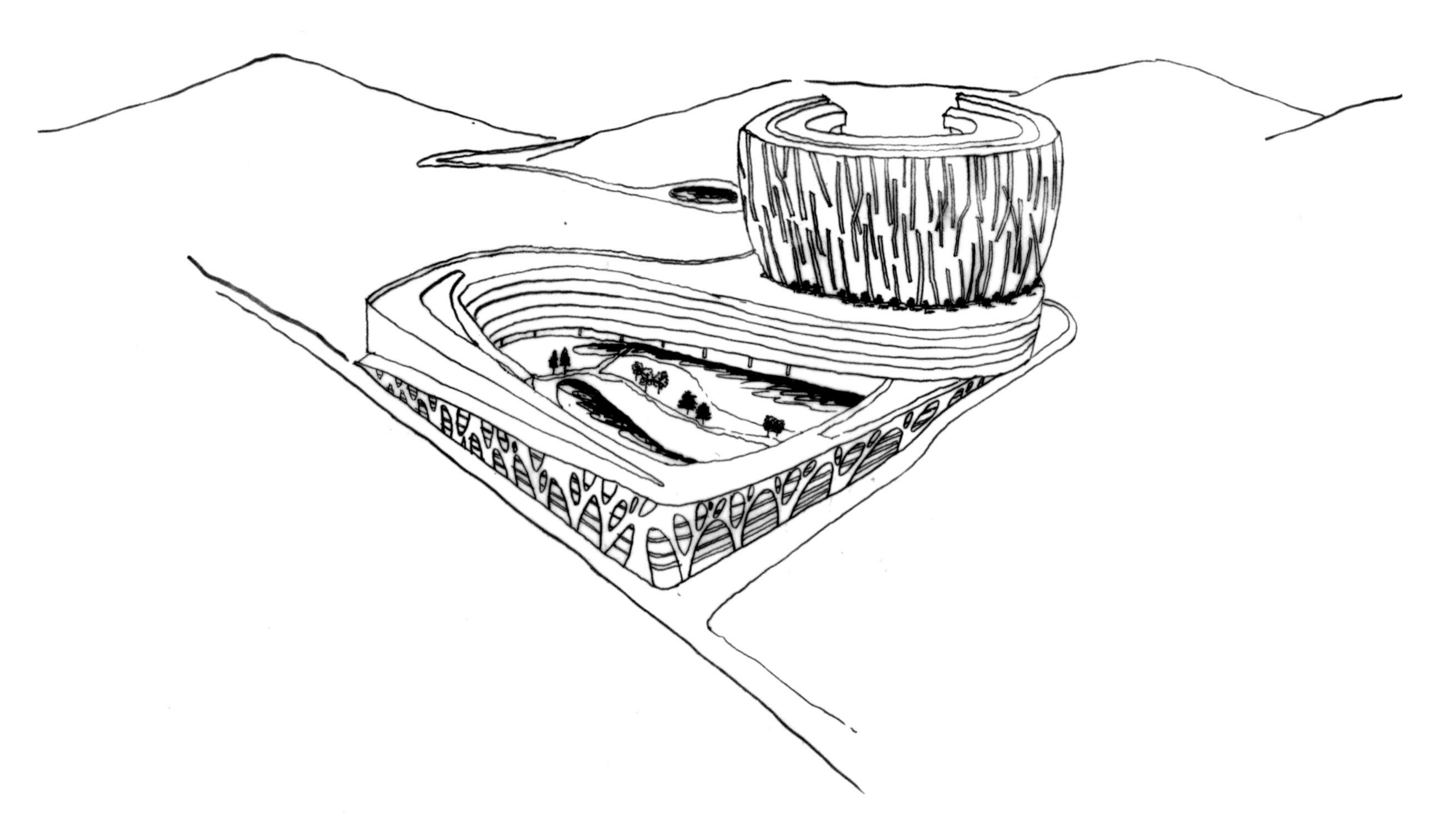

06 이종호

06 이종호

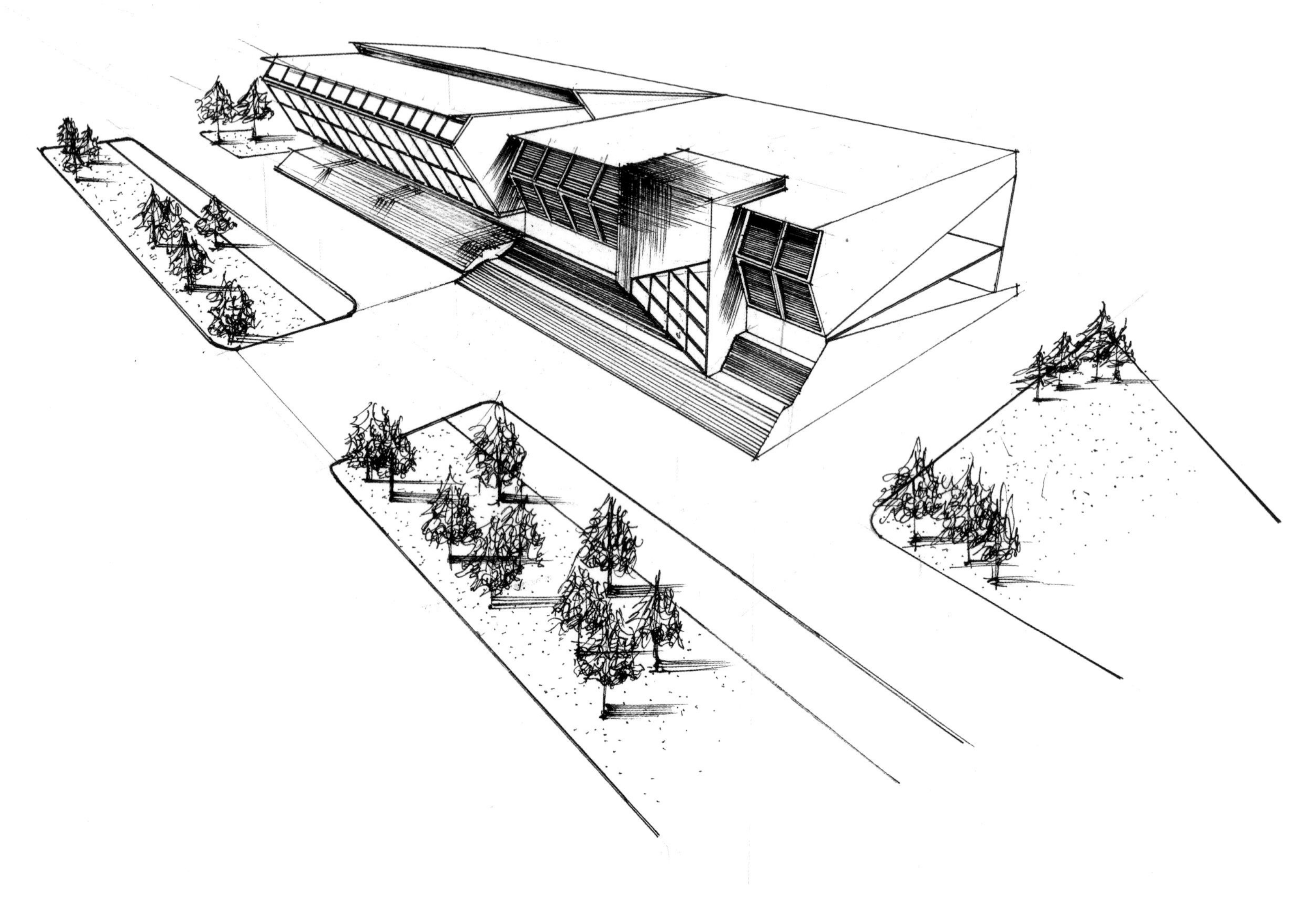

08 백승만

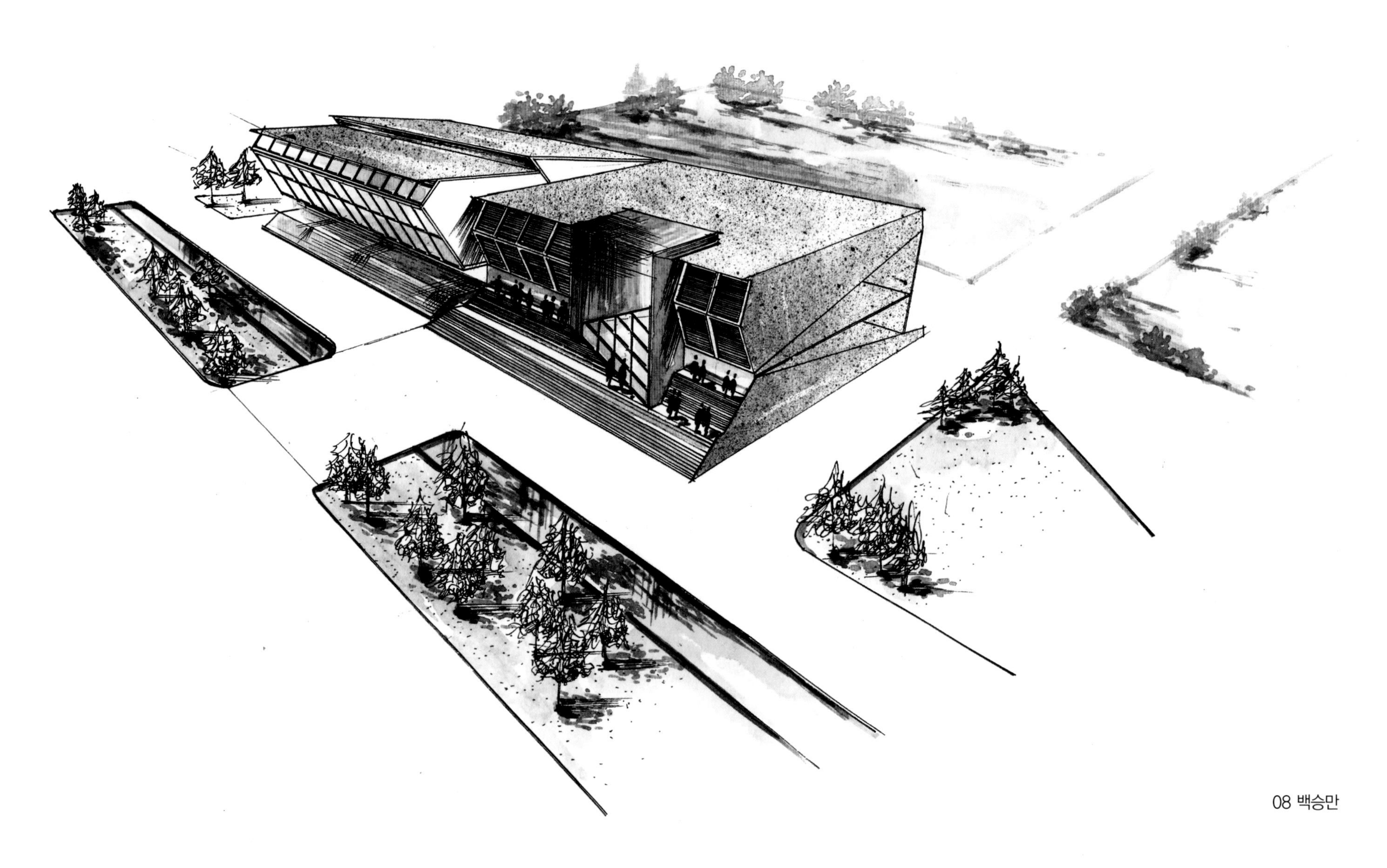

08 백승만

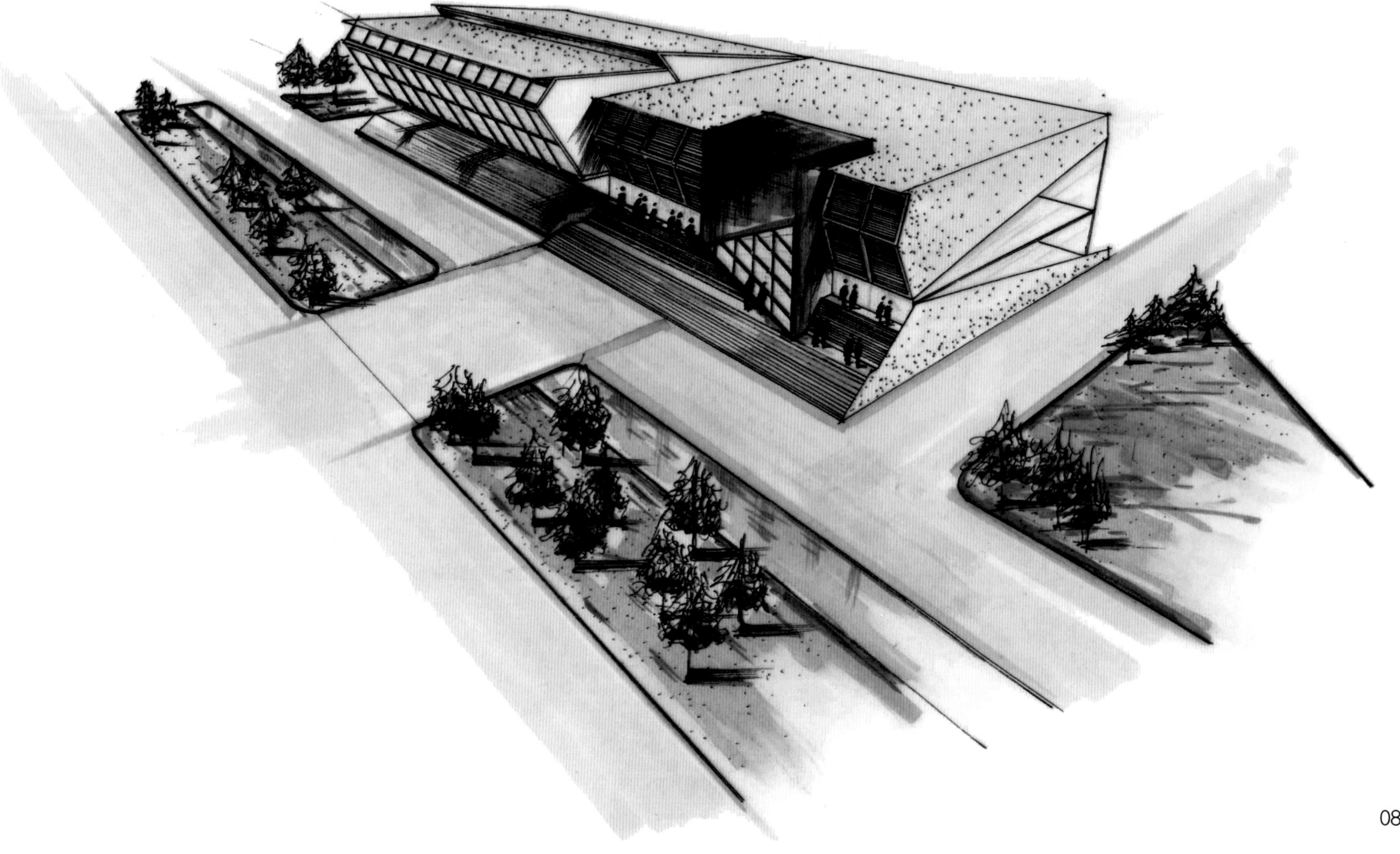

08 백승만

09 정진욱

09 정진욱

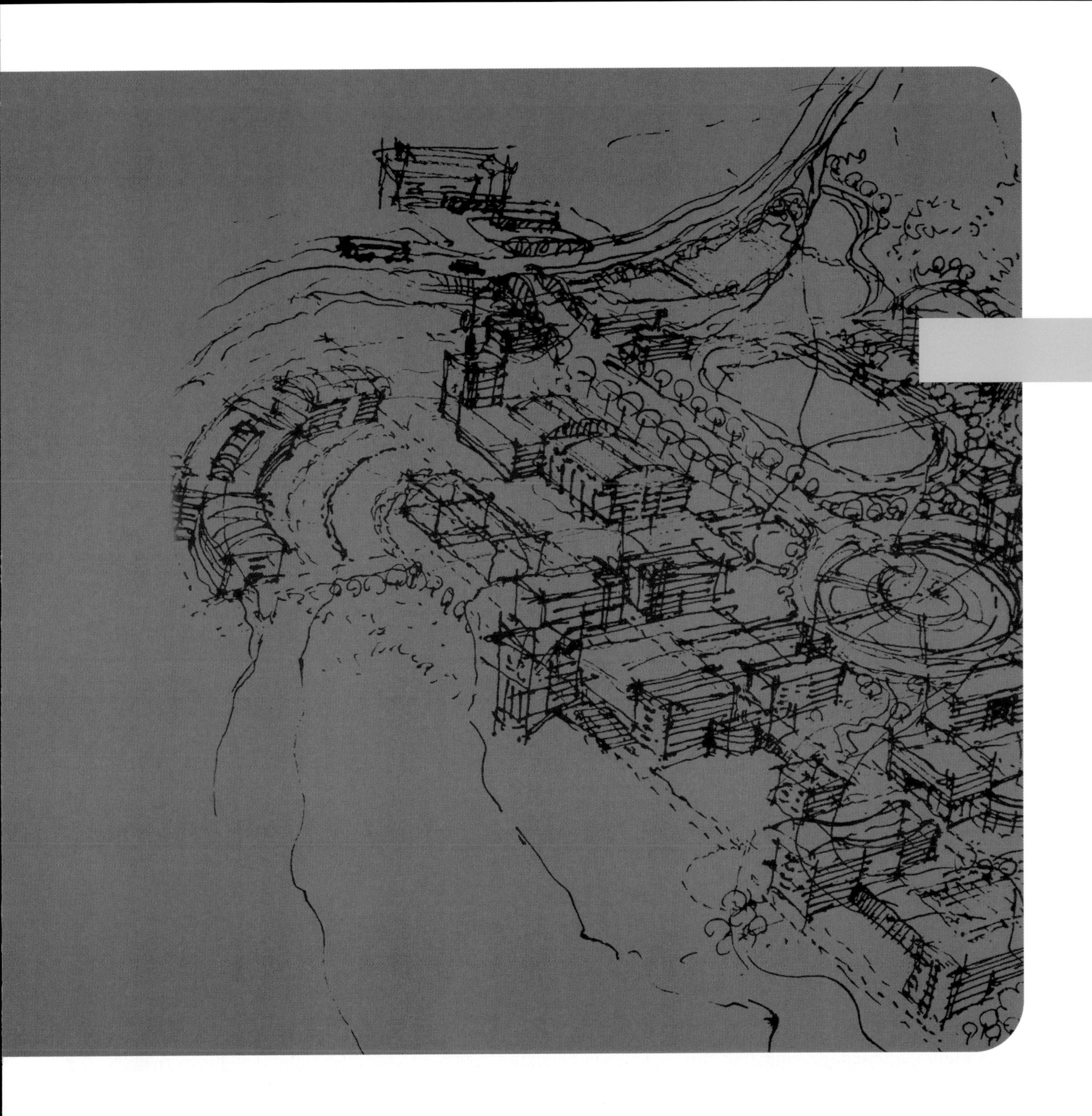

09

건축과 삶

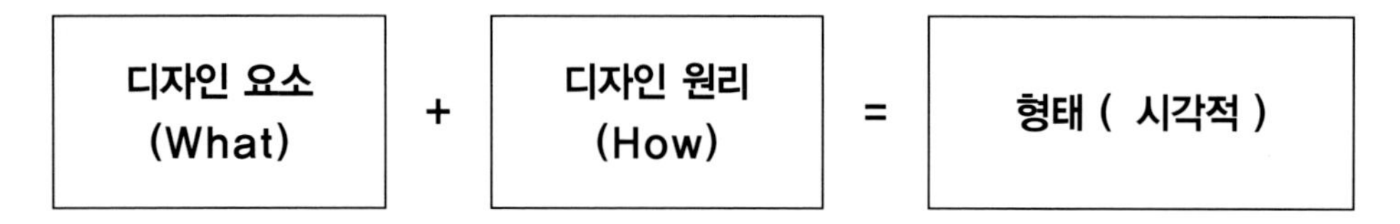

- 디자인 요소 : 점, 선, 면, 형, 공간, 방향, 크기, 질감, 명암, 색
- 디자인 원리 : 반복, 조화, 파조와 대조, 통일, 균형, 점이, 대칭, 비례

디자인 구성요소(Design Factors)

| 01 | 점(點, Point) : 비형태적, 비체질적, 무차원적, 상징적인 것으로 길이, 넓이, 크기 無, 위치만 有 / 허점(虛點)과 실점(實點)

1 디자인 구성요소의 가장 기본적인 요소
← 점이 동일방향으로 연결되면 직선, 무질서하게 연결되면 자유곡선.

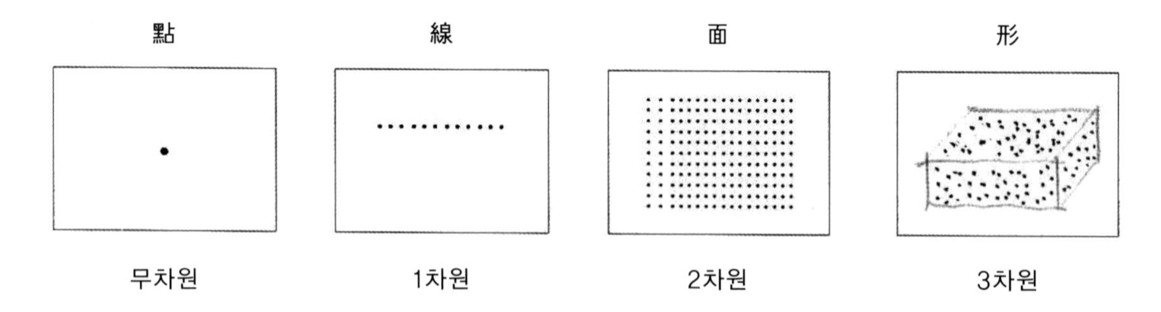

점의 조형효과

① 점이 연속되면 선처럼 느끼게 한다.
② 두 점 사이에는 서로 끄는 힘이 생긴다.
③ 한 점이 큰 경우에는 작은 점으로 긴장이 옮겨진다.
④ 가까운 거리에 있는 점은 선으로 지각되어 도형을 느끼게 한다.
⑤ 나란히 있는 점의 간격에 따라 집합, 분리의 효과를 얻는다.
⑥ 점이 같은 조건으로 집결되면 평면감을 준다.
⑦ 점에 약간의 선을 가하면 방향성이 생긴다.
⑧ 크고 작은 점이 집결될 때 구조성과 종속성이 생기며 동세가 나타난다.
⑨ 점의 연속이 점진적으로 축소 또는 팽창되어 나열되면 원근감이 생긴다.
⑩ 점은 일반적으로 경쾌하지만 흑백, 대소, 배경에 따라 경중이 달라진다.

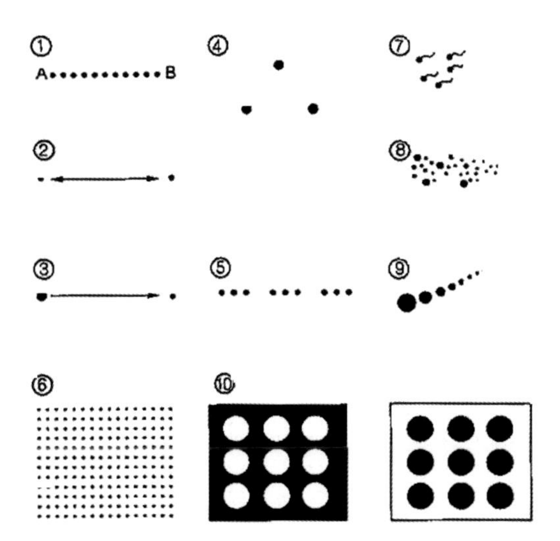

2 점의 존재

→ 공간의 감지, 분할 : 아무것도 없는 면에 점을 찍으면 공간을 인지하게 한다.

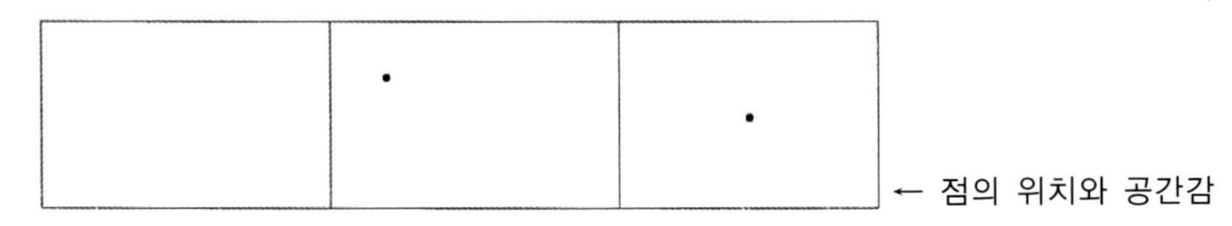

← 점의 위치와 공간감

→ 공간의 크기와 거리에 따라 점으로 인지 (ex)은하계의 지구 / 하늘의 새/ 숲속의 불빛)
→ 점은 상황에 따라 다른 구성요소(線, 形 등)로 인식될 가능성을 내포 (ex) 북두칠성/삼각형)

■ 건축에서의 점 :
- 탑, 팔각정, 피라미드의 정점 : 한점에서 모임(구심점, 초점)
- 고딕건축(교회)의 첨탑/모자이크 벽화/도시의 방사상 계획(시청)
- 백화점, 중정 등의 방사상 평면계획의 중심(중심부의 연못, 분수대)

| 02 | 선(線, Line): 點이 이동한 궤적 (동적 정의)

面의 한계 또는 교차 (정적 정의)

點이 연속된 것(점이 움직인 위치부터 끝나는 위치까지의 거리)

點이 靜的이라면 線은 動的인 요소

1 선은 형상을 구체화하는 요소(강하고 뚜렷하게 나타낸다.)

2 선의 분류

- 직선 : 강력함, 직접적, 진취적, 경직성, 단순성, 긴장감, 인위적, 남성적(수평선, 수직선, 사선)

수평선	안정적, 평화적, 수동적인 감정이 내포 – 친근감을 줌
수직선	강직, 결단력, 적극적, 직선적, 긴장감, 비타협적인 감정을 내포 눈이 수평으로 놓여있기 때문에 수직에 대한 이해력이나 인식력이 부족
사선	동적이고 큰 변화를 요구하는 공간구성에는 효과적 안정과 견고함을 파괴하는 단점 수평선과 수직선의 강한 대비, 어느 한쪽이 우세한 경우 사선으로서 균형 유지

- 곡선 : 우연함, 간접적, 융통성, 복잡성, 이완감, 자연적, 여성적.
- 자연적인 선 : 자연에 존재하는 선으로 주로 곡선이 많고 부드러운 편.
  계단 난간 - 식물 줄기/ 나선계단 - 소라껍데기 / 柱頭- 연꽃무늬
- 인위적인 선 : 인간이 형성한 선으로 주로 직선이 많고 딱딱한 편
- 메카닉한 선(mechanic) : 농담, 굵기 등이 같은 선 - 질서정연, 단조롭고, 변화가 없음.
- 자유로운 선 : 농담, 굵기 등이 다른 선(붓글씨 같은 선) - 다양하고 변화적이며, 자연적.
- 적극적인 선(positive) : 실제의 선
- 소극적인 선(negative) : 선으로 느껴지는 선 (세점이 있을 때, 삼각형)
- 허선(虛線) : 실선은 평면상에 그려진 2차원의 실제선을 의미하며 허선은 입체공간에서 면과 면이 서로 만나는 선단(線端)이나 결절점을 의미하기때문에 한 개의 건축물에 숨어 있는 허선은 무수히 많이 있으며 허점은 눈에 안보이지만 허선은 전부 눈에 나타나 보인다.

■ 건축에서의 선 :
- 線에 의해 건축의 형태가 구체적으로 표현된다.
- 건축공간의 구성은 곧 線의 구성이다
- 수평선, 수직선, 사선/ 직선, 곡선/ 자연적인 선, 인위적인 선 중 어느 것을 强調할 것인가? → 건물의 성격이나 주변상황에 따라 선택
- 한국의 고건축 : 곡선이 많음(기와, 처마선, 추녀선...)

| 03 | 면(面, Plan, Surface) : 線이 이동한 궤적

면은 정적임과 동시에 선의 배경적 성격을 가짐
건축에서의 형태는 주로 선과 면으로 이루어짐

1 면의 분류

- 평 면 : 단순성, 직접적, 경직되고 밋밋함 - 수직면, 수평면, 사면
- 곡 면 : 복잡성, 간접적, 유연성, 동적, 친근감
- 허 면 : 투명유리면, 거울면, 망사면, 철책면 등 - 넓은 공간감(연장된 느낌)

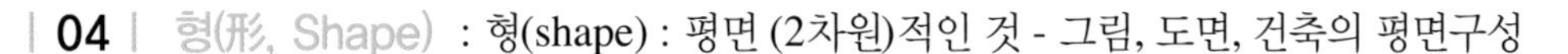

| 04 | 형(形, Shape) : 형(shape) : 평면 (2차원)적인 것 - 그림, 도면, 건축의 평면구성

형태(form) : 입체 (3차원)적인 것 - 조각, 공예, 건축의 입체구성

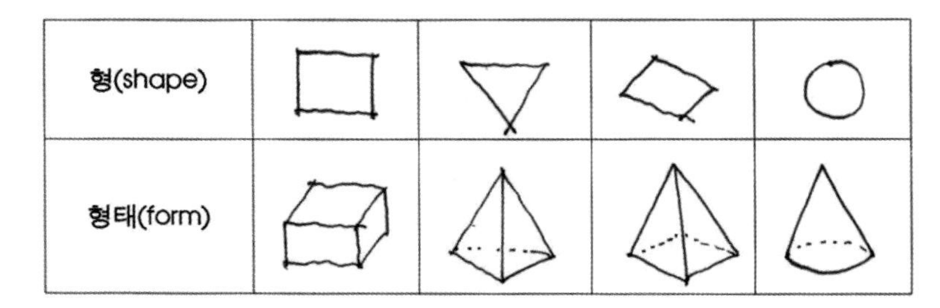

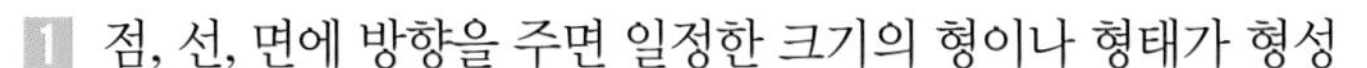

1 점, 선, 면에 방향을 주면 일정한 크기의 형이나 형태가 형성

→ 선의 이동에 의해 만들어지는 평면형은 2차원 공간이며, 면의 이동에 의해 만들어지는 입체형태는 3차원 공간.

2 形 변화의 3요소 : 눈의 높이, 위치(방향), 거리(원근) 에 따라 변화

3 형의 분류

- 기하직선형/ 기하곡선형/ 자유직선형/ 자유곡선형/ 자연적형/ 인위적형/ 기하학적형
- 이념적형태/ 현실적형태/ 자연형태/ 인공형태/ 포지티브형태/ 네거티브형태/ 자연주의적형태...

■ 건축과 형 :
- 잠실 올림픽 메인스타디움 - 도자기 형태(한국 고유의 수반)
- 올림픽 상징문 - 한식건물의 처마곡선
- 잠실 운동장 성화대 - 촛대모양
- 올림픽 실내 수영장 - 거북선 모양

| 05 | 공간(空間, Space) : 점, 선, 면, 형의 구성에 의해 空間이 성립

1 모든 공간에는 쾌적성, 위생성, 기능성, 안전성, 미 등이 요구된다.

2 공간의 분류

- 실(solid) 공간 : 내부가 충실해 있고, 생활공간을 내장하지 않는 공간
- 허(void) 공간 : 내부가 비어있는 공간, 또는 개구부가 넓게 확 트인 공간(개방적 공간)
- 적극적인(positive) 공간 : 면으로 에워 싸여 완결된 공간, 편안한 느낌
- 소극적인(negative)공간 : 점과 선으로 암시된 공간, 면으로 완전히 에워 싸이지 않은 공간
  소극적이며 존재감이 약하지만 의미 깊고 미묘한 느낌
  ex) 기둥만으로 된 공간(pilotis)/ 처마 끝에 둘러싸인 공간/ 툇마루 공간
- 정적인(static)공간 : 수평면과 수직면으로 구성된 공간
  - 단순하고 운동감이 없음
- 동적인(dynamic)공간 : 곡면으로 구성되거나 천장, 벽면의 구별이 없는 듯한 공간
  - 유연함, 자유분방, 풍요로움, 친근감, 생명감을 준다.
- 내부공간 : 건축내부에 둘러싸인 공간
- 외부공간 : 건축외부의 개방된 공간 - 뜰, 마당, 정원, 공원 등으로 발전

| 06 | 방향(方向, Direction) : 디자인 구성요소인 점, 선, 형 등에는 方向이 有

1 방향의 분류

- 수평방향 : 안정감, 평화감, 정적감, 고요감, 침묵감, 중압감, 지루함.
- 수직방향 : 상향감(이상을 향하는), 충동감(솟아 오르는), 진취감, 상징적, 과시적, 기념적, 권위적, 우상적, 엄격함, 위엄성
- 사선방향 : 미완성적, 동적, 가변적, 역동적, 충동적, 활동적, 운동감, 불안감.
  - 대칭적으로 서로 맞대는 경우는 안정적 -삼각형, 피라미드

■ 건축과 방향 :

- 주택(지붕 등) : 수평방향 - 슬라브지붕, 낙수장(라이트)
  사선방향 - 박공지붕, 돔(dome)형 지붕
- 빌딩(형, 창문 등) : 수평방향 - 학교건물, 수평창문의 건물
  수직방향 건물 - 고층빌딩, 기념비, 국회의사당
  사선방향 건물 - 피사의 사탑, 피라미드, 서울대 정문

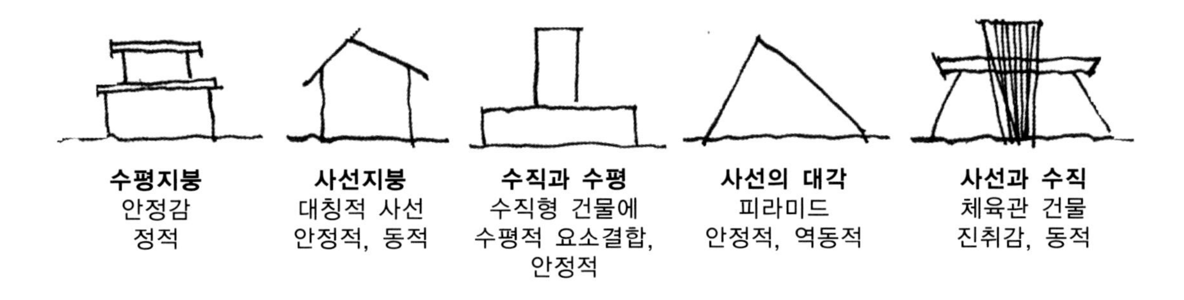

07 크기(Size) : 크기는 거리, 위치 등 상황에 따라 상대적으로 변화 (상대적 개념)

1 크기의 인식

인간은 사물을 대할 때 실제의 크기가 아닌 시각 속에 들어오는 상을 보고 느끼므로 상의 크기는 지각자와의 거리, 위치 에 따라 다름

2 크기의 비교

- 다른 사물과의 상대적인 비교 에 의해서만 성립(상대적인 다른 크기가 판단의 기준)
  -다른 사물과 의식적, 무의식적으로 비교하여 판단
- 동일한 사물을 보는 경우에도 보는 시각, 접근방법에 따라 대소(大小), 경중(輕重) 등 가치판단이 반드시 같을 수 없다.
  ex)스크린에 확대된 갈대는 대나무처럼..

3 척도(scale)

건물의 요소나 공간의 크기가 다른 요소나 공간에 대해 어떤 크기로 지각되는가 하는 것

- 일반척도 : 한 요소의 다른 형태에 대한 크기 관계
- 인간척도 : 인체 크기와의 관계

4 건축에서의 크기

- 어느 방향, 각도, 거리에서 보더라도 인간적 스케일에 대한 욕구가 만족되야 좋은 형태로 지각
  - 너무 크면(허황, 싫증, 지루함) / 너무 작으면(답답, 위축)
  ex) 남대문 주변현황1

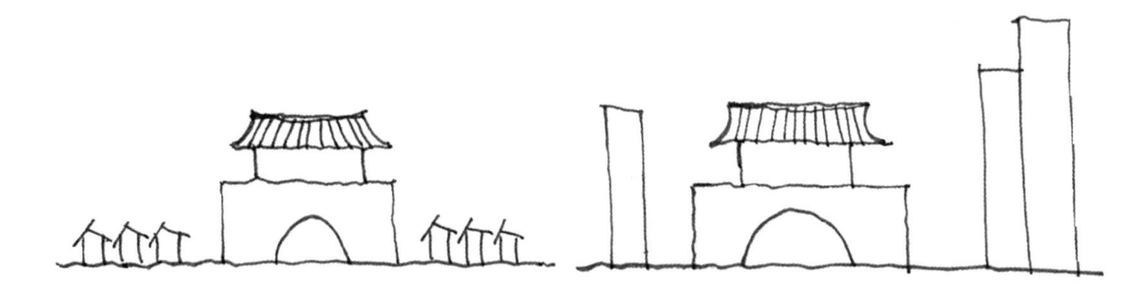

| 08 | 질감(質感, Texture) : 대상표면의 특성을 시각으로 지각할 수 있는 성질(표면의 시각적 성질)

1 질감의 종류

· 재질감(材質感) : 감각(시각, 촉각)에 의해 감지하는 표면의 성질 cf) 옷감은 촉각

· 표질감(表質感) : 주로 시각적으로 인지하는 표면의 성질

2 질감용어 : 매끄럽다, 부드럽다, 도들거리다, 거칠다, 차갑다, 포근하다.

3 각종 재료가 갖는 고유의 질감끼리의 조화가 중요

4 건축의 경우 동일한 재료를 사용해도 구성(디자인)방법 에 따라 시각적으로 느낌이 크게 다름.
ex) 유리와 콘크리트 사용건물 (두 재료면적 동일)

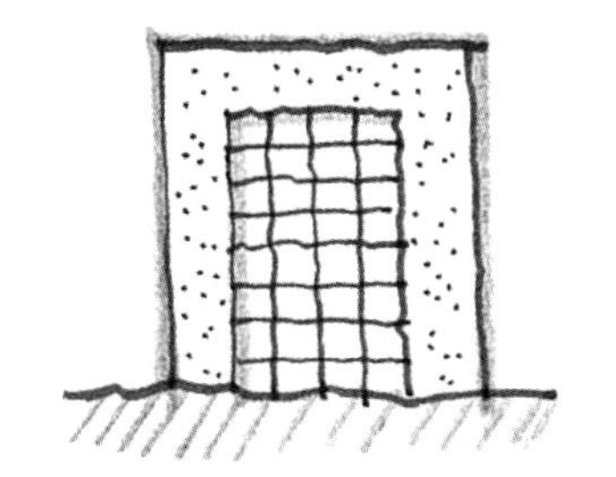
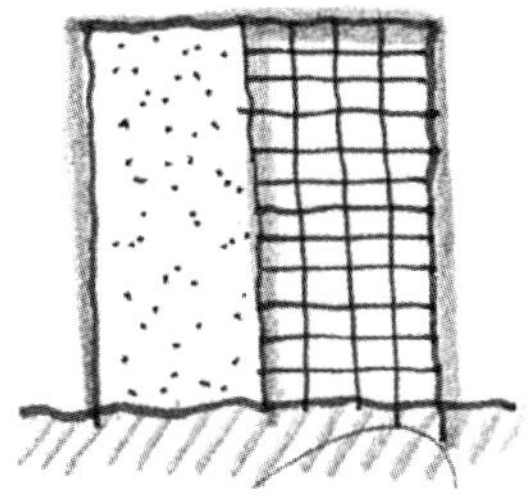
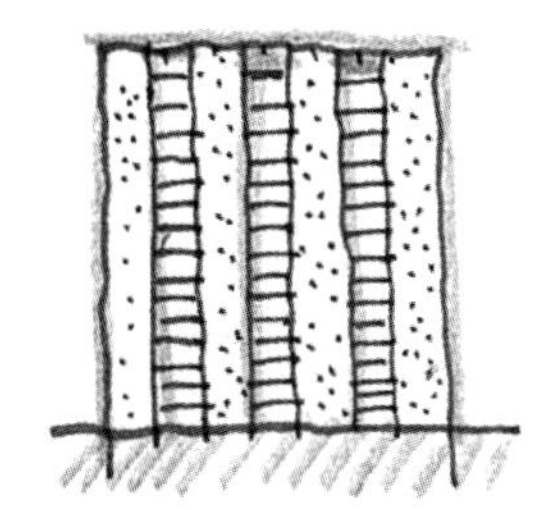
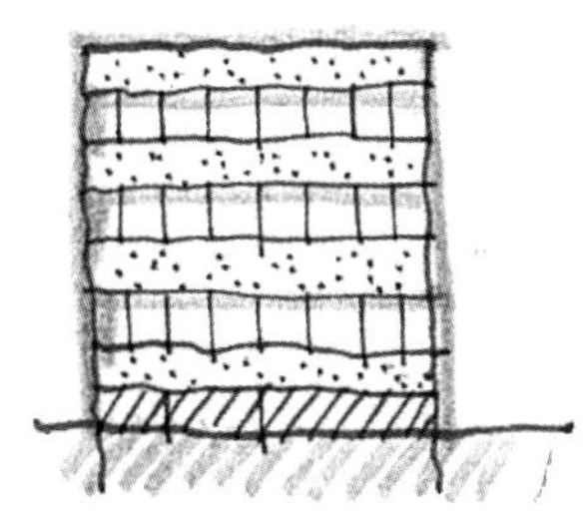

09 명암(明暗, Value) : 빛의 존재가 물체와 공간을 인식하게 함 (시각이 가능) 명암과 색채를 인식하게 함

1 명암

- 빛과 물체가 있으면 반드시 명암이 존재 (그림자)
- 사물의 형상을 다르게 보이게 한다. (깊이와 길이를 변화시킨다)
- 시간에 따른 변화성을 추구하면 형태의 변화가 다양하게 나타난다.
- 명암의 조화는 색채조화의 기본이 된다.
- 원근감, 입체감 표현의 주요 수단이다.(명암이 없으면 평면적으로 인식)
- 특히 건축, 조각에서 형태의 입체감에 중요한 역할
  ← 건축의 명암에 의한 감흥은 건축의 기본형마저도 변형시킬 수 있다.
- 명암의 간격과 대조로 형태의 리듬을 표현 가능

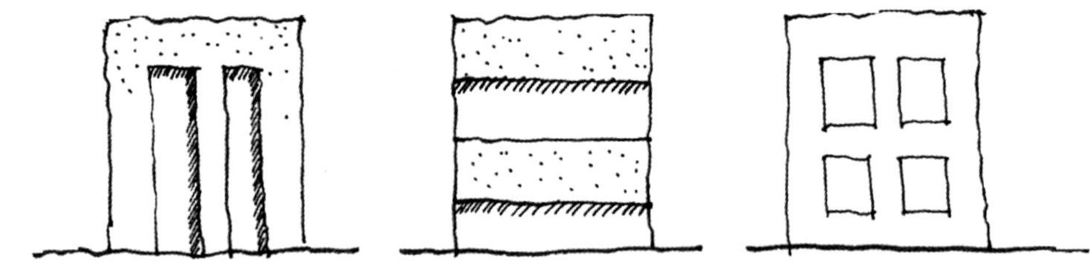

건물의 외관이 평평하면 가볍고, 명암이 뚜렷하면 무거워 보임 (중량감)

2 명암의 영향

인간의 감정은 명암의 강약에 따라 크게 변한다.
cf) 건물 외면의 명암 - 자연광 / 내부공간의 명암 - 인공조명

■ 건축과 명암 :
- 고대 이집트의 암몬(Ammon)신전 : 중정을 통한 빛
- 르꼬르뷔지에의 롱샹교회 : 빛(명암)의 효과 중시
- 고대 신전건축의 고창, 천창 : 빛의 효과

| 10 | 명암(明暗, Value) : 인간이 공간(형태)을 지각할 때 풍부한 감정으로 접근하게 하는 요소

(명암만으로는 인간의 마음을 충분히 끌 수 없음)

1 색채조절 효과

- 눈과 신체의 피로경감 (신체적 건강)
- 시각적 즐거움 (정신, 심리적 건강)
- 주의력 집중 및 작업의 능률증진
- 광선을 유효하게 조절
- 위험판단이 용이 (재해경감)
- 환경을 미화 (친근감)

2 건축물의 내 외장 색채

주로 중 명도 · 저 채도로사용 ← 사람 또는 물체의 배경이 되어야 하는 것이 원칙이기 때문

예) 외부색채 : 건축물 주변의 자연환경이나 인공환경의 색과 조화. 친환경 색채계획

■ 건축과 색 :
- 북향 실, 냉동실 : 난색 계 / 남향 실, 보일러실 : 한색 계
- 경찰서 벽 : 밝은 크림색 (시민과 친근감) / 교실천장 : 백색 계
- 병실, 도서실, 교실 벽 : 진정 색, 차분한 색 (담 녹색 등)
- 주점, 극장, 백화점 : 흥분 색, 화려한 색 (강조색)
- 수술실 벽 : 청록색 / 수술실 바닥, 미술관 진열실 벽 : 담회색 (안정적)
- 주방 벽 : 백색, / 식당 벽 : 오렌지색 / 암실 : 흑색

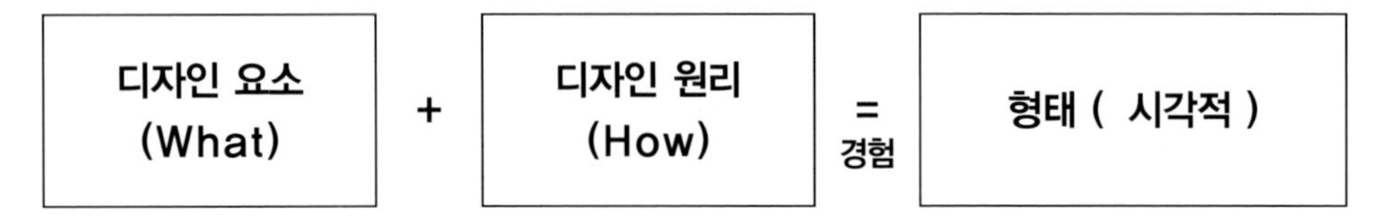

- 디자인 요소 : 점, 섬, 면, 형, 공간, 방향, 크기, 질감, 명암, 색
- 디자인 원리 : 반복, 조화, 파조와 대조, 통일, 균형, 점이, 대칭, 비례, 율동, 강조
  (시각적 만족을 결정하기 위한 수단, 어떠한 질서로 결합~ 방법)

ex) 4계절 -- 봄, 여름, 가을, 겨울 (계절을 구성하는요소)

1) 반복 : 4계절이 끊임없이 반복하고 있음.
2) 리듬 : 온도가 오르고 내리는 변화가 있음.
3) 점이 : 점진적으로 온도변화, 환경변화
4) 대조 : 태풍 - 온화함 / 흐림 - 맑음 / 더위 - 추위
5) 균형 : 4계절이 균형적 (덥고, 춥고, 따뜻, 시원)

← 원리

전체(自然)을 이루는 부분(요소 : 봄, 여름, 가을, 겨울)은 각기 다르지만 전체를 이루는 데 분리되지 않고 연관성을 가지며 상호작용됨.

디자인 구성원리(Design Priciples)

01 반복 (反復, Repetition)

1 반복의 의미 (동일한 요소나 대상을 두 가지 이상 배열하는것)
- 어떤 요소나 단위가 동일하거나 유사성을 지닌 것이 되풀이 되는 것
- 어떤 사건, 형태, 공간 등이 동일한 패턴으로 연속적으로 나타나는 현상
- 디자인 구성 원리 중에서 가장 기본적인 원리

2 반복의 유형
- 완전 반복 : 똑같은 진행(패턴), 질서정연함, 지루함, 변화없음
  ex) 군인이 종횡으로 줄맞춰 서 있는 경우
- 불완전 반복 : 패턴은 같지만 조금씩 변화가 있는 것.
  ex)군인이 자유롭게 흩어져 서 있는 경우
- 시간적 간격에 의한 반복 : 음악, 시, 무용 등에 나타남
- 공간적 간격에 의한 반복 : 회화, 건축, 조각 등에서 나타남
- 교체(交替) : 복잡한 리듬에 의한 반복

3 반복의 느낌 (반복은 순환이 기대되면 율동적이게된다.)
- 통일감과 명료성을 갖는다
- 연속적인 운동감으로 질서미와 안도감을 갖게 한다.
- 질서있게 반복, 교체되면 연속적인 리듬이 즐거움을 준다.
- 단순하고, 평범하며, 지루하다.(계속적 반복의 연속~)
- 적당한 변화와 복잡성이 없으면 감흥이 적고 권태감이 생긴다.
- 기계적이고 획일적인 반복은 싫증을 느끼게 할 수 있다.

4 반복구성: 평면구성 뿐만 아니라 입체구성에서도 흔히 사용하고 있다.

5 건축과 반복

<자연> 산맥, 기러기떼, 장미꽃밭, 4계절, 일출일몰(낮과 밤), 밀물썰물

<생활> 호흡, 맥박, 식사, 수면, 배설, 세수, 출퇴근

<건축> 기와지붕 (기와), 연속된 창문, 벽지무늬, 기둥의 반복, 아파트의 단위세대의 반복, 학교 교실의 반복

*크기, 모양, 명암, 질감, 색 등 ~ 결합이 바뀔 수 있다.

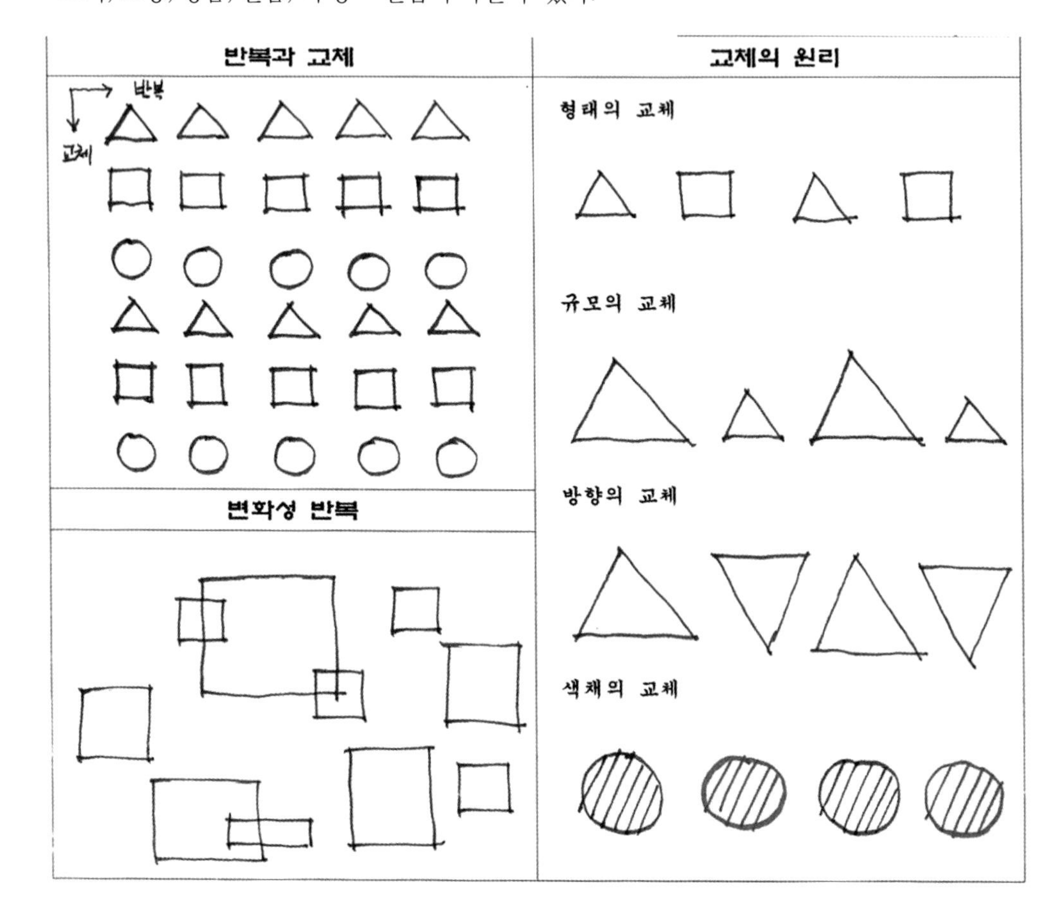

| 02 | 조화(調和, Harmony)

1 조화의 의미

- 두 개 혹은 그 이상의 요소들이 서로 화합함으로써 이루어 진다./ 닮은 것, 비슷한 것의 모임 ← 콤비(Combination)와의 비교 (홀쭉이와 뚱뚱이)
- 시각적 요소 또는 원리, 법칙 등의 상호관계가 서로 분리 · 배척되지 않는 현상 ← 시각요소들의 결합에서 상호관계가 질서정연하고 유사성이 있고 어울릴 때
- 디자인 요소가 동일하거나 완전한 반복을 벗어난 상태로 시각적으로 변화를 주며 아름답게 느끼게 하는 것
- 일반적으로 '잘 어울린다', '보기 좋다', '멋있다' 는 느낌은 조화를 의미 ← 예외) 콤비(combination) : 형태에서 조화에 가깝더라도 크기가 대조적인 경우
  크기에서 조화에 가깝더라도 명암이 대조적인 경우

■ 조화는 조그마한 변화에 의해 미를 나타내므로 조용한 아름다움을 느끼게 한다.

■ 질서, 안정, 적당한 비례, 변화 등에 의해 조화가 나타남
ex) 조화 : 시화전/ 소나무와 두루미
부조화 : 신사복과 짚신 / 미니스커트와 버선/ 뚱보와 스쿠터

2 조화의 유형

- 유사적 조화 : 정적이고 안정감 있는 단조로운 통일적 조화 (유사한 요소의 결합)
  (동일한 형의 반복, 단조로울수 있음)
- 대립적 조화 : 강력하고 자극적, 생동적인 대조적 조화(상반된 요소의 결합)
  (통일이 어렵고 변화,약동감,자극,긴장감이 있음)

■ 참된 조화는 단조로운 반복, 교체와 파조의 중간에 있는 중용적인 것이다.

3 건축과 조화

- 비행기와 새 모양의 공항 건물 ~ 형태적 조화
- 초가지붕과 자연 / 숲 속의 별장 ~ 곡선의 조화
- 피라미드 군(안정감 있는 조화미) ~ 안정감 있는 조화

■ 서로 보기 좋게 어울리거나 전체적으로 아름답다고 느낄 수 있는 것
■ 시각예술 분야에서 가장 기본이 되는 원리 중의 하나인 것이다.

| 03 | 대조 (對照, 對比, Contrast)

1 대조의 의미 (대조 또는 대비 현상)

- 성질이나 양이 전혀 다른 둘 이상의 요소가 동시 배열되어 서로의 성격이 한층 돋보이는 현상
  ex) 直曲/ 大小 / 經重/ 明暗 / 원형과 사각형 / 적색과 청색 / 매끄러움과 거칢
- 반대, 대립, 변화로 흥미를 자극하고 흥분시킬 수 있는 다이내믹한 효과의 기본임

■ 조화는 조그만 변화에 의해 아름다움을 추구하기 때문에 안정감은 있지만 신선한 격은 無
대조는 큰 변화를 통해 아름다움을 추구하기 때문에 신선하고 생동감이 有
← 대조가 너무 강하면 파조(破調)가 된다.

2 건축과 대조

- 사각형 창문 속의 원형창
- 유사색 건물군 속에 상반된 색의 건물
- 낮은 건물군 속의 초고층 빌딩
- 원형건물과 사각형 건물
- 선, 형, 방향, 크기, 질감, 명암, 색채 등의 대조가 있다.

| 04 | 통일 (統一, Unity)

1 통일의 의미 (아름다움이란 다양함의 통일이다)

*디자인 전체에 미적 질서를 주는 기본원리로서 모든 형식의 출발점이며 구심점이다.

- 구성요소들의 일관성, 단일성을 의미하는 것으로 우주질서의 근본원리이며 美의 근본 ← 구성요소간의 관계가 안정되고 정연한 느낌을 주면 이는 곧 통일의 상태이다.
  ← 반복, 조화, 대조, 점이 등도 결국은 통일을 위한 수단으로 응용
- 통일과 변화는 부분과 부분 및 부분과 전체의 관계에서 시각적인 힘의 정리를 의미

2 통일의 조건

- 구성요소의 구조를 강조 : 요소들간의 경쟁억제(종속관계 설정, 대립해소)
- 감각적 통일점 필요 : 의미가 일치되어야 함 ex) 가족 - 부, 모, 자, 녀
- 구성원리의 통일성 필요 : 반복적 통일/ 조화적 통일/ 대립적 통일/ 점이적 통일 ex) 미주적 통일 - 조화 / 군주적 통일 - 대조 / 획일적 통일 - 반복, 통일
- 작가 사상전 통일성 : 작품마다 작가의 독특한 기법이 있다.

■ 통일이 너무 지나치면 지루하고 단조롭기 쉽기 때문에 변화라는 움직임과 흥미를 유발하는 반대작용이 필요하다. 또한 변화가 지나치면 무질서와 불안감을 주기 때문에 통일과 변화(Variety)는 상호 만족할 만한 한계에서 작용해야 한다.

| 05 | 대칭 (對稱, 均齊 Symmetry) : 축의 존재에 의해 이루어지는 완전한 균형상태를 의미하는것

1 대칭의 의미 - 비대칭

- 각 부분을 일정한 비율로 대응시킨다는 의미로 가장 중요한 고전 건축의 의장원리
- 좌우 또는 상하의 형이 축에 의해 똑같음으로써 시각적인 균형을 이루는 것

2 대칭의 유형 :반사대칭, 이동대칭, 회전대칭, 확대대칭 (4개의 기본형식)

- 점대칭 / 선대칭 / 면대칭
- 좌우대칭(중심축,좌우동일) / 방사대칭(한점) / 역(逆)대칭(180 ° 회전) /상하대칭

■ 대칭은 시각적 · 구조적 안정성과 근엄성, 완고성을 느끼게 하며, 또한 고전적, 기계적, 비융통적, 딱딱함 등의 느낌을 준다.

| 06 | 균형(均衡, Balance) : 어떤 형태상의 대칭과는 다른 비대칭의 균형을 말함

1 균형의 의미

- 좌우 또는 상하의 모양이 다르면서도 힘이나 무게가 기울어지지 않고 질서를 유지하는 상태
- 상대적인 양자(兩者)간의 힘 또는 무게의 평형상태(시각적 판단)
- 균형을 잃게 되면 불안정한 느낌을 받는다.

2 균형의 유형

- 대칭적 균형 : 동일 또는 유사한 요소가 축을 중심으로 반대에 위치하여 평형을 이루는 것.
- 비대칭적 균형 : 대립되는 요소가 축을 중심으로 반대에 위치하여 평형을 이루는 것.

■ 종래에는 좌우대칭에 의한 균제가 美의 절대적 조건이었지만
(건축, 가구, 장식, 공예 - 안정감과 균형감을 부여하기 때문),
■ 오늘날에는 좌우 비대칭인 불균형을 취하는 경우가 많다.
■ 크기가 큰 것은 작은 것보다 중량감이 크며
■ 따뜻하고 밝은 색상이 차갑고 흐린 색상보다 시각적 중량감이 크다.
■ 거치고 복잡한 질감은 부드럽고 단순한 것보다 중량감이 크고
■ 불규칙적인 형태는 기학적인 형태보다 시각적 중량감이 크다.

| 07 | 점이(漸移, 漸層, Gradation) : 점진, 점증, 점층, 계조 라고도 하는데 이것은 구성요소가 순차적으로 조금씩 변화되어가는 현상을 말한다.

1 점이의 의미

- 구성요소가 점차적으로 변화하는 현상
- 점이는 그 흐름을 지각하거나 미래를 예측할 수 있게 한다.
- 점진적인 변화는 율동감, 변화감, 성장감, 쇠퇴감, 역동감 등을 부여 한다.

← 만물(自然)의 법칙은 점이의 원리 그 자체 - 계절, 밤과 낮, 밀썰물, 일생

* 자연질서의 보편적이고 기본적인 형태이다
*초승달이 보름달로 이행하는 과정이나 일출과 일몰의 과정이 그러하다

2 건축과 점이

- 한국건축 : 탑 (점이의 원리) / 기와지붕 처마선 (자연적 요소가미)
- 서양건축 : 이집트의 피라미드 / 교회의 첨탑 / 에펠탑
- 현대건축 : 63빌딩 / 삼성동 무역회관 / 구겐하임 미술관
- 기타 : 목동아파트 채색 / 무지개

* 대규모 아파트 단지의 외벽채색: 점이의 원리에 의한 율동감과 변화감을 느낄수있다.
* 자연적 현상인 무지개의 색깔과 형태 점이의 원리를 발견

| 08 | 비례 (比例, Proportion) : 디자인에서 아늑함과 편한함을 결정하는 요소이다.

어떤 양과 다른 양 사이에서 대소의 분량, 장단의 차이, 부분과 부분 또는 전체의 부분과의 수량적인 관계를 나타낸다.

1 비례의 의미

- 부분과 부분 또는 전체와 부분과의 길이나 면적 등의 양적인 관계

← 길이, 넓이, 부피, 무게 등의 보기 좋은 비율을 의미

- 형태나 공간의 수학적인 관계 --- 수치적 접근을 의미

2 비례의 유형

- 황금비 : 주어진 선분을 대소로 분할하고 큰 부분과 작은 부분의 비가 큰 부분과 전체의 비와 같게 되는 것을 황금분할이라 하며 그 비를 황금비라 한다.

| 09 | **율동 (律動, Rhythm)** : 공간이나 형태의 구성을 조직하고 반영하여 시각적으로 디자인에 질서를 부여한다.

1 율동의 의미

- 조형요소가 질서있게 반복될 때 느껴지는 감각으로서
  ← 시각적으로 생동감을 부여 - 음악에서 가장 중요한 원리
- 시간과 공간에 있어서 나타나는 요소의 주기적인 변화를 뜻하는 포괄적인 용어
  ← 반복, 교체, 점이 등의 조형원리가 포함된다.
  (반복은 단순하고 교체는 복잡한 율동이라고 볼 수 있다.)

2 율동의 유형

- 반복에 의한 율동 : 같은 형이나 상태가 되풀이 되는 것 (강약반복,리듬을 살릴 수 있다.)
- 점이에 의한 율동 : 형, 색, 명암 등이 점차 증가 또는 감소하는 것
- 억양에 의한 율동 : 시각적인 힘의 강약을 불규칙하게 주어 구성하는 것

■ 건축의 리듬이란 요소의 관계를 나타내며 반복되는 요소, 기둥간격 등의 규칙적 질서를 의미 (시간과 공간에 있어서 나타나는 요소의 주기적인 변화를 뜻하는 포괄적인 용어

*리듬의 기초는 반복이다.

| 10 | 강조 (Accent)

초점이나 흥미의 중심으로 디자인의 특정부분에 주어지는 강도를 의미한다.
다른표현으로는 강세, 억양이라고도한다.
디자인에 있어서 어떤 부분이 강조되어가는 시각적 중량감 또는 지배적 시각으로 평가된다.
강조는 주의를 끌게 하거나 다소 과장되게 하는것을 말한다.

■ 디자인 구성의 원리

- 통일(Untiy)과 변화 (Variety)
- 조화(Harmony)
  - 유사 (Similarity)
  - 대비(Contrast)
- 균형(Balance)
  - 대칭 (Symmetry)
  - 비대칭(Asymmetry)
  - 비례(Proportion)
- 율동(Rhythm)
  - 점이(Gradation)
  - 반복(Repetition)
  - 억양(Accent)

- 디자인에 구성원리가 없으면 디자인 요소들이 개별적인 목적,기능 그리고 형태에 부족함이 있을 것이다.
- 디자인 원리는 미적,기능적,공간적 효과를 창조하기 위해 요소들이 조화롭게 통합될 수 있도록 하는 동력 또는 시행규칙이다.
- 구성요소가 일정한 방식에 의해 구성되어야 비로소 완성될 수 있으며 구성요소 자체만으로는 형태의 완성을 이룰 수 없다. 여기서 일정한 방식이란 구성요소에 특정한 효과를 부여하는 구성방식을 의미하며 우리는 이를 구성원리라고 한다.

발전과 보전

오늘은 설계 강의가 있는 날이다.

설계스튜디오 문을 열자, 내 눈 앞에 펼쳐진 광경은 설계 강의실이 아닌 쓰레기가 가득한 창고 같았다.

여기저기 놓여 있는 스티로폼 위에 취침 중인 학생들, 공부하던 그대로의 자세로 책상에 엎드린 채로 교수가 들어온지도 모르고 자고 있는 학생들을 한 명, 한 명 깨우면서 정신 차릴 수 있도록 재촉을 해 보지만, 몇 주째 설계과제와의 사투로 지쳐있는 모습에 안쓰럽기까지 하다.

한 명, 한 명 크리틱을 시작한다. 지난주보다 꽤 진전된 설계도는 학생들의 일주일간의 고단함을 그대로 드러내고 있다.

3세대 주거시설, 노부모를 위한 장애시설과 요즘 이슈가 되고 있는 온실가스 배출을 줄이기 위한 친환경 생태주거가 키워드다. 지구의 온난화는 날로 심각한 문제로 부각되고, 우리나라도 물 부족국가가 된 지도 벌써 오래다.

더 이상 안전불감증으로 인한 피해는 없어야 한다. 대비하자.

일부 과학자들은 지구온난화를 지구의 공전에 의한 주기적 현상이라 말하지만, 인간의 이기심으로 인한 지구의 파괴는 인정해야 하지 않을까.

북극곰이 얼음을 찾다가 지쳐서 죽어야 하고, 방부목으로 인한 생태계 파괴로 인한 기형 개구리의 출현을 인간은 봐야 한다. 테러만이 위협은 아니다. 토네이도는 엄청난 위력으로 매년 수가 늘어나고, 허리케인은 그 단어 만큼의 위력을 자랑이라도 하듯이 모든 것을 싹쓸이 해 버린다. 치명적이고 강력해졌다.

2009년 7월 영화 <해운대>에서는 부산을 배경으로 쓰나미의 위력을 제작하였고, 2011년 3월 11일 일본 미야기현 게센누마 시가 5분 만에 바닷물에 잠기는 무시무시한 쓰나미의 위력을 우리는 마치 영화의 한 장면처럼 보았다.

발전된 모습과 변하지 않는 모습의 공존을 보여주자. 몸에 해롭고 지구를 썩게 하는 일회용품의 사용에 인색해져야겠다. 건축계에서는 친환경의 차원으로 패시브 건축* 물을 내 놓았다. 독일에서는 20년 전부터 해온 프로젝트로 늦은 감은 있지만, 에너지 절감 차원으로 에너지 제로 건축, 대체에너지 이용 건축이 자리 잡을 수 있기를 바란다.

하늘 높은 줄 모르고 치솟고 있는 건물들 속에 인간은 한없이 작게만 느껴진다. 1985년 완공된 여의도의 63빌딩은 한국을 대표하는 건축물이다. 뒤이어 69층의 타워팰리스(2002년)를 비롯한, 서울의 랜드마크 역할을 톡톡히 해 내고 있는 건축물들……

지금은 해운대 '두산 위브 더 제니스(80층)' 주상복합건물이 대한민국의 위상을 높인 건축물로 평가 받고 있다. 모두 인간의 욕심이 낳은 건축물이다.

세계적인 건축물로는 두바이에 지어진 '부르즈 칼리파(162층)', 2017년 완공되는 사우디아라비아의 '킹덤타워(167층, 1km)' 등이 있는데, 조금 더 높이기 경쟁을 부추기며, 거대한 구조물끼리 힘겨운 싸움을 하는 듯하다.

대한민국의 건축계를 짊어지고 가야 할 학도들에게 미안한 마음이 든다. 선배들의 무분별한 경제성장 중시 풍조와 환경파괴로 인한 생태계 변화를 누가 책임져야 할까. 모두 후배들이 떠안게 될 것이다. 자연재해로 인한 인간의 무력함, 사랑하는 사람과 모든 것을 잃을 수 있다는 것을 우리는 안다.

급속성장으로 인한 기술발전의 통계 한계선은 어디까지인가. 나는 종이 한 장의 귀함을 경험했던 시절에 학창시절을 보냈다. 그러나 지금 내가 쓰는 종이컵이 하루에 족히 다섯 개가 넘는다. 종이컵이 버려져 썩기까지는 20년이 걸린다. 우리가 사는 세상의 주인이 우리가 아닌 것을 자각하자.

훗날 이곳에 살아갈 친구들이 주인임을 인식하자.

선물 받은 텀블러에 따뜻한 커피를 마시며 창문 넘어 교정의 단풍을 가슴에 새겨 넣는다.

* 채광, 환기, 단열 등 건축의 요소를 활용하여 친환경건축을 시도하는 설계

고등학교 1학년.

'그래, 잠이 먹는 것보다 좋을 나이다.'

벌써 아들을 깨운 지 20분이 지났다. 달래고 협박하기를 거듭하며 주방으로, 아들 방으로 분주하다. 그런데 욕실에 들어가 또 감감무소식이다. 이름을 부르며 재촉해 보지만 대답만 할 뿐 물소리가 나질 않는다.

오늘도 아들의 이름을 쉼 없이 부르는 것으로 하루가 시작된다.

"아들, 다 했니?"

묻는 것이 벌써 네 번째. 그래도 헤어드라이기 소리만 날 뿐 대답이 없다. 어느새 교복을 멋지게 차려입고 식탁 앞에 앉는다.

"아직 밥도 안 주셨잖아요."

투정과 함께 재촉한다. 터무니없다. 따뜻한 밥 먹이려고 "다 했니?"를 연발하며 1시간여를 준비한 시간이 무색하다. 주발의 밥은 반이나 남았는데 무정하게 일어나 버린다. 한마디하고 싶지만, 등교시간이니 참자고 체념하듯 혼잣말을 한다.

'그래. 배고프면 뭐라도 사먹겠지.'

대학교 1학년. 그러니까 지금부터 30년 전이다.

주말에 식구들을 만날 생각에 일주일을 버텼다. 이모님댁이긴 했지만, 엄마가 보고 싶어 이불을 쓰고 소리죽여 울며 잠들던 밤도 수없이 많았다. 주말에 식구들과 헤어지기 싫어 늑장을 부리다 시내버스 시간에 늘 분주했던 기억. 엄마는 집을 나서기 전 늘 밥상을 내오셨다. 큰딸의 부재에 대한 허전함을 든든하게 먹여서 보내시는 것으로 채우셨던 것 같다.

어린 시절 내가 식사시간을 맞추지 못하면 아랫목 검게 그을린 장판 위에 주발 하나가 밍크이불을 덮고 있거나 이불장 솜이불 속에서 주발이 나오기도 했다. 그것은 언제나 따뜻한 밥을 먹이시려는 엄마의 마음만큼이나 따뜻했다.

나의 중 · 고등학교 시절에도 엄마는 아침마다 밥상에 앉기까지 족히 열 번은 부르셨던 것 같다.

"준비 다 했어요."

대답 후, 엄마는 주발에 밥을 푸셨다. 밥은 따뜻해야 맛있다고 늘 강조하셨다. '찬밥 신세' 라는 말이 있다. 식구의 범주 안에 있지 않은 사람을 일컫는 말이다. 이렇듯 식구의 개념은 밥상에 둘러앉아 따뜻한 밥을 같이 먹는 사람을 말하는 것이다. 어머니는 따뜻한 밥을 주시는 걸로 식구가 귀중한 존재임을 알게 하신 것 같다. 새벽밥을 먹는 아들을 위해 내 어머니처럼 밥을 제일 나중에 푸는 것을 내 아들은 언제 알아줄까.

일산대교부터 팔당대교까지 한강 위에 서른 한 개의 다리가 있다. 그 중 자살률이 제일 높다는 마포대교가, 서울시와 ㅇㅇ생명기업이 사람과 함께 하는 길, 소통의 길, 혼자가 아님을 알리는 차원에서 국민들의 디자인 참여를 거쳐 '생명의 다리' 로 탈바꿈하였다.

마포대교가 생명의 다리(길), 치유의 장소가 된 것도 벌써 일 년이 되어가고 있다. 그 중에 나의 심금을 울리고 발걸음을 멈추게 한 글귀는 '밥은 먹었니?' 였다. 예전처럼 식량난으로 인한 '식사하셨습니까?' 와는 다른 느낌이었다. 진정성 있는 가족의 사랑과 정감이 느껴지는 글귀였다. 가슴이 뭉클했다.

1997년 IMF로 인한 여파가 우리 가정 경제에도 영향을 미쳤다. 그 시절 전인권의 '사노라면' 이라는 노래를 참 좋아했다. '째째하게 굴지 말고 가슴을 쫙 펴라. 내일은 해가 뜬다. 내일은 해가 뜬다……' 반갑다. 힘내라고 나를 위해 부르던 노래가사가 지나가는 다리 위에 점등되면서 그대로 드러나고 있다.

방황과 좌절의 시간은 누구에게나 있는 것. 마침표가 아닌 쉼표가 필요함을 깨닫는 것이 중요하리라.

마포대교 길 중간에는 '당신의 이야기를 들어드리겠습니다.' 라는 문구와 함께 SOS 생명의 전화가 있다.

누군가의 어깨가 없어도 전화기에 '나 힘들어' 하고 한마디만 해도 마음의 치유가 될 것이다.

마포대교를 걸으며 현재와 미래를 조견해 보는 귀한 시간이 있었음에 감사하다. 서쪽 하늘 노을이 참 곱다. 가볍게 일렁이는 강물 위에도 고스라니 내려앉았다.

오늘은 모든 것이 나의 고단함을 위로하듯 정겹다. 오랫동안 마음 전하지 못한 친구! 30년 전 마포대교를 걸으며 예견할 수 없는 미래에 대한 불안감으로 대화를 늘 길게 나누었던 친구! 여명이 오는 줄 모르고 서로를 위로했던 친구에게 전화를 해야겠다.

"친구야! 밥은 먹었니?"

나는 커피를 즐긴다. 늘 서재에는 커피가 한 자리를 차지한다.

때로는 책에 심취하여 그대로 식어버린 날도 있다. 원두커피는 식으면 식은 대로의 맛이 있다. 아무리 커피를 많이 마신 날도 수면에 장애를 받지 않으니, 어떻게 커피를 안 좋아 할 수 있겠는가. 책상 위에 커피 한 잔이 가득하고 서재에는 커피 향이 가득하다.

얼마 전, 아들과 동행한 대형 커피숍에서의 일이 생각난다. 주문을 하려는 줄이 길다. 자리에 앉아서 주문을 하는 것에 익숙한 나는 심기가 불편해진다. 이 마음으로 커피 맛을 음미할 수 있을까?

점원은 머그컵과 일회용 중 선택하라고 한다. 아들은 일회용으로 나는 머그컵으로 주문을 했다. 다른 분위기에서의 책 읽기를 희망해 찾아 온 커피숍이지만, 책은 펼치지도 않은 채 대화가 이어졌다.

각자 자기의 선택에 대한 이유를 설명한다. 일회용을 자제하자는 내 말에 그 커피숍의 공간대비 손님의 수로 인한 위생 상태와 장기간 테이블에 놓여야 하는 시간대비, 컵의 유동성으로 인한 수납공간과 세척을 위한 세제와 물 소비 또한 인건비가 들어간다는 일회용 사용에 대한 젊은 취향을 근사하게 미화시킨다. 불가피한 테이크아웃(Take out)의 장점도 이야기한다.

몸에 밴 절약정신으로 인해 젊은 세대의 취향을 지적만 한다. 기성세대이기에 이런 것은 아닌가 자각한다. 그래도 난 머그컵이 좋다. 대접받는 기분이 드는 것 또한 고정관념은 아닌가 생각해 본다.

얼마 전, 해외뉴스에서 유럽의 '커피 한잔의 기부'에 대해 들었다. 미리 커피 한 잔 값을 지불하면 커피가 필요한 노숙자들이 주문해 마실 수 있다. 돈보다 따뜻한 나눔의 행사이다. 커피 한 잔이 행복과 낭만을 가져다 줄 수 있음에 감사하다. 식사 못지않게 나눔의 정이 될 수 있으리라.

옷을 잘못 입으면 불편하거나 최악의 경우 비웃음, 손가락질을 받는다. 하지만 음식을 잘못 먹으면 심한 고통 또는 질병과 함께 건강을 해칠 수 있다. 바른 먹거리도 생각하게 된다. 짧은 시간에 대량생산되고, 도구가 필요 없이 손가락으로 먹기에 손가락음식 패스트푸드(Fast food)의 공급이 과다하다.

정부는 청소년들이, 술과 담배보다도 패스트푸드의 과다섭취를 하고 있음을 걱정하고 있다. 시민단체들은 장거리 운송을 거치지 않는 지역생산물인 로컬 푸드(Local food)를 추천하고 있다. 지역에서 반경 50km 이내의 식품, 생산자와 소비자의 이동거리를 단축시켜 식품의 신선도도 극대화시키자는 취지일 것이다. 긴 유통은 수송과정의 방부제 과다사용으로 인간의 건강을 위협할 것이며 석유에너지 소비로 인한 이산화탄소 방출로 지구온난화 원인 중 하나라고 생각한 것이다.

조리하거나 먹는 시간이 많이 걸리는 슬로 푸드(Slow food)를 즐기며 고집하는 내 삶의 방식도 개선이 될 것이라고 생각해본다.

음식을 준비하는 시간이 길어져도 음식을 먹을 가족들을 생각하니, 내 얼굴에 미소가 떠나지 않는다. 가족 사랑의 또 다른 표현이라 생각한다.

음식을 만드는 사람은 인성이 좋아야 하지 않을까? 바른 생각, 바른 먹거리로 지극히 인간다움으로 살 수 있기를 바란다.

도전하는 삶은 아름답다

"수필은 자신의 삶과 인생을 담는 그릇이다." 라는 주제로 연세대학교 문예창작 수필 쓰기의 첫 시간. 정목일 교수님의 강의가 시작되었다.

수필에 대한 개념과 기본적인 이론을 접하기 위해 도전한 공부이기에 내 얼굴엔 설렘으로 미소가 가득하다.

현업에 종사를 하고 있지만 노년기 여가시간의 증가로 인한 취미생활을 영위하기 위해 용기를 냈다. 늦은 결혼에 자녀출산 또한 늦어져 아직도 공부하는 학생이 있지만, 자녀 성년기를 맞아 조금은 시간을 낼 수 있음에 감사하다.

공부를 시작한 이후 많은 변화가 생겼다. 하루가 즐겁고 일주일이 기다려진다. 계절의 변화를 느끼며 삶의 즐거움이 새삼스럽게 나를 깨운다. 새벽의 여명, 아침햇살, 정오의 늦은 해, 오후의 뜨거운 빛, 낙조의 아름다움, 낙엽, 가을비, 많은 단어들이 문장이 되고 sketch를 하기 위해 들었던 펜은 아름다운 언어들을 탄생시키고 있다. 또한 자기성찰의 시간이 많아졌으며 마음이 순화됨을 느낀다.

앞만 보고 달려왔다. 늘 깨어 있으려 노력했고, 행복해지기 위해 습관처럼 책을 보고 품위 있는 인간이 되기 위해 공부를 게을리하지 않았다. 아는 만큼 산다고 믿었기 때문이다. 숨조차 제대로 쉴 수 없는 삶에 이끌려가며 움직임의 반경이 좁아지고 생각의 깊이가 늘어나고 있음을 감지할 때에는 더욱 책에 빠져 살았다. 이젠 글을 통해 나를 발견하고 나의 인생을 재조명하고 싶어졌다.

수필시간의 첫 작품 낭독시간을 잊을 수가 없다. 선생님들의 자상한 말씀은 지금도 가슴에 남아 있지만, 한 학기를 공부했을 뿐이라 첫 작품은 창피하다는 마음뿐이다. 긴장감과 부담감으로 쓴「들깨수확의 날」.

두 번째 작품은, 노력하고 있음이 보였는지 선생님들의 찬사를 받았고 나에게는 공부할 수 있다는 용기를 준 작품이기도 하다.

매주 작품을 썼다. 자신과의 약속을 지키려는 의도와 함께 주말에 엄마 앞에서의 낭독도 의미가 있었다. 매주 나의 편지를 기다리던 엄마는 이제는 주말에 딸의 수필 낭독을 기다리게 되었다. 안부전화 때마다 수요일이면 작품의 유무를 확인하신다.

설계를 하면서 인간의 삶과 일상을 담는 그릇이라 생각하며 아름답게 디자인해야 한다고 믿었다. 하지만 나는 수필쓰기에서 인생의 의미와 감동을 느끼기 시작했다. 인생의 발견과 삶의 깨달음과 미학이 있어서 수필에 매료된 것이다.

글쓰기를 통해 아직은 감동을 전할 수 없음에 미숙함을 느끼지만, 오늘보다 내일이 나을 거라는 가능성을 믿기에 알아가는 것에 대한 기쁨, 성취감, 도전이 즐겁다. 앞으로도 나의 도전은 계속될 것이다.

나에게 첫날인 오늘. 꿈이 있는 나는 행복하다.

약력

- 한국 건축투시도 작가 협회 정회원
- 한국 실내디자인학회 정회원
- 한국 도시설계학회 정회원
- 2003 ~ 2006 : 숭실대학교 건축학부 실내건축과 외래교수
- 2004 ~ 2007 : 안양과학대학 건축학부 겸임교수
- 2004 ~ 현재 : 강원대학교 삼척캠퍼스 건축학과 외래교수
- 2008 ~ 현재 : 부천대학교 건축과 겸임교수
- 2009 ~ 현재 : 선문대학교 건축학과 외래교수

연구보고서

- 삼척대학교 도계캠퍼스 기본계획(삼척시, 2002)
- 건축물형태 및 배치에 관한 연구 보고서(평창군, 2003)
- 논문:초등학교 시설의 친환경 색채계획에 관한 연구(2003)
- 화일초등학교 친환경 외 · 내부 색채보고서(서울시 강서교육청, 2003)
- 장수초등학교 친환경 외 · 내부 색채보고서(서울시 강서교육청, 2004)
- 시흥시 청소년 수련관 색채계획 연구보고서(시흥시, 2006)

건축 · 인테리어를 위한 표현기법

그리고 생각하다

| Studio Sketch |

초판 1쇄 인쇄 2014년 3월 15일
초판 1쇄 발행 2014년 3월 20일

지은이 최성애
펴낸이 김호석
펴낸곳 도서출판 대가
편집부 주광욱
디자인 김진나
마케팅 김재호, 이정호
관 리 신주영

등록 제 311-47호
주소 경기도 고양시 일산동구 장항동 892 유국타워 1014호
전화 02) 305-0210 / 306-0210 / 336-0204
팩스 031) 905-0221
전자우편 dga1023@hanmail.net
홈페이지 www.bookdaega.com

ISBN 978-89-6285-132-8 93610

이 도서의 국립중앙도서관 출판시도서목록(CIP)은 서지정보유통지원시스템 홈페이지(http://seoji.nl.go.kr)와 국가자료공동목록시스템(http://www.nl.go.kr/kolisnet)에서 이용하실 수 있습니다. (CIP제어번호 : CIP2014006423)